SOBRE DOGMÁTICA DEL DERECHO PÚBLICO EN EL PENSAMIENTO DE MATTHIAS JESTAEDT

Matthias Jestaedt

SOBRE DOGMÁTICA DEL DERECHO PÚBLICO EN EL PENSAMIENTO DE MATTHIAS JESTAEDT

DYKINSON

Expresamos nuestro agradecimiento a la Editorial Mohr Siebeck (Tübingen), y al Prof. Dr. Matthias JESTAED (Freiburg im Brisgau), por su amable autorización para publicar este trabajo en Lengua Española.

Este libro ha sido sometido a evaluación por parte de nuestro Consejo Editorial
Para mayor información, véase www.dykinson.com/quienes_somos

Título de la Edición original: «Die deutsche Staatsrechtslehre im europäisierten Rechtswissenschaftsdiskurs –Kennzeichen, Kernkompetenzen und Rezeptionshindernisse», en: JuristenZeitung, 67. Jahrgang, Heft 1 [6. Januar 2012], pp.1-10.© Tübingen, Mohr Siebeck.

Editorial DYKINSON, S.L. Meléndez Valdés, 61 - 28015 Madrid
Teléfono (+34) 91 544 28 46 - (+34) 91 544 28 69
e-mail: info@dykinson.com
http://www.dykinson.es
http://www.dykinson.com

ISBN: 979-13-7006-337-5
Depósito Legal: M-12462-2025
DOI: https://doi.org/10.14679/4175

Maquetación:
german.balaguer@gmail.com

ÍNDICE

ESTUDIO INTRODUCTORIO

LA DOCTRINA ALEMANA DEL DERECHO DEL ESTADO EN LOS EUROPEIZADOS DISCURSOS DE LA CIENCIA DEL DERECHO. CARACTERÍSTICAS, COMPETENCIAS CENTRALES Y OBSTÁCULOS PARA LA RECEPCIÓN MATTHIAS JESTAEDT

I.

El tema de la interpretación ha estado siempre en el centro mismo de la Ciencia jurídica[1]. Ni siquiera el conocimiento preciso de los textos

[1] Así se desprende de análisis jurídicos propios de la producción de un Tullio ASCARELLI, que permiten entrever cómo, en su concepción, la interpretación del Derecho positivo es la tarefa por excelencia del jurista, encontrándose en ella el motor que hace avanzar el Derecho para alcanzar las necesidades del tiempo, y a la estela de Benedetto Croce –*La storia come pensiero e come azione*, Bari, Laterza, 1938–, admite que la historia tiene también un preciso horizonte gnoseológico, porque, en primer lugar, es conocimiento contemporáneo, ante lo cual no permite su consideración como pasado sino que está viva en cuanto su estudio viene motivado por un interés que es del presente, y sitúa la historicidad del Derecho en la interpretación, dislocando la dialéctica en su devenir del binomio Derecho natural y Derecho positivo, sustituida por Derecho positivo y Derecho interpretado, así en *Problemi Giuridici*, Tomo I, Milano, A. Giuffrè, 1959; Tulio ASCARELLI «In tema di interpretazione ed applicazione della legge [con risposta di Francesco Carnelutti]», en: *Rivista de diritto processuale*, 1958, p. 15: «la interpretación –siempre necesaria– no actúa como un espejo respecto de los datos, sino siempre como una nueva formulación de la norma en continuidad con los datos, y permite la aplicación de una norma renovada [...] La norma es así siempre, y solo la formulada interpretativamente y basada en su aplicación y en la realidad, no existiendo sino en esta su aplicación, una vez completada la formulación dada se convierte en texto, punto de partida para nuevas formulaciones». Aún, Tulio Ascarelli escribiría: «es constante e inevitable la influencia de las valoraciones del intérprete, reflejándose en la interpretación y en el desarrollo doctrinal las convicciones del entorno, sus tradiciones, sus esperanzas», «Scienza e professione», en: *Il Foro italiano*, Vol. 79, Parte IV, 1956, pp. 86-96, aquí p. 93. Incluso varios años antes, en la propia Italia, Vittorio Emmanuele ORLANDO impartió en Universidad de Palermo –año 1885– una conferencia acerca de *Los criterios técnicos para la reconstrucción jurídica del Derecho público*, en la cual, recordando la perfección técnica a la que había llegado el Derecho privado, reivindicó una renovación científica para el ámbito del Derecho público donde este pudiera ser explicado y desarrollado desde una óptica y metodología jurídica adecuadas; al efecto Eduardo Ferrer MAC-GREGOR, «La Ciencia del Derecho Procesal Constitucional», en: *Díkaion –Revista de actualidad jurídica–*, Año 22, Núm.17, Cundinamarca-Colombia, Universidad de la Sabana, 2008, p. 106.

jurídicos es suficiente para el trabajo jurídico, pues existe siempre una distancia inevitable entre los casos concretos, de un lado, y los textos dotados de positividad y más o menos generales y abstractos, por el otro, lo que hace inevitable la interpretación, la cual requiere un enfoque metodológico que frecuentemente es bastante complejo[2]. Y, en particular, por su carácter específico e importancia, esa complejidad se acrecienta en la rama del contemporáneo Derecho constitucional a partir del momento en el que este se consolida normativamente. Porque, la aplicación jurídico-constitucional requiere en mayor medida que el resto de las áreas jurídicas de la tarea de interpretar[concretizar] la norma en términos histórico-efectuales[3], de creciente y agudizada complejidad;

[2] Franz BYDLINSKI, *Juristische Methodenlehre und Rechtsbegriff*, 2ª ed., reimpresión de la misma, Wien, Verlag Österreich, 2020. La atención del libro se centra en la cuestión de la interpretación de las normas jurídicas, en el trabajo con regulaciones –posiblemente– incompletas o excesivas, y en el trabajo con precedentes, esto es, con antecedentes de la nueva cuestión jurídica ahora en cuestión. Pero también se analiza con detalle las particularidades de la toma de decisiones jurídicas de conformidad con el Derecho europeo, incluidos sus límites. La obra presenta los temas habituales de la metodología jurídica, pero pretende, sobre todo, contrarrestar la frecuente confusión sobre las cuestiones fundamentales de la Ciencia jurídica, causada por numerosas teorías sofisticadas con objetivos sin embargo jurídicamente poco claros que están alejados del que ha de ser el trabajo jurisprudencial real. Por añadidura, la principal tarea jurídica permanente de «*obtener justicia*», como sabemos, está también claramente desarrollada por el autor, así como los diversos métodos utilizados a tal fin. Y busca una mejora racional de la adquisición de derechos sobre todo a través de proceder a la comprensión más precisa del concepto de Derecho, que se explica según las necesidades metodológicas. Con la ayuda de los nuevos métodos de pensamiento jurídico, también se estrecha el marco en el que, en el peor de los casos, sigue siendo inevitable recurrir a la «autoevaluación» [decisión] judicial. El concepto de Derecho, basado en ciertos valores jurídicos básicos [«idea de Derecho»], ha demostrado ser particularmente eficaz como fundamento para la solución coherente de las principales cuestiones metodológicas abiertas [«Derecho judicial»; «jerarquía de los métodos jurídicos»].

[3] La «historia efectiva» [«*Wirkungsgeschichte*»], en la cual queda configurada la objetividad histórica, y está por lo tanto en apertura a esa «*Wirkungsgeschichte*», implica la toma de conciencia reflexiva de aquella mediación primera a la que alude «la mediación de las tradiciones», idea que esbozara en diversas oportunidades Martin HEIDEGGER: la representación de la «*Wirkungsgeschichte*» se relaciona con la comprensión acerca de que la historia tiene también una eficacia o influencia tanto en el presente como en el futuro. Martin Heidegger exploró cómo los eventos históricos afectan a nuestra comprensión del ser y acerca de cómo influyen en nuestra existencia, y, adicionalmente, consideró que la historia no es simplemente un registro de hechos pasados, sino que tiene un impacto

tarea alentada asimismo de modo permanente por el potencial de los conflictos actualmente cada vez más acelerados –se ha de considerar definitivamente el devenir como constitutivo de lo social y no solo como su instrumento transitorio[4]– y de carácter multipolar[5]. Por demás, su trascendencia práctica ha aumentado sobre manera en la citada rama jurídica del Derecho constitucional[6], a consecuencia del establecimiento de tribu-

---

continuo en nuestra vida cotidiana y en la comprensión actual del mundo. Arrancando de Martin Heidegger, el enfoque principal es el de Hans-Georg GADAMER acerca de la «*Wirkungsgeschichte*», un término que, por buenas razones, ha sido leído de diversas maneras a cargo de los estudiosos. Reconociendo que existen diferentes lecturas del término, nos quedamos con la tesis más amplia de Hans-Georg Gadamer en *Verdad y método,* donde sugiere que el firme propósito de la «*Wirkungsgeschichte*» es permitir una conversación interpretativa-comprensiva en lugar de definir una nueva metodología científica.

[4] Fernando José GARCÍA SELGAS, «Bosquejo de una teoría de la fluidez social», en: *Política y Sociedad,* Vol. 43, núm. 2, 2006, pp. 13-31, y al observar el Derecho, encuentra la pérdida de la unidad estatista, la pluralización jurídica, la fragmentación de la Sociedad, y las racionalidades internas o lógicas internas en conflicto.

[5] Matthias SCHMIDT-PREUß, «Multipolarität und öffentliches Recht», en: Otto Depenheuer / Markus Heintzen / Matthias Jestaedt / Peter Axer [eds.], *Staat im Wort Festschrift für Josef Isensee*, Heidelberg, C.F. Müller, 2007, pp. 567-612.

[6] A modo de ejemplo Thomas VESTING, autor que ha abordado el Derecho en numerosas ocasiones a lo largo de su obra como un elemento artificial y constructivo dentro de un marco intercultural, enfatizando las muchas posibilidades que diversos formatos han abierto a la interpretación del mismo, desde la historia oralmente vista hasta la escritura, la prensa y las redes digitales modernas. En tal sentido, el autor nos ha ofrecido una visión general sobre algunos temas que permanentemente han estado en el centro de atención de la teoría jurídica de los últimos siglos: las normas jurídicas y su interpretación, el sistema jurídico, la vigencia y la fuerza normativa del Derecho, la interpretación jurídica y la historia del Derecho. El Derecho no es simplemente un «argumento» insistirá, sino algo más elaborado. Conforme manifiesta, la historia de la evolución del Derecho se encuentra ligada de manera estrecha con la historia y la evolución del conocimiento común: un río permanente de contextos, de significados prácticos y compartidos, como el lenguaje, las costumbres, los usos o las convenciones, en cuanto parte de unos objetivos y unos horizontes intelectuales cada vez más amplios. Experimentos teóricos en los que se confrontan los avances jurídicos actuales con una amplia variedad de perspectivas científicas. En este sentido, uno de los focos está en el intercambio interdisciplinario entre el Derecho y otras disciplinas, como la filosofía, la sociología, la antropología, la teología, la historia, la teoría social, los estudios literarios y la teoría cultural, por nombrar solo algunas; a modo de ejemplo, puede encontrarse esta forma de comprensión, entre otras publicaciones del autor, en: «Kein Anfang und kein Ende. Die Systemtheorie des Rechts als Herausforderung für Rechtswissenschaft und Rechtsdogmatik», en: *Juristische Ausbildung*, 2001, Heft 5, pp. 299-305, disponible

nales constitucionales en la mayoría de los países del mundo occidental-democrático, que han recibido competencias de amplias proporciones para poder pronunciarse jurídicamente con autoridad suprema sobre el significado y alcance práctico de las disposiciones constitucionales positivas y de revocar o declarar nula cualquier medida de la autoridad pública –incluidos los actos legislativos– que se considere contraria al significado y valores de la Constitución fijados por el Tribunal. Es así que apreciamos cómo el constitucionalismo ha cambiado fundamentalmente en los últimos decenios, y la expansión global de la jurisdicción constitucional y la jurisprudencia constitucional emitida están en el centro mismo de esta transformación evolutiva[7]. Específicamente, respeto de España, que siempre ha tenido como referencia el modelo alemán de jurisdicción constitucional, *Pedro Cruz Villalón* significativamente ha creído conveniente expresar: «nuestro modelo de jurisdicción constitucional ocupa una posición en el conjunto del sistema que contribuye de modo inmediato a definir nuestro tipo de democracia. En otras palabras: nuestra Democracia –como en definitiva nuestro Estado de Derecho– viene marcada por la posición estratégica que, en la misma y por voluntad del constituyente, asume este Tribunal Constitucional»[8]. En Alemania,

en: http :// www.jura.uniaugsburg.de/ fakultaet/vesting / veroeffentlichungen html; «Die Staatsrechtslehre und die Veränderung ihres Gegenstandes: Konsequenzen von Europäisierung und Internationalisierung», en: *Veröffentlichungen der Vereinigung der Deutschen Staatsrechtslehrer*, Band 63, Berlin, De Gruyter, 2004, pp. 41-70; *Rechtstheorie. Ein Studienbuch*, 2ª, München, C.H. Beck, 2015; *Staatstheorie*, München, C.H. Beck, 2018.

[7] Puede verse Wolfgang HOFFMANN-RIEM – Angelika NUßBERGER, «Recht in seinen Kontexten – ein persönlicher Rückblick», en: *Jahrbuch des öffentlichen Rechts der Gegenwart*, Neue Folge, 71. Jahrgang, Heft 1, 2023, pp. 527-545.

[8] Pedro CRUZ VILLALÓN, «Discurso del presidente del Tribunal Constitucional D. Pedro Cruz», en: *Tribunal Constitucional. Discursos de sus presidentes* [1980-2005], *25 Aniversario*, Madrid, BOE, 2006; en parecidos términos Roberto Luis BLANCO VALDÉS, «Il tribunale costituzionale spagnolo: disegno giuridico e pratica politica», en: Silvio Gambino [ed.], *Diritti fondamentali e giustizia costituzionale. Esperienze europee e nord-americana*, Milano, Giuffrè, 2012, pp. 291-320; similarmente. se pronuncia el artículo de Pedro J. TENORIO SÁNCHEZ, «Cuarenta años de jurisprudencia constitucional en España: derecho a un recurso efectivo en relación con la declaración del estado de alarma como limitadora de los derechos fundamentales», en: *Anuario Iberoamericano de Justicia Constitucional*, 2021, 25[1], pp. 195-223. Puede consultarse asimismo la cuida síntesis debida a Bodo PIEROTH, «La Cour constitutionnelle fédérale

con todo, pueden apreciarse matices relevantes atendidas sean el enorme significado y la gran relevancia que la Constitución ha adquirido para la Sociedad de ese país, lo que precisamente expone al ordenamiento a superiores riesgos, opina entre otros *Matthias Jestaedt*. Según señala este autor, la cultura política de la República Federal ha sido a partir de 1949, ciertamente, una cultura con fuerte tradición constitucionalista, en la medida que el argumento constitucional está siempre presente, y, en tal sentido, los debates sociales más relevantes son reconducidos siempre a la Constitución, con lo cual se pone de manifiesto el paso de un Estado legislativo a un Estado de ejecución constitucional por vía jurisdiccional [«*verfassungsvollziehenden Jurisdiktionsstaat*»][9].

De ahí, por lo tanto, la mentada capital importancia que han adquirido la comprensión-interpretación constitucional[10], contando para ello

---

allemande comme modèle pour l'Europe», en: *Cités. Philosophie Politique Histoire*, Núm. 13/1, 2003, pp. 57-66.

[9] Matthias JESTAEDT, «Phänomen Bundesverfassungsgericht», en: Oliver Lepsius / Matthias Jestaedt / Christoph Möllers / Christoph Schönberger [eds.], *Das entgrenzte Gericht. Eine kritische Bilanz nach sechzig Jahren Bundesverfassungsgericht*, Berlin, Suhrkamp, 2011, pp. 85 y ss. Christoph MÖLLERS, *La Justicia constitucional en Alemania*, Valencia, Tirant lo Blanch, 2024, cuya idea central es que el análisis de la justificación de los tribunales constitucionales es uno de los temas esenciales de la teoría constitucional moderna.

[10] La importancia determinante de la interpretación constitucional la acredita muy bien Konrad HESSE, *Grundzüge des Verfassungsrechts der Bundesrepublik Deutschland*, Heidelberg, C.F. Müller, 1999, pp. 20 y ss; también Jutta LIMBACH, «Papel y poder del Tribunal Constitucional», en: *Teoría y realidad Constitucional*, núm 4, 1999, pp. 93-126. Con datos más recientes Johannes MASING, «Das Bundesverfassungsgericht», en: Matthias Herdegen / Johannes Masing / Ralf. Poscher / Klaus Ferdinand Gärditz [eds.], *Handbuch des Verfassungsrechts. Darstellung in transnationaler Perspektive*, München, C.H. Beck, 2021, § 15, pp. 1039-1049. En cuanto a Bernd RÜTHERS, «Verfassung und Methoden», en: *Jusistische Blätter*, Band 136, Heft 4, pp. 69-79, destaca igualmente esta relevancia, y plantea dos hipótesis respecto del análisis de los rápidos cambios constitucionales sucedidos en Alemania. En primer lugar, los cambios constitucionales provocan controversias jurídico-metodológicas, que son también cuestiones constitucionales sobre la rápida reinterpretación de los sistemas jurídicos tradicionales de acuerdo con los valores constitucionales básicos más recientemente establecidos. En segundo lugar, en Alemania se ha producido una revolución secreta del Estado constitucional hacia el Estado judicial. También aborda esta cuestión con rigor Matthias JESTAEDT, «Verfassungsinterpretation in Deutschland», en: Georg Lienbacher [ed.], *Verfassungsinterpretation in Europa. Heinz Schäffer Gedächtnissymposion*, Wien, Jan Sramek, 2011, pp. 5-35. Y Thorsten KINGREEN, «§ 263 Vorrang und Vorbehalt

con el apoyo decidido de la *Dogmática*, sin la cual resultaría imposible abordar la «peculiaridad objetiva del Derecho Constitucional»[11]. Efectivamente, entre los integrantes de la comunidad científica occidental se ha adquirido muy mayoritariamente la firme convicción de que la «legalidad constitucional» destaca por un objeto, carácter y textura que la diferencian profundamente de la legalidad ordinaria[12], e incluso de-

der Verfassung», en: Josef Isensee / Paul Kirchhof [eds.], *Handbuch des Staatsrechts. Band XII, Normativität und Schutz der Verfassung*, 3ª ed., Heidelberg, C.F. Müller, 2014, pp. 296-316: se centra el autor en el análisis de la normatividad y protección de la Constitución. Según recuerda, la *Grundgesetz* posee características de normatividad y positividad, al igual que cualquier otra ley. Ahora bien, se distingue de las leyes ordinarias debido a su primacía y autonomía. Expresado con otros términos, la *Grundgesetz* tiene un estatus superior al resto de normas y una capacidad de autodefensa frente a amenazas internas y externas. Este enfoque en la autodefensa, hace que la democracia constitucional alemana sea una democracia defensiva-militante. En el contexto del capítulo, se aborda con rigor el concepto de protección de la Constitución a partir de la idea de su supralegalidad normativa. Ello implica salvaguardar la Constitución frente a posibles ataques o intentos de socavarla: la protección plena de la Constitución es considerada esencial para mantener la integridad del orden democrático y el sistema legal. En fin, apreciaciones valiosas aporta Thomas WÜRTENBERGER, «Rahmenbedingungen von normativer Kraft und optimaler Realisierung der Verfassung», en: Claudio Franzius / Stefanie Lejeune / Karla von Lewinski / Klaus Meßerchmidt / Gerhard Michael / Matthias Rossi / Theodor Schilling / Peter Wysk, *Beharren Bewegen. Festschrift für Michael Kloepfer zum 70 Geburstag*, Berlin, Duncker & Humblot, 2013, pp. 277-293.

[11] Representativo desde hace tiempo Horst EHMKE, «Prinzipien der Verfassungsinterpretation», en: *Veröffentlichungen der Vereinigung der Deutschen Staatsrechtslehrer*, Band 20, Berlin, De Gruyter, 1963, pp. 53-98. Y Herbert KRÜGER llamaría a esta particularidad o especificidad «la tonalidad específica del Derecho constitucional» [«*spezifischen Gestimmtheit des Verfassungsrechts*»], «Subkonstitutionelle Verfassungen», en: *Die Öffentliche Verwaltung. Zeitschrift für öffentliches Recht und Verwaltungswissenschaft*, 29. Jahrgang, 1976, p. 613.

[12] En contra es clásico el planteamiento de Ernst FORSTHOFF, «Die Umbildung des Verfassungsgesetzes», en: Hans Barion / Ernst Forsthoff / Werner Weber [eds.], *Festschrift für Carl Schmitt zum 70. Geburtstag, dargebracht von Freunden und Schülern*, Berlin, Duncker & Humblot, 1959, pp. 35-62, para quien el empleo del conjunto de criterios clásicos conferiría a la interpretación constitucional un alto grado de estabilidad, pues estos elementos interpretativos claros permitirían el control del proceso de deducción de conclusiones a partir de premisas identificables, y harían predecibles los resultados obtenidos. La equivalencia entre interpretación legal e interpretación constitucional evitaría asimismo que la interpretación objetiva y estrictamente jurídica de la Constitución fuera reemplazada por una interpretación fundamentada en las Ciencias del espíritu, y en valores extrajurídicos no previstos desde el texto constitucional. Desligarse de la teoría clásica de la interpretación jurídica impediría, en su estima, que la Constitución pudiera

terminados autores, caso de *Herbert Krüger*, expondrán que, debido a su razón de ser, las normas constitucionales van a resultar de «diferente

llevar a cabo su función de norma protectora de la libertad, dejándola a disposición de lo que los intérpretes, en nombre de una interpretación integradora y axiológica, consideren como valioso para cada instante. Algunas líneas maestras de esta aportación tan polémica, había sido anticipadas por Ernst FORSTHOFF en su «Begriff und Weswen des sozialen Rechtsstaates», en: *Veröffentlichungen der Vereinigung der Deutschen Staatsrechtslehrer*, Band 12, Berlin, De Gruyter, 1954. En su caracterización de las teorías de interpretación constitucional, Ernst-Wolfgang BÖCKENFÖRDE identifica a esta concepción de interpretación constitucional con el método de interpretación clásica, proveniente de la escuela histórica de Savigny, *Escritos sobre Derechos Fundamentales*, Baden-Baden, Nomos, 1993, pp. 15 y ss. Una respuesta rotunda que se ha hecho clásica, sería la bien articulada a cargo de Alexander HOLLERBACH, «Auflösung der rechtsstaatlichen Verfassung? Zu Ernst Forsthoffs Abhandlung „Die Umbildung des Verfassungsgesetzes" in der Festschrift für Carl Schmitt», en: *Archiv des öffentlichen Rechts*, Band 85, Heft 3, 1969, pp. 241-270, un atinado pronunciamiento destacado de entre esa casi unanimidad doctrinal que, frente a una «desnortada minoría», pretende mostrar cómo la interpretación constitucional es una versión cualificada de la interpretación jurídica en general, y que tal distinción sirve para poder explicitar la relevancia que han adquirido las razones de naturaleza práctica no positivadas, en casos donde sea necesario delimitar el alcance de los contenidos de las normas constitucionales ante cuestiones tales como la incorporación de nuevos valores, o por ejemplo casos en los cuales resulte preciso delinear los límites de una reforma constitucional. El horizonte ético interpretativo de la Constitución, que garantiza su identidad normativa, no puede ser sustituido. Con parecidos argumentos destaca la crítica también muy bien articulada y contundente en numerosas publicaciones a cargo de Friedrich MÜLLER, por ejemplo en *Métodos de trabajo de Derecho Constitucional*, Madrid, Marcial Pons, 2006, en varios momentos. Por lo tanto, el exégeta constitucional tiene prohibido reemplazar los principios liberales de legitimación de la Constitución por los principios marxistas legitimadores. Semejante relegitimación sería una manipulación constitucional. Para Norteamérica puede verse por ejemplo Sotirios A. BARBER – James E. FLEMING, *Constitutional Interpretation: The Basic Questions*. New York, Oxford University Press, 2007. Recoge esta concepción constitucional el Tribunal Constitucional español en su temprana STC 9/1981, 31 de marzo de 1981, FJ. 3: «La Constitución es una norma –como se ha señalado–, pero una norma cualitativamente distinta a las demás, por cuanto incorpora el sistema de valores esenciales que ha de construir el orden de convivencia política y deben informar a la totalidad del ordenamiento jurídico. La Constitución es así la norma fundamental y fundamentadora de todo el orden jurídico. [...] La naturaleza de la ley superior se refleja en la necesidad de interpretar todo el ordenamiento de conformidad con la Constitución». Aunque en los últimos estadíos de su obra Ernst Forsthoff intentó incorporar alguna precisión, lo cierto es que, como afirma José Joaquim GOMES CANOTILHO, en momento alguno «elevó la "Constitución" a la categoría de esquema normativamente conformador de Estado», «Ernst Forsthoff y la distopía del Estado», en el libro del primero: *Estado de Derecho en mutación. Trabajos constitucionales 1954-1973*, Madrid, Tecnos, 2015, p. XVII.

naturaleza» a las del resto del orden jurídico[13]. Y, en su virtud, harán del Derecho constitucional un Derecho integrado necesariamente por textos positivos de carácter fragmentario y abierto al futuro, según sintetiza *Hans-Peter Schneider*, autor que resume en tres los sentidos específicos a los que cabe aludir en relación con el significado de la Constitución: 1] estructuralmente, porque se dejan cuestiones abiertas en manos de la libre confrontación política; 2] materialmente, como consecuencia del alto grado de abstracción de sus cláusulas generales que precisan de una importante labor concretizadora a efectos de su realización, y orientada al logro de unidad en la formación de la Comunidad política; 3] funcionalmente, pues se observa una situación de tensión normativa en cada concreta institución constitucional[14].

En cuanto cargada de determinados contenidos a los que se atribuye un «valor específico», como sostiene *Mario Dogliani*, por su «propia presencia», la Constitución aparece asimismo dotada de «un valor intrínseco», ya que la Norma Suprema una vez aprobada constituye «un valor especial por sí misma»[15]. La Constitución normativa en Europa occidental goza de singular popularidad. En un sistema democrático todos están llamados a utilizar la Constitución en su beneficio, y ese «efecto apelativo» es aceptado casi unánimemente. Un observador irónico del panorama alemán afirma que el ejercicio e interpretación de los Derechos Fundamentales se ha convertido en un deporte nacional. La Constitución crea confianza política y unidad política: un éxito muy asentado por ejemplo en la historia constitucional alemana de la segunda postguerra. Los alemanes, divididos en su existencia estatal, rotos en relación con

---

[13] Herbert KRÜGER, *Allgemeine Staatslehre*, 2ª ed., Sttugardt, W. Kohlhammer, 1966, pp. 138-139.

[14] Hans-Peter SCHNEIDER, *Democracia y Constitución*, Centro de Estudios Políticos y Constitucionales, Madrid, 1991, pp. 49 y ss. Con alguna renovación, pero básicamente insistente en el mismo sentido, puede verse del propio Hans-Peter SCHNEIDER «Verfassung und Verfassungsrecht im Zeichen der Globalisierung – zwischen nationaler Entgrenzung und transnationaler Entfaltung», en: *Jahrbuch des öffentlichen Rechts der Gegenwart* [*JöR*], Neue Folge, Band 65, 2017. pp. 295-312. En parecidos términos y diversos momentos, se expresa con claridad Luis CASTILLO CÓRDOVA, *El Tribunal Constitucional y su dinámica jurisprudencial*, Lima, Palestra, 2008.

[15] Mario DOGLIANI, *Introduzione al diritto costituzionale*, Bologna, Il Mulino, 1994, pp. 14-15; con argumentos similares Óscar ALZAGA VILLAAMIL, *Sociedad democrática y constitución* [*estudios y cabos sueltos*], Madrid, Marcial Pons, 2018.

su propia historia y, por tanto, sin una tradición unificadora y carentes de unidad nacional, han encontrado su identidad en una norma: «El Estado de la Ley Fundamental» se ha convertido en un sinónimo popular de República Federal de Alemania, un sinónimo que deja de lado todas las preocupaciones identitarias panalemanas[16]. Estas características propias no son exactamente coincidentes con las reflejadas en los países de origen del Estado constitucional, pues, Francia y los Estados Unidos de América[17], se volvían más exigentes en el hallazgo de un asidero que creara un Estado nacional para la recién creada República Federal en tiempos de derrota a causa de la guerra y de confusión en el alma y el pensamiento, en un país destruido pública e íntimamente que busca de un pueblo nuevo ajeno a toda culpa como sujeto constituyente. Así las cosas, *Dieter Grimm* ha sintetizado, a nuestro modo de ver acertadamente, siete características esenciales que ha de poseer toda Constitución, conforme estima, para disponer de fuerza normativa–en sentido moderno–, esto es, al objeto de poder ser entendida y desplegar efectos como tal: 1ª La Constitución debe elevar una pretensión de validez normativa; 2ª Ha de limitar el ejercicio del poder político; 3ª Su fuerza vinculante tiene que ser exhaustiva y exclusiva; 4ª Las exigencias impuestas por ella están llamadas a actuar en beneficio de todas las personas sujetas al poder político; 5ª La Constitución constituye la base de legitimación para el ejercicio del poder político; 6ª La legitimidad para ejercer el poder político encuentra su origen y deriva, pues, del pueblo, que es a su vez el destinatario de los actos emanados de dicho ejercicio del poder político; 7ª. La Constitución viene obligada a detentar prioridad por encima de los actos de ejercicio del poder político[18]. Y *Klaus Stern* resume los principios en los que se fundamenta la moderna Constitución normativa a través de los siguientes conceptos clave: «poder constituyente del pueblo, ordenamiento democrático, derechos fundamentales, libertad, igualdad, participación

---

[16] Matthias HERDEGEN, «Verfassungsinterpretation como metododische Disziplin», en: *JuristenZeitung*, 59. Jahrgang, Nr. 18 [17 de septiembre de 2004], pp. 873-879.

[17] Por todos Friedrich MÜLLER, *Die Einheit der Verfassung. Kritik des juristischen Holismus. Elemente einer Verfassungstheorie III*, 2ª ed., Berlin, Duncker & Humblot, 2010. DOI. https://doi.org/10.3790/978-3-428-52432-7.

[18] Hienz MOHNHAUPT – Dieter GRIMM, «Costituzione e legge fondamentale dall'Illuminismo a oggi», en: Mario Ascheri / Simona Rossi [eds.], *Costituzione. Storia di un concetto dall'antichità ad oggi*, Roma, Carocci, 2008, pp. 111 y ss.

política, vigencia de las garantías constitucionales, Estado de Derecho y conformación de primacía, y su protección jurídica»[19].

Por consiguiente, la Constitución del Estado puede correctamente caracterizarse hoy como la Norma Fundamental del orden jurídico en cuanto medio cargado de «material de esperanza», a través del que la Sociedad se describe a sí misma y negocia sus ideas y aspiraciones políticas centrales, lo cual justifica la intromisión y expansión de la misma en todo el ordenamiento, de ahí la enorme trascendencia de lograr su más correcta comprensión[20]. Las constituciones proporcionan un orden jurídico-político permanente, y esto en un doble sentido: como conjunto de reglas para el sistema político, pues contienen instituciones y procedimientos que organizan y regulan el proceso político, y según las normas jurídicas, hay que reivindicar las formalidades y principios básicos de la constitución social. Consiguientemente, las constituciones tienen una función tanto instrumental como también simbólica: disponen, pues, de un ámbito de control político y de integración social[21]. En fecha reciente sintetizaba

[19] Klaus STERN, «Génesis y evolución del constitucionalismo americano-europeo. Algunos comentarios sobre aspectos fundamentales», en: Francisco Fernández Segado [ed.], *Dignidad de la persona, derechos fundamentales, justicia constitucional y otros estudios de derecho público*, Madrid, Dykinson, 2008, p. 75.

[20] Hans VORLÄNDER, «Integration durch Verfassung? Die symbolische Bedeutung der Verfassung im politischen Integrationsprozess», en: Hans Vorländer [ed.], *Integration durch Verfassung*, Wiesbaden, Westdeutscher Verlag, 2002, pp. 9-40, especialmente pp. 23 y ss.

[21] Wilhelm HENNIS desarrolla esta conexión desde una perspectiva teórico-intelectual, histórica, jurídica, y de Ciencia política, «Integration durch Verfassung? Rudolf Smend und die Zugange zum Verfassungsproblem nach 50 Jahren unter dem Grundgesetz», en: Hans Vorländer [ed.], *Integration durch Verfassung*, Wiesbaden, Westdeutscher, 2002, pp. 267-290, quien recuerda cómo en su discurso con motivo del cuadragésimo aniversario de la Ley Fundamental el 23 de mayo de 1989, el entonces presidente federal *Richard von Weizsäcker* manifestó: «Tenemos una buena Constitución, pero ¿estamos también en buena forma constitucional?». Esta pregunta, señala, se hizo con el espíritu integrador de Rudolf Smend, a quien interpelara *Richard von Weizsäcker* durante la citada intervención, y que había vivido el primer semestre de la posguerra en *Götingen*. La pregunta, comenta, no se refería al ya antiguo trabajo legislativo de 1949, sino a lo que todos –con la Ley Fundamental como «estímulo y barrera» – habían hecho de la realidad viva del Estado desde 1949. La cuestión no era la calidad del «papel» [referencia a Ferdinand Lassalle], sino más bien a las instituciones que la Ley Fundamental había creado: la tarea del Presidente federal, el Gobierno de canciller, el Bundestag, el Bundesrat, el Tribunal de Karlsruhe, los órganos responsables para la cooperación

entre nosotros *Manuel Aragón Reyes* del siguiente modo acerca de la función de la interpretación constitucional como sensiblemente diferente a la de las leyes con la finalidad de desarrollar estos mentados objetivos, toda vez la primera «por el significado muy general de sus prescripciones, por contener no solamente reglas sino también una gran variedad de principios, y por el carácter abierto de algunas de sus disposiciones para permitir el pluralismo político, deja más espacio "recreativo" a su intérprete político, el legislador, y a su intérprete jurisdiccional, los jueces, con el Tribunal Constitucional a su cabeza. Sin embargo, esa capacidad "recreadora" no es ilimitada, pues si lo fuera, la Constitución dejaría de ser norma jurídica con fuerza de obligar, perdiendo la condición esencial de todo Derecho: garantizar la seguridad jurídica, esto es, el carácter predecible de las normas y su igual aplicación a todos los destinatarios de las mismas. Por ello, los límites de la interpretación constitucional residen en que, mediante ella, no pueden soslayarse los términos literales unívocos ni los conceptos jurídicos indubitados que se establecen en el texto de la Constitución. Si esos límites se transgredieran, entonces no se estaría interpretando la Constitución, sino modificándola sin acudir a su procedimiento de reforma, algo que, a los poderes constituidos, y por supuesto al Tribunal Constitucional, supremo intérprete de nuestra Norma Fundamental, les está prohibido. Esta, por lo demás –y no podría ser de otra manera–, ha sido la doctrina permanente del propio Tribunal Constitucional, expresada en multitud de sentencias»[22].

La cuestión se complica si reparamos en el hecho incuestionable de que, además de los elementos o cánones interpretativos clásicos for-

---

federal, las políticas de clase, los partidos poderosamente situados, pero en última instancia también los ciudadanos y todos aquellos que comparten la responsabilidad de lo «público».

[22] Manuel ARAGÓN REYES, «¿Constructivismo Jurídico?», en: *Diario El Mundo*, de 20 de septiembre de 2023. En parecidos términos se pronuncia Andrei MARMOR, *Interpretation and Legal Theory*, 2ª ed., Oxford, Hart, 2005, especialmente en el Capítulo IX [«Constitutional Interpretation»]. También pueden verse diversos momentos del importante libro de Aljs VIGNUDELLI, *Interpretazione e costituzione. Miti, mode e luoghi comuni del pensiero giuridico*, Torino, Giappichelli, 2011. En este sentido, asimismo de interés en diversos pasajes de su obra, Humberto NOGUEIRA ALCALÁ, *La jurisdicción constitucional y los tribunales constitucionales de Sudamérica en la alborada del siglo XXI*, México, Porrúa, 2004.

mulados por *Friedrich Karl von Savigny*[23], hay ahora toda una serie de nuevos criterios a favor del esclarecimiento de lo normativo que se denominan también «*interpretación*»[24]. La interpretación[concretización] de la norma se basa en suposiciones sobre la naturaleza de los textos, el

---

[23] Friedrich Karl von SAVIGNY [1802], *Juristische Methodenlehre* [«Anleitungen zu einem eigenen Studium der Jurisprudenz», 1802/3], Gerhard Wesenberg [ed.], Stuttgart, K.F. Koehler, 1951. La *teoría de la interpretación,* especialmente la del joven Friedrich Karl von Savigny, pero también la de muchos otros autores de principios del siglo XIX, equivale a una pura exégesis de los textos jurídicos. El intérprete debía desarrollar su tarea teniendo en cuenta únicamente lo que se desprendiera del texto de la ley. Recordemos que, metodológicamente, los representantes de la Escuela Histórica fueron los primeros historiadores jurídicos profesionales en el sentido moderno del término Más adelante, de igual modo a como sucediera con una mayoría de los juristas a mediados del siglo XIX, Friedrich Karl von Savigny rebajó la tesis de la estricta adherencia a la redacción de la ley. La famosa sección sobre la interpretación de las leyes, contenida en el *Sistema de Derecho Romano Contemporáneo*, alude a cuatro elementos de interpretación: el gramatical, el histórico, el lógico y el sistemático. Con la formulación de estos cánones tradicionales consagró una visión del Derecho como sistema poseedor de un mundo conceptual propio que permite desentrañar, de manera rigurosa, el significado concreto de las prescripciones jurídicas relevantes para un proceso, pero los complementa con el objeto particular de las leyes «defectuosas». Más adelante se incorporaría el canon de la interpretación «teleológica», que pretende descubrir los principios de valor y la finalidad que el texto normativo encierra; esto es, a través del mismo se intenta averiguar el telos de la disposición normativa. La «*ratio*» ahora puede utilizarse nuevamente para corregir la redacción de la ley, en los §§ 4, 9 y 52 y ss, del Volumen I de su *System des heutigen römischen Rechts*, de 1841, traducido al castellano como *Sistema del Derecho Romano actual*, por Jacinto Mesía, Charles Guenoux y Manuel Poley, con prólogo de Manuel Durán y Bas, Madrid, F. Góngora y Compañía, 1878-1879, reimpresión reciente en Granada, Comares, 2005.

[24] Ulrich HUBER, «Savignys Lehre von der Auslegung der Gesetze in heutiger Sicht», en: *JuristenZeitung*, 58. Jahrgang, Nr. 1, 10. Januar 2003, pp.1-17, quien nos recuerda que la obra *De la vocación de nuestro tiempo para la legislación y la Ciencia del derecho* [*Vom Beruf unserer Zeit für Gesetzgebung und Rechtswissenschaft*, publicada también en Heidelberg, Mohr y Zimmer, 1814], es una respuesta a Anton-Friedrich-.Justus THIBAUT y su *Über die Nothwendigkeit eines allgemeinen bürgerlichen Gesetzbuchs für Deutschland,* Heidelberg, Mohr und Zimmer, 1814, quien propugnara la necesidad de un Código civil para toda Alemania al estilo del Código civil francés, algo que Friedrich Karl von Savigny no cree posible ni conveniente. Asimismo, recoge en esencia los rasgos fundamentales de la Escuela histórica del Derecho alemana y del pensamiento posterior de Friedrich Karl von Savigny. Rasgos básicos que tienen que ver con el valor de la historia, el desarrollo de los pueblos, el origen, la formación y el desarrollo del Derecho, en fin, con la función que cumplen los juristas y con el contenido en general de la Ciencia jurídica.

lenguaje y el acto mismo de interpretar, y cabe también examinar sus implicaciones políticas, económicas, filosóficas e históricas o del contexto en general, que amplían la interpretación jurídica en direcciones nuevas y constructivas. Además, la interpretación conforme, reconocida desde hace bastante tiempo como interpretación conforme a la Constitución –*verfassungskonforme Auslegung*, a la que cabe añadir la nulidad parcial sin reducción de texto o *Teilnichtigerklärung ohne Normtextreduzierung*, e incluso las no infrecuentes invocaciones al legislador–[25], incluyen asimis-

[25] Konrad HESSE, *Grundzüge des Verfassungsrechts der Bundesrepublik Deutschland*, Heidelberg, C.F. Müller, 1999, pp. 30 y ss. Puede verse también la cuidada aportación del expresidente del Tribunal Constitucional Federal alemán Andreas VOSSKUHLE, «Theorie und Praxis der verfassungskonformen Auslegung von Gesetzen durch Fachgerichte – Kritische Bestandaufnahme und Versuch einer Neubestimmung», en: *Archiv des öffentlichen Rechts*, Band 125, Heft 2, 2000, pp. 177-201. Clásicas, pero siguen resultando de utilidad, las aportaciones de Reinhold ZIPPELIUS, «Verfassungskonforme Auslegung von Gesetzen», concebida desde su planteamiento básico de considerar «el derecho en acción», producido mediante el actuar humano y, en consecuencia, sufre una transformación en la realidad de la respectiva cultura contemporánea, en: Christian Starck / Martin Draht / Ernst Friesenhahn [eds.], *Bundesverfassungsgericht und Grundgesetz, Festgabe aus Anlaß des 25 jährigen Bestehens des Bundesverfassungsgerichts*, Band II, *Verfassungsauslegung*, Tübingen, Mohr Siebeck, 1976, pp. 108-124; y de Karl-August BETTERMANN, ver *Die verfassungskonforme Auslegung*: *Grenzen und Gefahren*, Heidelberg, C.F. Müller, 1986. La literatura jurídica alemana recuerda asimismo las decisiones de mera incompatibilidad [«*Unvereinbarkeit*»] con la Constitución, en las cuales no es declarada nula la ley impugnada sino incompatible con la Norma Fundamental, supuestos en los que se concede un plazo al legislador a fin de que proceda a la aprobación de una nueva ley compatible con la Constitución. En tanto el legislador interviene, el Tribunal Constitucional Federal alemán puede permitir que la disposición inconstitucional siga aplicándose [así, por ejemplo, BVerfG en la Sentencia de la Primera Sala de 10 de abril de 2018 - 1 BvL 11/14, acerca de los impuestos a la propiedad]; o bien, aunque con inferior frecuencia, puede emitir por sí mismo una regulación provisional [Véase, por ejemplo, BVerfG. Sentencia de la Primera Sala de 18 de 2012 - 1 BvL 10/10, respecto de los beneficios sociales para los solicitantes de asilo], e incluso en casos mucho más aislados, exige la suspensión de los procedimientos pendientes para dar tiempo al legislador a establecer la nueva previsión [Véase, por ejemplo, BVerfG. Decisión de la Primera Sala del 10 de octubre de 2017 - 1 BvR 2019/16]. En estas decisiones, las instrucciones del Tribunal Constitucional en ocasiones son tan precisas que sería plausible preguntar si realmente resta todavía alguna decisión política de relevancia que deba tomar el legislador por medio de la aprobación de una nueva ley. En todo caso, inicialmente, el Tribunal Constitucional respeta la separación de poderes, y, de modo particular, la competencia del legislador. Incluso cuando el Tribunal dicta una regulación sobre la materia, la misma es siempre considerada provisional y expira a partir del momento en el

que interviene el legislador. Más ampliamente y de hace poco tiempo, puede consultarse la aportación precisa de Johannes MASING, «Das Bundesverfassungsgericht», en: Matthias Herdegen / Johannes Masing / Ralf Poscher / Klaus Ferdinand Gärditz [eds.], *Handbuch des Verfassungsrechts. Darstellung in transnationaler Perspektive*, München, C.H. Beck, 2021, pp. 981-1048.

Entre nosotros, María Luisa BALAGUER CALLEJÓN ha precisado acerca de la interpretación de la ley y del ordenamiento de conformidad a la Constitución, señalando que implica además el sometimiento del juez a un sistema de valores y de principios expresos orientativos de la aplicación del Derecho. Así las cosas, se produce la apertura a un superior dinamismo del orden jurídico que incrementa al propio tiempo las posibilidades de transformación social y de efectivo cumplimiento de los Derechos constitucionales. Entendida de ese modo, la interpretación «conforme a la Constitución» no es forzosamente unívoca, dado caben varias interpretaciones «conformes» con la Constitución, que incluso pueden ser contradictoria entre sí, y no por ello alguna de las mismas ha de tener más predicamento ni superior legitimidad que las restantes, pues la multiplicidad de sentidos apreciable en las normas jurídicas, y, sobre manera, en las constitucionales, provoca esa diversidad de interpretaciones. A tal diversidad contribuye el carácter pluralista de la Constitución, *La interpretación de la Constitución por la jurisdicción ordinaria*, Madrid, Cívitas, 1990, pp. 88-89. Tocante a Italia puede verse Giusi SORRENTINI, *L' interpretazione conforme a Costituzione*, Milano, A. Giufrè, 2006, cuyo estudio parte de un hecho concreto, registrado en los últimos veinte años de jurisprudencia constitucional previos a la fecha de la aparición del libro, y pone de relieve la insistencia cada vez mayor de la *Corte Costituzionale* italiana en el deber que recae sobre los jueces comunes de «adaptar» a través de la interpretación en la medida de lo posible la ley a la Constitución, en lugar de someterla al control mismo que él ejerce en cuanto el juez de las leyes, y pretende marcar los límites de un recurso también legítimo a una interpretación conforme a la Norma Fundamental, tanto por parte de los órganos judiciales como por el propio Tribunal Constitucional; también Massimo LUCIANI, «Interpretazione costituzionale e testo della Costituzione. Osservazioni liminari», en: Gaetano Azzariti [ed.], *Interpretazione costituzionale*, Torino, Giappichelli, 2007, pp. 41-49, aquí p. 45. Para mayor profundidad y en relación a la interpretación conforme al Derecho europeo, puede consultarse Giovanna PISTORIO, *Interpretazioni e Giudici. Il caso dell'interpretazione conforme al diritto dell'Unione europea*, Napoli, Editoriale Scientifica, 2012, pp. 35 ss entre otros momentos. Asimismo, Marco RUOTOLO, «Interpretazione conforme a Costituzione e tecniche decisorie della Corte costituzionale», en: AA.VV. *Scritti in onore di Alessandro Pace*, Vol. III, Napoli, Edizioni Scientifiche italiane, 2012, pp. 2469 y ss. La lectura de Stéfanin FATIN-ROUGE, «Le Conseil Constitutionnel dans la révision constitutionnelle du 23 juillet 2008 sur la modernisation des institutions», en: *Revue française de droit constitutionnel,* Número fuera de serie, 2009, pp. 269-290, y de Mathieu DISANT, *L`autorité de la chose interprétée par le Conseil Constitutionnel*, Paris, L.G.D.J., 2010, nos permiten recordar que, en Francia, el Consejo Constitucional pronuncia decisiones interpretativas que corresponden a la normatividad, generalidad y efecto vinculante de la cosa interpretada. Así, la autoridad de la cosa interpretada por el Consejo Constitucional permite captar jurídicamente mo hoy, sobre todo, la interpretación del Derecho nacional que se ajusta al Derecho internacional, y la que se adecua al Derecho europeo en los estados integrantes de la Unión[26]; todo ello no sin dificultades para salvar

---

el fenómeno de la autoridad interpretativa de sus decisiones. En este sentido, la interpretación expuesta a modo de doctrina está dotada de una autoridad privilegiada que, más allá de una mera autoridad de hecho, obra desde arriba en pro de la unidad del orden constitucional. Por ello, el artículo 62, apartado 3, ex-párrafo 2 de la Constitución puede y ha podido interpretarse válidamente en el sentido de que fundamenta en Derecho la autoridad *erga omnes* de las decisiones interpretativas del Consejo Constitucional. La autoridad de la cosa interpretada tiene, de este modo, carácter jurídico en virtud del cual la interpretación del Consejo Constitucional es válidamente vinculante para todos los destinatarios y exige un comportamiento específico de los poderes públicos incluidos los jurisdiccionales. A la luz del «principio de la conservación de los actos jurídicos» o «efecto útil», el Consejo Constitucional ha planteado diversas formas de modificar el contenido normativo de las disposiciones por medio de las llamadas «técnicas de interpretación condicional». La primera de estas se enmarca en lo que se puede llamar la anulación «pura y simple» de la ley, algo que se produce normalmente por dos circunstancias: la primera, porque la ley no tiene diferentes normas, lo que conduce a que el juez constitucional declare inconstitucional toda la ley; la segunda se sitúa dentro del tipo de anulaciones provocada por los vicios de procedimiento en el trámite legislativo. Una segunda técnica de interpretación condicional utilizada por el Consejo Constitucional y que igualmente se ha consolidado, son las reservas llamadas «neutralizantes negativas» y «condicionamientos positivos». Las primeras hacen referencia a la supresión de una de las normas presentes en la disposición, donde incluso el cuerpo dispositivo puede quedar intacto; sin embargo, elimina alguna de las normas, esto es, una de las interpretaciones posibles de la disposición enjuiciada. La segunda, la denominada «positiva», alude a las decisiones que suponen la adición de alguna norma dentro de la disposición, esto es, incorporan al texto legislativo una interpretación más allá de lo establecido en el cuerpo legal analizado. En cuanto a las sentencias interpretativas conocidas como «integradoras», hacen referencia a decisiones donde el Consejo Constitucional parece mostrarse menos activo, si bien, puede limitar o ampliar en todo caso, el contenido normativo de la disposición. Para semejante tipo de decisiones, el Consejo Constitucional, a los efectos de mantener la eficacia de la ley y su constitucionalidad, viene decantándose por condicionar su interpretación a la lectura sistemática de otras disposiciones también recogidas por el orden jurídico. Las sentencias integradoras no modifican sustancialmente la norma ni la declaran inconstitucional, por tratarse de supuestos en los cuales el Consejo Constitucional lleva a cabo una integración de la norma sometida a examen con otras normas, legales o constitucionales, a fin de dar a la disposición analizada el alcance que resulta adecuado con la Constitución. En sí mismas consideradas, no suponen realmente un remedio a situaciones de conflicto con normas superiores, debido a que su interpretación obedece únicamente a un ejercicio hermenéutico que articula la disposición estudiada con otras fuentes del Derecho integradas en el orden jurídico.

[26] Aporta una bien articulada concepción dinámica del Derecho y de la interacción dialéctica entre ordenamientos en un contexto global Carlos DE CABO MARTÍN, quien

refuerza la idea acerca de que la «continuidad del espacio constitucional y el europeo supone que no es posible una Europa desvinculada del Derecho constitucional de los Estados, es esta, por demás, entiende, una «disciplina crítica y pretende promover el desarrollo constitucional democrático de la Unión Europea», «Constitucionalismo del Estado social y Unión Europea en el contexto globalizador», en: *Revista de Derecho constitucional europeo*, núm. 11, 2009, pp. 17-48. Desde otro punto de vista en el arranque, llega a conclusiones bastante similares el propio Carlos de CABO MARTÍN, en *La «situación constitucional» actual desde el constitucionalismo crítico* [*Estudios*], Madrid, Aranzadi-Cívitas, 2023, donde el autor lleva a cabo un fino análisis de la *caracterización* acerca de lo que acontece bajo la reserva de una actualidad cada vez más inestable. Y arranca estructuralmente de la trilogía como supuesto básico de la relación, también actual, de Capitalismo-Democracia-Derecho, en cuanto conformadores del ámbito condicionante en el que esa aludida actualidad se desarrolla. A continuación, tras la pertinente y sintética justificación metódica, emplea la Constitución del Estado social y la especificidad de sus componentes como parámetro de la actual, y deduce, junto a sus diferencias, la dificultad para definirla según las categorías clásicas. A partir de ahí, propone la categoría central de «Situación constitucional» que previamente se ha encargado de conceptualizar y estructurar de modo apropiado, como punta de lanza para la salida del dilema, realizada gracias a valoraciones decisivas a largo de su obra extraordinariamente versátil, reflexiva y, en cierto modo, provocativa en la forma del pensar. Tras esta exposición, son abordadas, en fin, las consecuencias derivadas de la «Situación constitucional» delatada, sea respecto de la realidad y su dinámica, sea en relación con la teoría jurídica general y la específica constitucional, constatándose, en este último aspecto, la necesaria revisión si pretende alcanzar «vigencia», y situado siempre en el marco y desde la perspectiva del pensador español desde hace años del *Constitucionalismo Crítico* de la libertad e igualdad interrelacionadas, que pretende sobreponerse a la «derrota», y defiende, entre otros aspectos, una revitalización de los actores sociales clásicos y naturalmente renovados, reivindicando la entrada en acción de otros auténticamente nuevos en desafío a los poderes instalados, de modo que todos juntos se embarquen en un navío político-existencial de creación de legitimidad a través de la irrupción de la Sociedad civil; todo lo cual, recuerda también, aunque sea un tanto de lejos, a la teoría unificada de la acción en el sentido habermasiano –por cuanto adherido a la ética sustantiva y no solo a la procedimental defendida por este último–, y, desde luego, mostrando las contradicciones con toda su crudeza en la realidad del constitucionalismo clásico en la línea adorniana, y como en esta con esperanza. El libro también crítico y de buena factura debido a Guillermo ESCOBAR ROCA, se apoya más bien en el predominio de la racionalidad procedimental a partir de la cual el conocimiento humano opera según parámetros pragmático-procedimentales sitos en el interior de las comunidades científicas y de los contextos socio-culturales, lo que viene a significar por otra vía que todo modo de conocer es interesado y, en definitiva, conocemos básicamente por el interés, según términos habermasianos, *El Derecho, entre el Poder y la Justicia. Una introducción crítica al sistema jurídico español*, 2ª ed., Valencia, Tirant lo Blanch, 2022. Ha apuntado recientemente Gertrude LÜBBE-WOLFF que para «*un intelectual público* que se considere decididamente de izquierda», la clave para salvar la democracia las cuestiones metodológicas que impregnan los debates contemporáneos en el Derecho de la Unión[27]. Y estas formas de interpretación conforme, expresaría *Claus-Wilhelm Canaris*, se fundamentan en último término en la cualidad de la Norma Fundamental como *lex superior*, mientras que la interpretación conforme a las directivas y el desarrollo jurídico en un sistema de metodología jurídica, no puede basarse en ese fundamento, cuando menos no de forma inmediata; con todo, después atenúa las diferencias y reconoce que la directiva aunque no sea *lex* [lo será a partir del momento en que sea traspuesta, pues sabemos requiere de un complemento normativo de los estados para su efectiva implementación, lo que se denomina jurídicamente transposición al Derecho interno o nacional], sí es en cierto sentido superior a la norma interna, ya que participa de la primacía del Derecho de la Unión Europea[28]. Aunque estas formas de interpretación desempeñan

---

reside ahora en denunciar dónde los enemigos favoritos de la izquierda se han estado organizando desde los años 1980: en un «banco central» independiente. Incluso el conocido déficit democrático de la Unión Europea se está «convirtiendo secretamente por inercia en una ventaja democrática». El lema del momento parece ser: «atreverse a tener menos democracia [electoral], tal vez solo... un poco menos...», *Demophobie. Muss man die direkte Demokratie fürchten*?, Frankfurt am Main, Klostermann, 2023.

[27] Por ejemplo, las consideraciones que deja patentes Lara TRUCCO acerca de las múltiples crisis que está experimentando la Unión Europea, lo que conlleva a los estudiosos del Derecho de la Unión a cuestionar la concepción clásica de este Derecho –un Derecho de integración que ha de ser– y su relación con las instituciones europeas, *Carta dei diritti fondamentali e costituzionalizzazione dell'Unione europea. Un'analisi delle strategie argomentative e delle tecniche decisorie a Lussemburgo,* Torino, Giappichelli, 2013.

[28] Claus-Wilhelm CANARIS, «Die richtlinienkonforme Auslegung und Rechtsfortbildung im System der juristischen Methodenlehre», en: Helmut Koziol / Peter Rummel [eds.], *Im Dienste der Gerechtigkeit- Festschrift für Franz Bydlinski*, Wien, Springer, 2002, pp. 47-104, especialmente pp. 66 y 69; sobre la autonomía de la interpretación conforme dentro del sistema de la metodología jurídica, *ibidem*, pp. 79-81. Este autor distingue entre criterios de interpretación y reglas de precedencia interpretativa. Concibe a los primeros como «principios» y a las segundas como «reglas» en el sentido de una teoría arraigada, pero no unánime; al respecto asimismo sus consideraciones en «Gesamkeiten zwischen verfassungs-und richtlinienkonformer Auslegung», en: Claus-Wilhelm Canaris [ed.], *Wirtschaft in offene Verwaltung, Festschrift für Reiner Schmidt zum 70. Geburtstag*, München, C.H. Beck, 2006, pp. 41-60. En cuanto a Friedrich MÜLLER – Ralph CHRISTENSEN, demócratas radicales y siempre representantes consecuentes de quienes piensan diferente, hablan de una regla de preferencia [«*Vorzugsregel*»] y rechazan que el principio de interpretación conforme pertenezca a los criterios tradicionales de interpretación, incluido el criterio

ahora un papel central en la jurisprudencia del TJUE y de los más altos tribunales constitucionales[29], han sido investigadas aun escasamente por la

sistemático, *Juristische Methodik*, Band I. *Grundlegung für die Arbeitsmethoden der Rechtspraxis*, 11ª ed., Berlin, Duncker & Humblot, 2013. El Tribunal Constitucional Federal alemán ha sostenido que la jurisprudencia emanada del TEDH constituye un artilugio de carácter interpretativo en cuanto medio de auxilio en orden a la definición del contenido y alcance del ámbito propio de los Derechos y Principios contenidos en la Ley Fundamental de Bonn. El *Bundesverfassungsgericht* pone de manifiesto cómo el Convenio Europeo proporciona «una máxima para la interpretación de la Ley Fundamental», y apostilla que los Derechos Fundamentales deben comprenderse al modo de acuñación de los Derechos Humanos e incorporan a estos como estándar mínimo. En la medida en que existen varias interpretaciones posibles, ha de darse preferencia a la interpretación conforme al Convenio Europeo y a la jurisprudencia emanada del TEDH. El límite está en el enmarque más estricto, limitación o reducción del nivel de protección contenido en la *Grundgesetz* de Bonn. Los efectos internos de las decisiones del TEDH no se limitan al concreto supuesto de hecho sobre el que versan, pues la Ley Fundamental desea evitar conflictos entre las obligaciones internacionales de Alemania y el Derecho nacional. Esta línea es mostrativa de que, por lo demás, tampoco ello ofrecería blindaje alguno a la Unión Europea frente a los factores influyentes de carácter erosivo ahora presentes y afectantes a los Estados constitucionales nacionales que resultan fácilmente susceptible de trasladarse e instalarse en la Unión Europea, y ello acarrearía nuevos problemas sin contribuir a resolver los ya existentes. Todo lo cual no llega hasta impedir el reconocimiento de la absoluta necesidad de realizar imprescindibles y sólidas investigaciones integradas que han de atender a los fundamentos constitucionales de la integración europea en los Estados miembros, las estructuras del Derecho de la Unión y la europeización del Derecho público nacional, como bien ha recordado entre otros autores el exmagistrado del Tribunal Constitucional Federal alemán Peter M. HUBER, «Europäisches und nationales Verfassungsrecht», en: *Veröffentlichungen der Vereinigung der Deutschen Staatsrechtslehrer*, Band 60, De Gruyter, Berlin, 2001, pp. 194-245, especialmente pp. 217 y ss; también «Die Integrationsverantwortung von Bundestag und Bundesregierung», en: *Zeitschrift für Staats- und Europawissenschaften* [*ZSE*] / *Journal for Comparative Government and European Policy*, Vol. 15, Nr. 2-3, 2017, pp. 286-328. Para el autor, la condición de Estado miembro de la Unión Europea, conlleva de facto el término de la autonomía constitucional de carácter nacional, pero, de otra parte, allí donde el Derecho Constitucional nacional cierra, es apertura, o bien es arrumbado el programa integracionista aprobado por el mandato de aplicación del Derecho nacional, se impone este frente al Derecho de la Unión Europea. Así las cosas, en la relación recíproca mantenida entre el Derecho de la Unión Europea y el Derecho constitucional nacional, interactúan ambos y se complementan mutuamente, poseen proporcionalidad complementaria, y desarrollan en cada Estado miembro de la Unión la función de ordenamientos de absorción recíproca.

[29] Como es bien sabido, los conceptos de «efecto directo» y «primacía» contribuyen a la clarificación y delimitación de este complejo entramado jurídico, que a veces se produce

Ciencia jurídica como fenómeno general, y no se puede hablar todavía de una base metodológica segura al respecto[30]. En consecuencia, el Derecho europeo asigna a la metodología tareas adicionales y le plantea problemas específicos que requieren de sus propias soluciones probadas[31]. De confor-

---

entre el Derecho de la Unión y el de los Estados. Aquí el TJUE ha establecido la diferencia entre efecto directo, que afectaría al Derecho originario, Tratados y Carta, y reglamentos de Derecho derivado, pero no a las Directivas, que tendrán efecto indirecto, Andreas VOßKUHLE – Moritz LANGE, «Die Rolle der nationalen Gerichte im Europarecht», en: Stefan Leible / Jörg Philipp Terhechte [eds.], *Europäisches Rechtsschutz- und Verfahrensrecht*, 2ª ed., Baden-Baden, Nomos, 2021, pp. 153-170. Asimismo, a retener la síntesis realizada por Manuel ARAGÓN REYES: «No debe confundirse, en nuestro ordenamiento interno, la posición de que gozan los tratados internacionales de la que tiene el derecho de la Unión Europea, pues la oposición entre nuestro ordenamiento propio y el derecho de la Unión sí faculta a la jurisdicción ordinaria para inaplicar la ley que lo contradiga. Aquí no se enfrentan la Constitución y la ley, sino el derecho de la Unión y la ley, y la salvaguardia de este derecho corresponde, bajo la superior autoridad del Tribunal de Justicia de la Unión Europea, a los jueces y tribunales ordinarios de los Estados miembros», «Cuarenta años de Tribunal Constitucional», en: *Anuario Iberoamericano de Justicia Constitucional*, 25, 1, p. 53, nota núm. 6, 2021.

[30] Un acercamiento genérico bien articulado es el de Xabier ARZOZ SANTISTEBAN, «Aproximación a la Interpretación conforme como técnica de coordinación normativa», en: Juan Alfonso Santamaría Pastor [ed.], *Los principios jurídicos del Derecho administrativo*, Madrid, La Ley, 2010, pp. 619-662, para quien el principio de interpretación conforme es justamente una de las técnicas mediante las cuales los modernos ordenamientos jurídicos procuran la máxima realización de la Constitución, o bien la máxima coordinación con el Derecho Internacional de los Derechos Humanos, o bien la máxima realización de las normas de una organización supranacional como la Unión Europea. Y señala en apoyo de su argumentación cómo el Tribunal Supremo español sostuvo que «la naturaleza normativa y no meramente programática de la Constitución reclama una interpretación de sus preceptos que aspire a lograr el máximo reconocimiento de su fuerza vinculante», STS 4/12/1990. Para el autor, la pluralidad de principios de interpretación conforme existentes en el ordenamiento jurídico español, y en otros ordenamientos de su entorno, es consecuencia de la creciente interacción entre sistemas jurídicos. De forma más concreta, resulta ser el resultado de tres procesos que van a converger en la configuración del Estado de Derecho a la altura de la segunda mitad del siglo XX, como son: la constitucionalización del ordenamiento jurídico, la vinculación del Estado constitucional al Derecho internacional de los Derechos Humanos, y la europeización de los ordenamientos jurídicos estatales.

[31] Friedrich MÜLLER – Ralph CHRISTENSEN, *Juristische Methodik*: Band II. *Europarecht*, 3ª ed., Berlin, Duncker & Humblot, 2012, el volumen sobre el Derecho europeo se dedica a un ámbito que suscita nuevos problemas: desde sus orígenes supranacionales, a causa de sus más de veinte derechos nacionales con la correspondiente diversidad de culturas jurídicas e idiomas distintos. El Derecho de

midad con la estima de *Johannes Masing*, en el Derecho europeo se está

la Unión se está expandiendo a un ritmo acelerado: en amplitud, dada su masa, en prácticamente todos los ámbitos del Derecho; y se extiende hasta lo más profundo, es decir, directamente en la vida interior de los Derechos nacionales. Para llegar a la realidad de manera práctica se necesita un lenguaje común; y este lenguaje habría de poder ser adoptado por los ciudadanos de Europa y no debería abrumar a sus idiomas nacionales. En este proceso aún abierto de desarrollo de un lenguaje jurídico en Europa, tanto jerárquicamente centralista como interaccionista descentralizado, juegan un papel –en el sentido de inevitabilidad– factores y aspiraciones teóricas generales en ocasiones incluso opuestos, y, en sentido contrario, raramente tropezamos con una simplicidad de ideas que salga en nuestro auxilio. Esto hace aún más difícil, por ejemplo, garantizar una seguridad jurídica suficiente, lo que es impensable sin la fiabilidad de las formas lingüísticas. El libro que citamos no quiere ser un manual de ciencias jurídicas, pretende en cambio la invarianza de hacer comprender la verdad auténtica y profunda de las cosas hasta donde sea posible, y analiza así una parte importante de los problemas que enfrentan los estudios de traducción, la lingüística y la jurisprudencia en este campo: a nivel de la teoría constitucional europea, en las complejas cuestiones del multilingüismo y en los planteamientos de una metodología europea común del trabajo de los tribunales de la Unión [Abordó estas cuestiones entre nosotros José ASENSI SABATER, «El derecho de las lenguas (a propósito de las lenguas de la Unión Europea)», en: Miguel Ángel García Herrera (ed.), *El constitucionalismo en la crisis del Estado social*, Leiola, Universidad del País Vasco-Servicio de Publicaciones, 1997, pp. 73-86]. Con carácter general, el poder judicial desempeña un papel central cara al desarrollo del Derecho europeo y su lenguaje. Ello se corresponde con el hecho de que la obra de *Metodología jurídica*, Volumen II, *Derecho Europeo*, que se basa esencialmente en análisis de la práctica de los tribunales de la Unión, constituye un magnífico ejemplo de esta forma de proceder, y se opone a toda entropía que se atisbara en los primeros años de la Unión[Comunidad] cuando no se buscaban apenas respuestas indicadoras respecto de cuál era el sentido de los casos, centrándose más en sus causas. El volumen adopta una vez más un enfoque interdisciplinario e incluye también los resultados a lo que han llegados en sus contribuciones varios de los más destacados profesionales jurídicos de las instituciones europeas, puesto todo al servicio de una evolución del contexto sociopolítico europeo que apueste por una renovación de la democracia, por ejemplo, debidas a la migración, la internacionalización y la supranacionalización, y los cambios estructurales asociados a la esfera pública. Estos últimos cambios son abordados también desde el volumen de Horst DREIER, *Metamorphosen der Demokratie*, Basel-Schweiz, Schwabe-Verlag, 2023, después de haber repasado otras metamorfosis previas: el arquetipo de la democracia, recuerda, es la constitución de Atenas del siglo V al III a. C., una democracia predominantemente directa que daba a los ciudadanos un máximo de oportunidades de participación. Fue reemplazada por nuestra actual democracia representativa, que es conceptualizada de una manera teóricamente sofisticada, especialmente por los autores de los *Federalist Papers* durante la época de la Revolución Americana. El volumen trata de estas y otras metamorfosis de la democracia, como las enunciadas por los autores precitados, volviendo cada vez más claro un concepto-movimiento de gran alcance contra las debilidades de implementación y los déficits dogmáticos en la aplicación de las normas del Derecho de la Unión, y es la movilización de los ciudadanos para hacer cumplir la ley europea. Desligados de la idea de protección individual exclusivamente, los ciudadanos están facultados para insistir directamente en el cumplimiento de la ley ante las autoridades y los órganos judiciales. Entendidos menos como individuos privados que necesitan protección legal, sino más bien en su papel de «poderosos abogados» y ejecutores asimismo de intereses comunitarios, su objetivo es hacer que el Derecho, incluido el de la Unión europea, resulte eficaz. En un libro al efecto de *Johannes Masing,* confronta este sus reflexiones con la doctrina científica alemana del Derecho público subjetivo. El autor pone de relieve profundas diferencias estructurales que resultan factibles de observar, y, en consecuencia, busca nuevas garantías acerca de los fundamentos teóricos de estas cuestiones en Alemania. Presta especial atención y, por consiguiente, se centra también en el asunto de destacar el carácter privado de los Derechos públicos subjetivos como su núcleo material, sobre cuyo contenido todavía no se ha reflexionado excesivamente. De comprenderse como un criterio excluyente que rechaza de modo específico la posición del individuo como defensor de los intereses públicos, tiene también sus raíces en el constitucionalismo alemán y su distinción entre libertad privada e intereses públicos, lo que pretendía asegurar la independencia del ejecutivo monárquico. La doctrina del Derecho público subjetivo moldeada por este significado, contiene hasta las fechas actuales más de un criterio de Derecho procesal para la realización del estatuto de sujeto de derecho propio del individuo. Ha adoptado así una disposición fundamental sobre la relación entre los ciudadanos y la administración que despliega un efecto diverso y frecuentemente inadvertido en el sistema jurídico. En este sentido, cuando el Derecho europeo toca estos aspectos abre al tiempo un amplio horizonte: el modelo de movilización ciudadana al objeto de hacer cumplir la ley no requiere solamente una consideración respecto de la relación Estado-ciudadanos en el ámbito del Derecho europeo y una transformación de los requisitos pertinentes, pues también plantea un interrogante al propio Derecho administrativo alemán. Y aunque no podemos detenernos

---

y, por ejemplo, también considera las redes sociales y los cambios estructurales que asimismo entroncan en el ámbito de lo público.

ahora por la envergadura de la cuestión, si vanos a recordar dos cuestiones fundamentales: ¿en qué medida la doctrina prácticamente invariable o escasamente evolucionada del Derecho público subjetivo contribuye aún a determinar la relación entre el Estado y el ciudadano?, y, por demás ¿es capaz y debe incluirse la movilización ciudadana en el Derecho administrativo alemán como modelo general en orden a una aplicación de la ley que resulte de superior eficacia?[32].

La Ciencia jurídica es aquello material y formalmente resistente que no se convierte en desperdicio por los trazos de la pluma del legislador, elaborada por una metodología de trabajo que es cincelada por aquellos que son investidos de una función jurídica: «*Arbeitsmethodik ist Methodik von Funktionsträgern*». Así, el valor del citado e importante libro *Juristische Methodik*. Band II. *Europarecht*, 3ª ed., Berlin, Duncker & Humblot, 2012, para la investigación metodológica y dogmática fundamentales, no se vio afectado en lo sustancial por la transición al Tratado de Lisboa. Evidentemente, es cierto que para el aspecto práctico del trabajo hubo que reelaborar la *dogmática* metodológica previa e integrar de manera constructiva la jurisprudencia y la literatura jurídica más reciente y decantada: por ejemplo, sobre el papel de la especificación genética [artículo 53] apartado 7 EUGRC, nuevos materiales contractuales, por ejemplo, el argumento *effet-utile*, sobre las tensiones entre el TJUE y los tribunales supremos nacionales, entre el Derecho de la Unión y el Derecho constitucional nacional, así como sobre el Derecho internacional, especialmente en el ámbito de los Derechos Fundamentales europeos desde la Carta de los Derechos Fundamentales de la Unión Europea. En el contexto de las fluctuaciones judiciales en el Tribunal Superior de Justicia, la cuestión del ámbito de aplicación de los Derechos Fundamentales de la Unión se realizó la requerida investigación intensiva, al igual que acerca de los debates sobre el «equilibrio», los «principios» y el ulterior «desarrollo jurídico de acuerdo con las directivas»[33]. En todas estas cuestiones, debió rechazarse el antiguo concepto hermenéutico de texto que

---

[32] Johannes MASING, *Die Mobilisierung des Bürgers für die Durchsetzung des Rechts*, Berlin, Duncker & Humblot, 1997 [edición impresa]. DOI https://doi.org/10.3790/978-3-428-48928-2.

[33] Puede verse Rudolf STREINZ, «Zur Europäisierung des Grundgesetzes», en: Peter M. Huber [ed.], *Das Grungesetz zwishen Stabilität und Veränderung*, Tübingen, Mohr Siebeck, 2007, pp. 33-64.

ahora hubo de reconstruirse –para continuar en proseguida reconstrucción dependiente de la experiencia–, al igual que una teoría de principios platónica y autocontradictoria. Lo que, por el contrario, es capaz de afrontar la realidad, resulta de una práctica jurídica como jurisprudencia horizontalmente vinculante y controlada por los principios del Derecho y el admirable esfuerzo por crear una coherencia pragmática a través de cadenas de casos: un Derecho estructurado internamente de forma pluralista en el contexto de un policentrismo del sistema multinivel[34], que en el Derecho europeo es una forma híbrida entre la ley y la jurisprudencia[35]. Esto último especialmente

[34] Jörg Philipp TERHECHTE, *Konstitutionalisierung und Normativität der europäischen Grundrechte*, Tübingen, Mohr Siebeck, 2011.

[35] Gunther TEUBNER, «Folgenkontrolle und responsive Dogmatik», en: *Rechtstheorie* Vol. 6, Nr. 2, 1975, pp. 179-204; Gunther TEUBNER, «Die Episteme des Rechts: Zu den erkenntnistheoretischen. Grundlagen des reflexiven Rechts», en: Dieter Grimm [ed.], *Wachsende Staatsaufgaben -sinkende Steuerungsfähigkeit des Rechts*, Nomos, Baden-Baden 1990; Gunther TEUBNER, «Recht und Sozialtheorie: Drei Probleme», en: *Ancilla Iuris* [*anci.ch*], 2014, pp. 183-222, que resume diciendo: «*Drei Theoriekatastrophen sind dafür verantwortlich, dass nach anfänglich hoher Theorieaffinität die deutsche Rechtsdogmatik sich heute gegenüber Sozialtheorien weitgehend immunisiert hat. Der Beitrag diskutiert die Alternative eines distanzierten Umgangs mit Sozialtheorien. Dieser kann in der Begegnung von Sozialtheorie und Recht einen rechtsdogmatischen Mehrwert dann erzeugen, wenn es der Rechtsdogmatik gelingt, dem prekären Verhältnis von Autonomie und Interdependenz in drei unterschiedlichen Dimensionen gerecht zu werden: 1) Theoriekonkurrenz: Wie soll das Recht eine Auswahl treffen, wenn konkurrierende Sozialtheorien miteinander nicht kompatible Analysen von Sozialphänomenen liefern? 2) Wissenstransfer: Wie lassen sich Konstrukte der Sozialtheorien in das Recht übertragen?, und 3) Und schliesslich die heikelste Frage nach der Normativität von Sozialtheorien: Lassen sich aus wissenschaftlichen Theorien normative Kriterien für die Rechtspraxis gewinnen? Antworten zu diesen Fragen werden am Beispiel der horizontalen Grundrechtswirkung in halb-privaten Netzwerken der Medizinforschung formuliert. Law and Social Theory*». Incluso el propio autor ha dado pasos más recientes inclusivos de nuevas realidades, como cuando lo hace por ejemplo acompañado de Anna Becker, preocupados ambos por la presencia de algoritmos autónomos que operan dentro de diferentes instituciones sociodigitales, para los casos en que toman decisiones equivocadas, toda vez se interrogan acerca de «¿cuáles son las consecuencias para la responsabilidad jurídica?». Pues bien, a la finalidad de alcanzar el desarrollo adecuado de responsabilidad para tales hipótesis, la aportación se fundamenta, nos señalan, en piezas teóricas conceptuales de naturaleza jurídica, sociológica y filosófica, de: 1] la personificación de los actores no humanos, 2] la asociación hombre-máquina como un sistema social emergente con cualidades de un actor colectivo, y 3] la cognición distribuida en la interconectividad de algoritmos, Anna BECKERS – Teubner GUNTHER, «Die digitale Verantwortungslücke: Vorschläge

resaltado, por ejemplo, a cargo de *Friedrich Müller – Ralph Christensen*, en el considerado volumen segundo de su *Juristische Methodik*, edición tercera del libro que vuelve a estar sólidamente actualizado, como hemos apuntado, en términos de situación contractual, análisis de jurisprudencia y debate teórico[36]. En la interpretación conforme al sistema, topamos también con algunos sólidos análisis como es por ejemplo el de *Clemens Höpfner*, quien examina una de las primeras veces con detenimiento la interpretación y aplicación de las leyes a partir de la *lex superior* o de la ley que se va a implementar por primera vez desde una perspectiva holística, y ello como un fenómeno global que discurre más allá de los tipos individuales de interpretación. Al proceder de este modo, crea la base teórico-jurídica necesaria para reconocer la interpretación conforme al sistema como una categoría metodológica independiente y a hacerla practicable. Después de exponer una visión general de la importancia de la idea de sistema para la aplicación del Derecho, el autor elabora principios generales de interpretación compatibles con el sistema, y muestra que no estamos tanto ante una interpretación en el verdadero sentido sino más bien frente a un instrumento de control de normas que se incluye en el proceso de interpretación. Esta idea repercute tanto en su relación con los criterios de interpretación clásicos, como, en particular, a propósito de la

zur Haftung für algorithmisches Fehlverhalten», en: Doi 10.1007/978-3-658-43521-9_7 [2024].

[36] Friedrich MÜLLER – Ralph CHRISTENSEN, *Juristische Methodik*: Band II. *Europarecht*, 3ª ed., Berlin, Duncker & Humblot, 2012. De entre numerosa bibliografía al efecto, pueden verse también las matizadas apreciaciones de Christian CALLIESS, «Europa als Wertegemeinschaft – Integration und Identität durch europäisches Verfassungsrecht?», en: *JuristenZeitung*, 59. Jahrgang, Heft 21, 2004, pp. 1033-1045, que pone el foco en la creciente europeización e internacionalización del Derecho constitucional, así como la correspondiente influencia de este en el Derecho europeo. También, Christian WALTER, «Constitutionalizing International Governance – Possibilities for and Limits to the Development of an International Constitutional Law», en: *German Yearbook of International Law*, Vol. 44, 2001, pp. 170-201; y el más cercano artículo en el tiempo de Armin von BOGDANDY, «La science juridique dans l'espace juridique européen, une réflexion à partir de l'exemple allemand», en: *Recueil Dalloz*, núm. 41, 2011, pp. 2816-2822. En fin, de indudable utilidad las consideraciones de Matthias RUFFERT, «Rezension von Claus Dieter Classen, Nationales Verfassungsrecht in der Europäischen Union. Eine integrierte Darstellung von 27. Verfassungsordnungen. Nomos, Baden-Baden, 2013», en: *Archiv Des Öffentlichen Rechts*, Band 140, Heft 3, 2015, pp. 323-325.

distribución de competencias dentro del poder judicial, que se representan mediante las diversas formas de interpretación conforme al sistema[37].

II.

Pues bien, volviendo específicamente a la «cuestión de la *Dogmática*», en la tradición jurídica occidental, desde la antigüedad clásica, allí donde existe Derecho encontramos asimismo *Dogmática jurídica* más o menos desarrollada, habiendo constituido durante amplios períodos históricos el verdadero núcleo del pensamiento jurídico. En Alemania, el pensamiento sobre este núcleo es considerada la esencial tarea de la *Dogmática jurídica*, y según una definición conceptual actual de la misma se la podría «describir como una disciplina que quiere aclarar y ordenar el Derecho positivo y que al mismo tiempo persigue como posibilidad el objetivo de guiar la labor jurídica y de contribuir a la solución de aquellos interrogantes que se le presentan a la práctica jurídica»[38]. Por su parte, destaca *Theodor Viehweg* las dos direcciones que se dan

[37] Clemens HÖPFNER –catedrático de Derecho civil, Derecho laboral, Derecho empresarial y Teoría jurídica en la Universidad de Konstanz–, *Die systemkonforme Auslegung- Zur Auflösung einfachgesetzlicher, verfassungsrechtlicher und europarechtlicher Widersprüche im Recht*, Tübingen, Mohr Siebeck, 2008. Así, a pesar de las dificultades dogmáticas y prácticas que reconoce a la técnica de la interpretación conforme, Matthias JESTAEDT acepta la amplia acogida que ha tenido en Alemania, caracterizando la manera de pensar y poner en práctica el ordenamiento jurídico a partir de la Constitución, «Phänomen Bundesverfassungsgericht. Was das Gericht zu dem macht, was es ist», en: Matthias Jestaedt / Oliver Lepsius / Christoph Möllers / Christoph Schönberger [eds.], *Das entgrenzte Gericht. Eine kritische Bilanz nach sechzig Jahren Bundesverfassungsgericht*, Berlin, Suhrkamp, 2011, pp. 77-157.

[38] Christian BUMKE, «Rechtsdogmatik: Überlegungen zur Entwicklung und zu den Formen einer Denk- und Arbeitsweise der deutschen Rechtswissenschaft», en: *JuristenZeitung*, 69. Jahrgang, Heft 13, 2014, pp. 641-650. Y una compilación de otras consideraciones importantes sobre la tarea a desarrollar por la *Dogmática jurídica* puede encontrarse en Christian WALDHOFF, «Kritik und Lob der Dogmatik: Rechtsdogmatik im Spannungsfeld von Gesetzesbindung und Funktionsorientierung», en: Gregor Kirchhof / Stefan Magen / Karsten Schneider [eds.], *Was weiß Dogmatik? Was leistet und wie steuert die Dogmatik des Öffentlichen Rechts?*, Tübingen, Mohr Siebeck, 2012, pp. 22 y ss. Más ampliamente, el completo análisis de Matthias JESTAEDT, «§ 6 Verfassungsdogmatik», en: Uwe Kischel / Hanno Kube, *Handbuch des Staatsrechts*, Band I: *Grundlagen, Wandel und Herausforderungen*, Heidelberg, C.F. Müller, 2023, pp. 265-310.

en la *Dogmática jurídica*: de una parte, la que ve su ideal en un sistema cerrado; de otra, aquella que se conforma, desde un círculo de problemas, mediante el establecimiento de puntos de vista dentro del horizonte de la *opinio iuris*, y deduce de ellos relativamente claras consecuencias. Las diferencias son evidentes a juicio del autor: la primera dirección usará preponderantemente, por su punto de partida, la deducción; la segunda va a utilizar un enfoque «tópico»[39].

Así las cosas, en modo alguno es la *Dogmática jurídica* una disciplina *sui géneris*, antes bien, comparte con las Ciencias naturales y humanas como el resto de la Ciencia jurídica el mismo conjunto de condiciones de cientificidad respecto del saber. En efecto, si las Ciencias naturales tienen como objeto el de describir y explicar por sus causas los fenómenos de la naturaleza, en tanto las Ciencias humanas y sociales persiguen comprender y describir los fenómenos culturales, el objetivo de la *Dogmática* es definir, describir y además valorar el Derecho, a la vera del criterio principal de la coherencia[40]. La coherencia es, a la vez, la base de los parámetros para la interpretación jurídica, el propósito de su sistematización y el fundamento de su crítica. Los trabajadores del Derecho actúan bajo el presupuesto de que el orden jurídico ha de tender a la coherencia[41], mientras que, al propio tiempo, laboran al efecto de darle coherencia allí donde carece de ella, invocando principios jurídicos reparadores de las inconsistencias halladas[42].

En tal sentido, la *Dogmática jurídica* cimenta su quehacer en la misma perspectiva que también caracteriza a la praxis jurídica[43], según

[39] Theodor VIEHWEG, «Zwei Rechtsdogmatiken», en: Ulrich Klug [ed.], *Philosophie und Recht. Festschrift zum 70. Geburtstag von Carl August Emge*, Wiesbaden, Franz Steiner, 1960, pp. 106 y ss.

[40] En este sentido, Aleksander PECZANIK – Jaap C. HAAGE, «Legal Knowledge about What?», en: *Ratio Iuris*, Vol.13, Issue 3, 2000, pp. 333-334.

[41] Acerca del concepto de coherencia y su funcionalidad, Klaus GÜNTHER, «Un concepto normativo de coherencia para una teoría de la argumentación jurídica», en: *Doxa: Cuadernos de Filosofía del Derecho*, Núm. 17-18, 1995, pp. 271-302. Con mayores desarrollos Juan Manuel PÉREZ BERMEJO, *Coherencia y Sistema jurídico*, Madrid-Barcelona, Marcial Pons, 2006, especialmente pp. 126 y ss.

[42] Aleksander PECZANIK, «A theory of Legal Doctrine», en: *Ratio Iuris*, Vol. 14, Issue 1, 2001, pp. 75-105, aquí esencialmente pp. 78-80.

[43] Christian BUMKE, «Rechtsdogmatik: Überlegungen zur Entwicklung und zu den Formen einer Denk- und Arbeitsweise der deutschen Rechtswissenschaft», en:

una sucinta caracterización debida a *Winfried Hassemer*[44], y asimismo la *Dogmática* tiene que ser «robusta» si persigue llevar a cabo esa función[45]. Se señala, por demás, que el quehacer *dogmático* va «encomendado», primordialmente, a juristas como mínimo «medianamente inteligentes, medianamente conscientes de las problemáticas que tratan, y abocados al cumplimiento de sus deberes»[46].

La inalienabilidad práctica de la *Dogmática* en tanto «disciplina jurídica tendente a la utilización de sus resultados» no es puesta en duda por nadie en el debate jurídico[47], pero sí su cientificidad en alguna que otra oportunidad. Esto ha venido coyunturalmente sucediendo desde que el primer fiscal de Berlín, *Julius von Kirchmann*, proclamara en 1847 en una conferencia impartida en el mismo Berlín sobre la «inutilidad de la Jurisprudencia como Ciencia», lo que lógicamente alcanzaría a la *Dogmática* en cuante integrante de la misma[48], e incluso a partir del propio *Rudolf von Jhering*, quien, a pesar de ser el creador del entendimiento moderno de la *Dogmática jurídica*[49], a través de su discurso inaugural

---

JuristenZeitung, 69. Jahrgang, Heft 13, 2014, pp. 641-650.

44 Winfried HASSEMER, «Juristische Methodenlehre und Richterliche Pragmatik», en: *Rechtstheorie*, Vol. 39, Issue 1, pp. 1-22.

45 Andreas VOßKUHLE, «Was leistet Rechtsdogmatik? Zusammenführung und Ausblick in 12 Thesen», en: Gregor Kirchhof / Stefan Magen / Karsten Schneider [eds.], *Was weiß Dogmatik? Was leistet und wie steuert die Dogmatik des Öffentlichen Rechts*?, Tübingen, Mohr Siebeck, 2012, p. 112.

46 Joachim SCHULZ, «Die Strafrechtsdogmatik nach dem Ende der vor- und außerjuristischen Gerechtigkeit», en: Christoph Engel / Wolfgang Schön [eds.], *Das Proprium der Rechtswissenschaft*, Tübingen, Mohr Siebeck, 2007, pp. 146 y ss.

47 Matthias JESTAEDT, «Wissenschaftliches Recht. Rechtsdogmatik als gemeinsames Kommunikationsformat von Rechtswissenschaft und Rechtspraxis», en: Gregor Kirchhof / Stefan Magen / Karsten Schneider [eds.], *Was weiß Dogmatik? Was leistet und wie steuert die Dogmatik des Öffentlichen Rechts*?, Tübingen, Mohr Siebeck, 2012, p. 122; con mayores desarrollos la excelente y completa aportación del propio Matthias JESTAEDT, «§ 6 Verfassungsdogmatik», en: Uwe Kischel / Hanno Kube [eds], *Handbuch des Staatsrechts*, Band I: *Grundlagen, Wandel und Herausforderungen*, München, C.H. Beck, 2023, pp. 265 y ss.

48 Julius von KIRCHMANN, *Die Wertlosigkeit der Jurisprudenz als Wissenschaft*, Darmstadt, Wissenschaftliche Buchgesellschaft, 1973, publicado por primera vez en Berlin, Julius Springer, 1848.

49 Christian BUMKE, «Rechtsdogmatik: Überlegungen zur Entwicklung und zu den Formen einer Denk- und Arbeitsweise der deutschen Rechtswissenschaft», en: *JuristenZeitung*, 69. Jahrgang, Heft 13, 2014, p. 648; Christian WALDHOFF, «Kritik

pronunciado en Viena el año 1868, comparó una *Dogmática jurídica* desarrollada puramente a la medida de las necesidades de la praxis con un «caballo de carga»[50]. Con notoria frecuencia, inclusive en contra de formas de pensar y de decidir más cercanas a la realidad, sus resultados casi siempre triunfan, como así viene sucediendo también durante más de cincuenta años dentro del contexto de los trabajos de armonización legislativa europea, en los cuales forzosamente ha debido ser considerada en multitud de ocasiones.

III.

En este contexto sumariamente descrito, el ensayo de *Matthias Jestaedt* define y analiza la *Dogmática jurídica* como una forma necesaria de razonamiento que tiene por objetivo ampliar el conocimiento de lo que debe ser Derecho regitivo. Una narración de literatura jurídica que, si bien no linealmente sino desde varias facetas de acercamiento, busca adentrarse explicativamente en el mundo interior de lo jurídico. Pues bien, las soluciones para muchas de las dificultades a las que se enfrenta actualmente la regulación jurídica de la vida social no se encontrarán

---

und Lob der Dogmatik: Rechtsdogmatik im Spannungsfeld von Gesetzesbindung und Funktionsorientierung», en: Gregor Kirchhof / Stefan Magen / Karsten Schneider [eds.], *Was weiß Dogmatik? Was leistet und wie steuert die Dogmatik des Öffentlichen Rechts?*, Tübingen, Mohr Siebeck, 2012, p. 29.

[50] Rudolf von JHERING, *Ist die Jurisprudenz eine Wissenschaft? Jherings Wiener Antrittsvorlesung vom 16. Oktober 1868. 2., durchgesehene*, Okko Behrends [ed.], Göttingen, Wallstein, 2009. Rudolf von Jhering hace su profesión científica de fe en la famosa conferencia inaugural de Viena, publicada aquí por la edición de Okko Behrends. En aquel entonces, al comienzo de sus años en Viena [a los que siguieron 20 años en Göttingen], Rudolf von Jhering ya había superado productivamente su gran crisis intelectual, y se convirtió en un pionero de la comprensión moderna del Derecho. Sus pensamientos siguen siendo relevantes hoy. La Jurisprudencia siempre está amenazada en su naturaleza científica. Su enemigo mortal, el positivismo, intenta reducir a los juristas, y sobre todo a los jueces, a simples autómatas de la subsunción y eximirlos de su responsabilidad personal ante el Derecho y la justicia. Por otro lado, solo puede ayudar una «conciencia científica en materia de Derecho» integral, que entienda el Derecho en sus aspectos filosóficos, históricos y práctico-jurídicos como un todo jurídico-cultural sujeto a un principio normativo de desarrollo, y en relación con el cual todo jurista es responsable. La conferencia confirma que Rudolf von Jhering debe la idea de desarrollo a sus propias reflexiones relacionadas con el «fenómeno cultural del Derecho».

fuera de la *Dogmática jurídica*, expurgando en otros campos disciplinares inaptos a fin de producir conocimiento sobre la deontología jurídica. Se va a lograr, por el contrario, en un contacto renovado, metódico y consciente, con ese poderoso instrumento multimilenario de conocimiento que es el *pensamiento dogmático*.

La *Dogmática* es, pues, parte del ámbito de la Ciencia jurídica y, al mismo tiempo, se encuentra vinculada de manera especial con el sistema jurídico[51], siempre interrelacinado, a su vez, con el sistema político, entre los cuales se establecen conexiones frecuentes que trascienden el carácter de contingentes, causales u ocasionales, pues van necesariamente bastante más allá de estas últimas[52]. Debido a tal razón, el desarrollo de la Ciencia jurídica, tanto en su aspecto técnico-profesional como organizativo, tiene lugar dentro de un determinado marco y bajo especiales condiciones; en las universidades corresponde a las denominadas facultades profesionales. La Ciencia jurídica se remonta a una larga tradición académica y constituye cualitativa y cuantitativamente una disciplina de peso, de la cual, tanto la política científica y educativa como los representantes de

---

[51] Hans KELSEN, en la discusión acerca de la cientificidad de la Ciencia jurídica, considera de modo tajante que la misma representa el verdadero certificado de legitimidad de la disciplina jurídica, y es esta la expresión de la convicción del autor, entre otros momentos, vertida en la introducción a la primera edición de la *Reine Rechtslehre. Einleitung in die rechtswissenschaftliche Problematik*, 1ª ed., Leipzig und Wien, Franz Deuticke, 1934, de acuerdo con el parágrafo primero. Ahora bien, como explicara su discípulo Alfred VERDROSS, con la *Reine Rechtslehre* no se trata de averiguar el «contenido variable del Derecho, sino de la estructura invariable del orden jurídico», y ese contenido variable del Derecho público moderno es el que nos interesa y el que nos conduce a la técnica de la libertad en Derecho constitucional, *Sobre el Derecho y la Justicia*, Buenos Aires, Editorial Universitaria, 1953. En el contexto de las posiciones sostenidas por los autores previos, escribiría acertadamente Boris MIRKINE-GUETZEVITCH: «La concepción puramente lógica está en contradicción con el proceso real del *nacimiento* de las reglas del Derecho. Una ley es siempre el resultado de una lucha entre partidos políticos, de una pugna entre grupos: es el fruto de un compromiso. El Derecho no es una cosa estática, sino que evoluciona constantemente, porque la conciencia jurídica no es una categoría absoluta, sino una realidad histórica que cambia a su vez», *Modernas tendencias de Derecho Constitucional*, Madrid, Reus, 1934, pp. 223-224.

[52] Udo DI FABIO, «Systemtheorie und Rechtsdogmatik», en: Gregor Kirchhof / Stefan Magen / Karsten Schneider [eds.], *Was weiß Dogmatik? Was leistet und wie steuert die Dogmatik des Öffentlichen Rechts*?, Tübingen, Mohr Siebeck, 2012, pp. 63-78.

otras áreas del conocimiento, esperan importantes contribuciones. Contrarrestando el efecto antiteórico expandido, *Matthias Jestaedt* muestra los beneficios de una Teoría del Derecho rigurosamente realista, no solo para la *Dogmática jurídica* sino también para la Práctica, y distingue entre la autonomía del Derecho y la autonomía de la Ciencia jurídica. Demuestra que la confusión entre la racionalidad del Derecho y la Ciencia jurídica, habitual hoy en día, es responsable de una comprensión y una práctica de la Ciencia jurídica que no mantiene identidad disciplinaria respecto a las ciencias afines, y que, frente a la práctica de elaboración de las normas, tampoco se limita a la función informativa de una Ciencia. En contraposición a esto, el autor es partidario de una metódica jurídica que respete el compromiso contextual y la contingencia, la normatividad y la positividad del Derecho aplicable en cuanto concretizado[53].

Ante esta panorámica, algunos observadores consideran que la situación de la Ciencia jurídica alemana no está precisamente atravesando su momento más boyante pues se aprecia en la misma un cierto dislocamiento, aunque parezca exagerado hablar de crisis[54], algo que también apunta algún sector minoritario. Los síntomas de la situación de tensiones internas y de inseguridad por los cambios que la enfrentan a la complejidad de continuados nuevos problemas surgidos en el contexto de la postmodernidad de estos tiempos líquidos y sus distorsiones reflejadas de inmediato en la configuración de las relaciones jurídicas, incluyen adicionalmente una disminución del interés por la *Dogmática*

---

[53] Matthias. JESTAEDT, «Die deutsche Staatsrechtslehre im europäisierten Rechtswissenschaftsdiskurs – Kennzeichen, Kernkompetenzen und Rezeptionshindernisse», en: *JuristenZeitung*, 67. Jahrgang, Heft 1, 2012, pp. 1-2; del mismo autor, «Wissenschaftliches Recht. Rechtsdogmatik als gemeinsames Kommunikationsformat von Rechtswissenschaft und Rechtspraxis», en: Gregor Kirchhof / Stefan Magen / Karsten. Schneider [eds.], *Was weiß Dogmatik? Was leistet und wie steuert die Dogmatik des Öffentlichen Rechts?*, Tübingen, Mohr Siebeck, 2012, pp. 117-118; con superior detalle, Matthias JESTAEDT, «§ 6 Verfassungsdogmatik», en: Uwe Kischel / Hanno Kube [eds], *Handbuch des Staatsrechts,* Band I. *Grundlagen, Wandel und Herausforderungen*, München, C.H. Beck, 2023, pp. 265 y ss.

[54] Paul KIRCHHOF, «§ 273 Verfassung, Theorie und Dogmatik», en: Josef Isensee / Paul Kirchhof [eds.], *Handbuch des Staatsrechts*. Band XII. *Normativität und Schutz der Verfassung*, 3ª ed., Heidelberg, C.F. Müller, 2014, pp. 693-760; antes en «Die Zukunft der Demokratie im Verfassungsstaat», en: 59. *JuristenZeitung*, Heft 20, 2004, pp. 981-86. http: // www .jstor.org /stable / 20827497.

tradicional que habría pasado así a un segundo plano. Interesa más decantarse por el examen *dogmático* de las fuertes influencias propias de la fijación de normas europeas y el giro hacia simples revisiones de juicios que la aparición de algunos libros de texto con no excesivas afirmaciones científicas de calado hacen propicias, al seguirse por muchos juristas prácticos que ya las aprendieron así inicialmente como estudiantes al menos en sus rasgos básicos[55]. *Helmuth Schulze-Fielitz* en un bosquejo

[55] Véase el resumen de Hermann HILL en: Hermann Hill [ed.], *Verwaltungshandeln durch Verträge und Absprachen*, Baden-Baden, Nomos, 1990, pp. 165 y ss: el Derecho administrativo ha revelado que se encuentra en un proceso de crisis y transformación; también consideraciones relevantes al efecto centradas fundamentalmente en el Derecho público, y a modo de ejemplo, pueden encontrarse apuntes en diversos momentos sobre el tema en Christoph MÖLLERS, «Braucht das öffentliche Recht eine neuen Methoden- und Richtungsstreit?», en: *Verwaltungsarchiv*, Vol. 90, Nr. 2, 1999, pp. 187-207; «Theorie, Praxis und Interdisziplinarität in der Verwaltungsrechtswissenschaft», en: *Verwaltungsarchiv*, Vol. 93, Nr.1, 2002, pp. 22-61; *Staat als Argument*, 2ª ed., Tübingen, Mohr Siebeck, 2011; Paul HÛTHER, *Wissenschaft und Praxis im Verwaltungsrecht (1949–2020)*, Tübingen, Mohr Siebeck, 2023; Christian CALLIESS, *Rechtsstaat und Umweltstaat: Zugleich ein Beitrag zur Grundrechtsdogmatik im Rahmen mehrpoliger Verfassungsverhältnisse*, Tübingen, Mohr Siebeck, 2001; Josef ISENSEE, «Zur Begrifflichkeit und Wechselbeziehungen von Normativ- und Realverfassung – Staat und Verfassung», en: Josef Isensee / Paul Kirchoff [eds.], *Handbuch des Staatsrechts der Bundesrepublick Deustschland*, Band II, 3ª ed., Heidelberg, C.F. Müller, 2004, parágrafo 11, Rn. 117 y ss; Oliver LEPSIUS, «Braucht das Verfassungsrecht eine Theorie des Staates? Eine deutsche Perspektive: Von der Staatstheorie zur Theorie der Herrschaftsformen», en: *Europäische Grundrechte-Zeitschrift*, Vol. 31, Heft 13-15, pp. 370-381; Matthias JESTAEDT, «Braucht die Wissenschaft vom Öffentlichen Recht eine fachspezische Wissenschaftstheorie?» [«¿La Ciencia del Derecho público necesita una teoría científica específica?»], en: Andreas Funke / Jörn Lüdemann [eds.], *Öffentliches Recht und Wissenschaftstheorie* [*Derecho público y filosofía de la ciencia*], Tübingen, Mohr Siebeck, 2009, pp. 18-43, especialmente pp. 23 y ss; Andreas VON ARNAULD, «Die Wissenschaft vom Öffentlichen Recht nach einer Öffnung für sozialwissenschaftliche Theorie», en: Andreas Funke / Jörn Lüdemann [eds.], *Öffentliches Recht und Wissenschaftstheorie*, Tübingen, Mohr Siebeck, 2009, pp. 65-118; Steffen AUGSBERG, «Die aktuelle Methodendiskussion: eine wissenschaftstheoretische Renaissance?», en: Andreas Funke / Jörn Lüdemann [eds.], *Öffentliches Recht und Wissenschaftstheorie*, Tübingen, Mohr Siebeck, 2009, pp. 145-199; Ulrich VOSGERAU, «Rechtswissenschaft als Theorie der Theorie oder als praktische Kulturwissenschaft?», en: Andreas Funke / Jörn Lüdemann [eds.], *Öffentliches Recht und Wissenschaftstheorie*, Tübingen, Mohr Siebeck, 2009, pp. 201-214. Tambien es útil la consulta de la «Rezensione» de esta última obra a cargo de Helmuth SCHULZE-FIELITZ, en: *Die Verwaltung*, Band 44, Heft 1, 2011, pp. 153-154. Asimismo, Josef-Franz LINDNER, «Kritische Rechtswissenschaft», en: Stefan Lorenzmeier / Hans-Peter Folz [eds.], *Recht und Realität Festschrift für Christoph*

introductorio del problema relativo al Derecho constitucional como Ciencia, señala el tema central del ensayo cual son las peculiaridades de la Ciencia del Derecho público: en términos de dimensiones de una cuestión aparentemente académica de modo esencial. En un momento en que las humanidades y las ciencias naturales en todas partes están revisando su propia imagen y parecen redefinir su estatus a través de nuevos cursos de estudio, escuelas de posgrado, grupos y áreas de investigación, la teoría del Derecho constitucional en lengua alemana también debe asegurarse de sí misma. Esto sería innecesario si la Ciencia jurídica en general y el Derecho constitucional en particular carecieran de excesivos problemas, de ahí que no vieran apenas razón alguna para pensar en su futuro o en su propia imagen; sin embargo, hoy en día parece más correcto actuar

---

Vedder, Baden-Baden, Nomos, 2017, pp. 690-720; Martin EIFERT, «Transformation der Verwaltungsrechtswissenschaft – Neue Verwaltungsrechtswissenschaft», en: *Jahrbuch des öffentlichen Rechts der Gegenwart* [*JöR*], Neue Folge, Band 65, 2017, pp. 457-469; Klaus-Ferdinand GÄRDITZ, «Verfassungsentwicklung und Verfassungsrechtswissenschaft», en: Matthias Herdegen / Johannes Masing / Ralf Poscher / Klaus Ferdinand Gärditz [eds.], *Handbuch des Verfassungsrechts. Darstellung in transnationaler Perspektive*, München, C.H. Beck, 2021, pp. 221-325. Para la cuestión de la *Staatsrechtswissenschaft als Problem*?, Helmuth SCHULZE-FIELITZ, «Staatsrechtslehre als Wissenschaft: Dimensionen einer nur scheinbar akademischen Fragestellung. Eine einführende Problemskizze», en: Helmuth Schulze-Fielitz [ed.], *Staatsrechtslehre als Wissenschaft, Die Verwaltung*, Band 7-Beihefte, 2007, pp. 11 y ss. Martin MORLOK, «Reflexionsdefizite in der deutschen Staatsrechtslehre», en Helmuth Schulze-Fielitz [ed.], *Staatsrechtslehre als Wissenschaft, Die Verwaltung*, [BH.WERW], Band 7-Beihefte, 2007, pp 50-81. Josef ISENSEE, «Staatsrechtslehre als Wissenschaft», en *JuristenZeitung*, 64. Jahrgang, Heft 19, 2009, pp. 949-954. Sobre la «*Staatsrechtslehre zwischen Wissenschaft und politischer Macht*», es de utilidad, entre otros trabajos, Andreas VOßKUHLE, «Die politischen Dimensionen der Staatsrechtslehre», en: Helmuth Schulze-Fielitz [ed.], *Staatsrechtslehre als Wissenschaft, Die Verwaltung*, Band 7-Beihefte, 2007, pp. 135-159. De fecha reciente tenemos la publicación de Christian BUMKE: *Verfassungsstaat und Verfassung. Studie zur Verfassungstheorie des liberalen demokratischen Verfassungsstaates mit unabhängiger Verfassungsgerichtsbarkeit*, Berlin, Duncker & Humblot, 2023: se trata de un estudio de carácter renovador acerca de la necesidad de construir una teoría constitucional del Estado constitucional democrático liberal con un poder judicial constitucional independiente, basada en la convicción de que la teoría constitucional no debe comenzar con el concepto de Constitución sino con un tipo específico de Estado constitucional. A partir de aquí, señala que pueden distinguirse tres objetos que se esconden detrás del concepto de Constitución: el texto positivo, la ley como norma, y la práctica jurisdiccional institucionalizada.

de modo totalmente contrario[56]. Ahora bien, esa relativa desubicación de la Ciencia jurídica es respondida, de un lado, no ya mediante una nueva teoría del Derecho sino más precisamente a través de una variada oferta de teorías que concurren a la hora de buscarle sentido.

Esas «nuevas teorías del Derecho» han sido compiladas programáticamente por ejemplo en un texto didáctico editado por *Sonja Buckel, Ralph Christensen* y *Andreas Fischer-Lescano*[57]. En la introducción

---

[56] Helmuth SCHULZE-FIELITZ, «Vorwort», en: Helmuth Schulze-Fielitz [ed.], *Staatsrechtslehre Als Wissenschaft, Die Verwaltung*, Band 7-Beihefte, 2007, pp. pp. 5-6.

[57] Sonja BUCKE / Ralph CHRISTENSEN / Andreas FISCHER-LESCANO [eds.], *Neue Theorien des Rechts*, 3ª ed., Stuttgart, Lucius & Lucius, 2020. El libro abarca un amplio espectro de teorías modernas sobre el Derecho. A continuación, hacemos una descripción general de algunas de las teorías específicas que se discuten en el libro citado desde una diversidad de enfoques teóricos: 1º Teorías provenientes de la Filosofía del Derecho [*Rechtsphilosophische*], vislumbrada en autores como Brandom, Davidson, Derrida, Habermas, Lyotard y Maus, que exploran cuestiones filosóficas relacionadas con el Derecho; 2º Teorías de Política del Derecho [*Rechtspolitische*]: caso de Giorgio Agamben, los estudios jurídicos críticos, las teorías deliberativas, las teorías feministas del Derecho o el postmaterialismo, son algunos de los enfoques políticos y críticos analizados; 3º Teorías de Sociología del Derecho [*Rechtssoziologische*]: Jessup, Koh, Ladeur, Luhmann, Teubner y Weber, son autores importante que se ocupan de la sociología jurídica y las dinámicas sociales relacionadas con el Derecho; 4º Teorías Históricas del Derecho [*Rechtsgeschichtliche*]: Amstutz y Fögen exploran aspectos históricos y evolutivos del Derecho; 5º Teorías de Economía del Derecho [*Rechtsökonomische*]: Calabresi, Coase o Posner, analizan cuestiones económicas y de eficiencia en el contexto legal; 6º Teorías de Psicología del Derecho [*Rechtspsychologische*]: Freud, Goodrich, Lacan y Legendre, examinan aspectos psicológicos relacionados con el Derecho. Asimismo, centrado en los Derechos Fundamentales, merece destacarse el libro de Josef Isensee [ed.], *Menschenrechte als Weltmission*, Berlin, Duncker & Humbolt, 2009. DOI https://doi.org/10.3790/978-3-428-52919-3, con aportaciones de Bardo FASSBENDER, Christian WALDOHFF y Otto DEPENHEUER, así como presentación del mismo Josef ISENSEE. Pues bien, en este libro sobre los Derechos Humanos como misión mundial, desde el principio, se señala, los Derechos Humanos han reivindicado validez universal a través de todas las fronteras de continentes, estados y culturas. A partir de los ensayos de sus autores, el libro presenta una reflexión crítica sobre las razones y los límites del universalismo de los Derechos Humanos, si se consideran hijos exclusivos de la Ilustración europea. Ha llegado así el momento de una segunda Ilustración que cuestione críticamente muchos de los productos de la primera Ilustración. Esto se aplica a su sustancia, que es cada vez más difícil de comprender, porque los Derechos Humanos se multiplican rápidamente en los textos internacionales, adquieren contenidos adicionales, sirven a diferentes intereses, y entran en contradicciones internas. La cuestión es si, en qué medida y bajo qué condiciones, los Derechos Humanos genuinamente europeos

señalan que las veinte orientaciones analizadas en la obra se toman en serio la tarea de iluminar el punto ciego de la *Dogmática* y subrayar su importancia así como también su frecuente ocasionalidad; o, lo que es lo mismo, una vez puestos en evidencia los sesgos de la Teoría del Derecho objetivamente adecuada a la *Dogmática* aún dominante, queda abierto el terreno a cualesquiera otras propuestas que se atengan al mandato de hacer explícito su sesgo particular. En esa misma medida, no se presentan como alternativas, antes bien, lo hacen en cuanto complementarias entre sí y respecto de la teoría del Derecho «convencional». Muchas de ellas entroncan con el llamado «giro lingüístico» de la hermenéutica filosófica y con su radicalización en el contexto de la referencia escéptica de quien se considera representante de una vieja Ciencia del Derecho público, algo que puede consultarse en *Rainer Wahl*[58]. A su vez, por ejemplo, los colaboradores del volumen: *Was weiß Dogmatik*? *Was leistet und wie steuert die Dogmatik des Öffentlichen Rechts?*, analizan estos síntomas de pérdida de influencia de la *Dogmática jurídica* desde diferentes perspectivas, y desarrollan sugerencias de soluciones en las que se implica de modo sobresaliente a la *Dogmática*[59]. Es verdad que la relación entre la *Dogmática jurídica* y el conjunto de conocimientos de otras disciplinas normativas ha sido prácticamente la misma durante quizá excesivo tiempo en el cuadro del discurso jurídico, y esto se ve necesitado desde hace algunos decenios de una reacción y puesta más al día. Adicionalmente, todavía no está claro si, y en caso afirmativo, en qué medida, los conocimientos y las ideas políticas, sociales, económicas,

---

[más precisamente: europeo-atlánticos] pueden transferirse a culturas no europeas. La pretensión de universalidad de los Derechos Humanos no permite que se aplique el valor intrínseco de las culturas no europeas si no son compatibles con las formas «occidentales» de pensar y vivir.

58 Rainer WAHL. *Herausforderungen und Antworten: Das Öffentliche Recht der letzten fünf Jahrzente*, Berlin, Walter de Gruyter, 2006, pp. 87 y ss; del mismo autor, «Rechtsdogmatik und Rechtspolitik im öffentlichen Recht», en: Rolf Stürner [ed.], *Die Bedeutung der Rechtsdogmatik für die Rechtsentwicklung Ein japanisch-deutsches*, Tübingen, Mohr Siebeck, 2010, pp. 121-136.

59 Matthias. JESTAEDT, «Wissenschaftliches Recht. Rechtsdogmatik als gemeinsames Kommunikationsformat von Rechtswissenschaft und Rechtspraxis», en: Gregor Kirchhof / Stefan Magen / Karsten. Schneider [eds.], *Was weiß Dogmatik*? *Was leistet und wie steuert die Dogmatik des Öffentlichen Rechts?*, Tübingen, Mohr Siebeck, 2012, pp. 117-118.

éticas y de otro tipo, están verdaderamente incluidos en el razonamiento de la *Dogmática jurídica*, y si ello puede y debe ser así. *Alexander Stark* ha examinado estas cuestiones desde un enfoque deliberativo trifásico de la *Dogmática jurídica*, según el cual, los actores dogmáticos cuando observan las acciones jurídicas: reflexionan, imaginan, y critican. En el centro de estos procesos deliberativos se encuentran –bajo los auspicios de racionalidad– razones normativas legales y no legales. Los puntos de conexión interdisciplinarios surgen a partir de este enfoque a aplicar, siempre y cuando se utilicen cuerpos disciplinarios de conocimiento vecinos como razones normativas para una *Dogmática jurídica* que ha de venir[60].

IV.

Es *Matthias Jestaedt* uno de los iuspublicistas alemanes que en mayor medida subraya de modo brillante la relación notablemente ambivalente entre la *Ciencia jurídica* alemana y una parte esencial de la misma como es la *Dogmática jurídica*: «de la parte al todo». Esta última es vista por el autor, muy en la línea germánica, como el «*corazón*» de la Ciencia[s] jurídica, pero al mismo tiempo también se la entiende al modo de una vía especial alemana, y en esto último hay alguna parte de razón, aunque solo sea por el hecho de ser el ámbito cultural jurídico que más se ha ocupado respecto de la reflexión temática acerca de la misma, en las dos últimas centurias sobre todo. Conforme considera el autor, el pensamiento sistémico que también acompaña a la *Dogmática jurídica* es visto en cuanto clave para comprender las normas y su aplicación consistente, pero también como un trampolín para el auto-empoderamiento de la Ciencia y la Práctica en relación con la legislación democrática[61]. No puede haber una diferencia ni mucho menos divergencia, dicho en los términos de la

---

[60] Alexander STARK, *Interdisziplinarität der Rechtsdogmatik*, Tübingen, Mohr Siebeck, 2020.

[61] Matthias RUFFERT, «Dogmatik und Praxis des subjektiv-öffentlichen Rechts unter dem Einfluß des Gemeinschaftsrechts», en: *Deutsches Verwaltungsblatt*, 113. Jahrgang, 1998, pp. 69-75; también del autor, «The Transformation of Administrative Law as a Transnational Methodological Project», en: Matthias Ruffert [ed.], *The Transformation of Administrative Law in Europe –La mutation du droit administrative en Europe*, München, Sellier: European Law Publishers, 2007.

sociological jurisprudence del harvardiano *Roscoe Pound*[62], entre «*law in the books*» y «*law in action*» [que él sí observaba estaba produciéndose][63], siendo la *Dogmática* la que restablece la coherencia, de conformidad a lo bien expresado ejemplificativamente por *Frank Schorkopf*[64]. Algunos sectores doctrinales, los que han hecho análisis más superficiales, rápidos e inferiormente documentados, critican a la *Dogmática jurídica* considerándola como un obstáculo para la comunicación y el aislamiento preciso de otras disciplinas jurídicas, mientras que las reflexiones más serias y aquilatadas de la mayoría de la literatura jurídica la ven como

---

[62] Roscone POUND, *Jurisprudence* Vol. I, Minnesota, West Publishing Company, 1959.

[63] Roscone POUND, *Las grandes tendencias del pensamiento jurídico*, José Luis Monereo Pérez [ed.], Granada, Comares, 2004. El propio Roscone POUND en *Control Through Law*, New Haven, Yale University Press, 1942, señalaría, que la *law in publiuc action* era ya la agencia suprema de control social, y, más en concreto nos dice, los tribunales ejercen un grado de control sin precedentes sobre la vida pública y privada de la mayoría de los ciudadanos estadounidenses. Además, según bien ha analizado Leopoldo GARCÍA RUÍZ, *Derecho, intereses y civilización. El pensamiento jurídico de Roscoe Pound*, Granada, Comares, 2002, libro en el cual pasa revista su autor a la triple caracterización del término «Derecho» realizada por Roscoe Pound, esto es, en cuanto orden, como conjunto de directrices y, en fin, a modo de proceso en el que actúan estas últimas. La complejidad estructural de esta toma de posición a cargo del ex-decano de Harvard, nos advierte Leopoldo García Ruiz, se unifica a través del conocimiento que nos brinda la idea de control social. De este modo, conforme entiende Roscoe Pound, el concepto Derecho se emplearía primeramente para designar el orden jurídico positivo [*legal order*, *ordre juridique*, *Rechtsordnung*]; orden que, en la perspectiva de Roscoe Pound, no es estático, pues emerge ante nosotros «compuesto por la acción judicial, administrativa y legislativa, y constituye un aspecto de lo que, en una perspectiva más amplia, articula el control en Sociedad. Esta convicción lleva a Roscoe Pound a considerar el orden jurídico como una tarea o una serie de grandes tareas de "ingeniería social"» [p. 77]. En segundo término, «[c]abe referirse al Derecho [...] como aquel conjunto de pautas directivas o criterios vinculantes en la determinación y resolución de conflictos dentro de una sociedad política organizada» [p. 77]. Ese proceso de ajustamiento de relaciones y resolución de controversias sería el modo de mantener el orden jurídico [primera acepción], en una Sociedad políticamente organizada» [pp. 98 y ss]. Pero el Derecho no es solo orden y preceptos vinculantes sino también, como tercera acepción, es aún proceso; «proceso –siguiendo el esquema trazado– en el que actuarían los preceptos mediante el empleo de una técnica y a la luz de unos ideales» [p. 77], esto es, los de la segunda acepción.

[64] Frank SCHORKOPF, «Wertesicherung in der Europäischen Union. Prävention, Quarantäne und Aufsicht als Bausteine eines Rechts der Verfassungskrise?», en: *Europarecht* [*EuR*], Jahrgang 51, Heft 2, 2016, pp. 147-163.

un punto de partida imprescindible para cualquier intercambio y diálogo jurídico que busca soluciones ante problemas. Desenlaces elaborados por la Ciencia jurídica que solo van a ser eficaces cuando la Sociedad las hace propias, y, en tal sentido, la Sociedad pluralista busca en la Constitución soluciones vinculantes exigibles a todos. A la Constitución, como orden global integrador de una coyuntura histórica y comunicativa de vida y acción, le corresponde, al decir de *Alexander Hollerbach*, el rol en cierto modo «de punto de referencia global» [«*Allbezüglichkeit*»]. Con esta declaración incidental, cauta y nada pretenciosa, capta conceptualmente una dimensión de la Constitución, a la vez que la encuadra acertadamente. La Constitución como «punto de referencia global» viene determinada por las tareas esenciales que se le imponen al Estado «de preservar en última instancia la paz y el orden en un ámbito determinado»[65].

Debido a estas y otras cuestiones, la *Dogmática jurídica* parece que fuera, como hemos apuntado, casi una peculiaridad del pensamiento jurídico alemán, pero, si bien se repara, es también una característica del resto de los sistemas jurídicos democráticos en funcionamiento, aunque se haya cultivado o deslindado desde estos en inferior medida. En vista de ello, cabe interrogarse acerca de cuál es la misión y la función de la *Dogmática jurídica*, qué tipo de conocimiento proporciona, qué caracteriza a la buena *Dogmática* y la distingue de los desarrollos hipertróficos, temas todos ellos que se esbozan en esta aportación del autor objeto de análisis. Y, de modo más concreto, aborda el hecho de que la *Dogmática jurídica* se sitúa, como ya hemos insinuado, en el intersticio entre Ciencia y Pragmática jurídica[66]. Más aún, la propia Ciencia jurídica se caracteriza en sus rasgos generales por una estrecha vinculación entre teoría y práctica. La *Teoría Estructurante del Derecho* construida por

---

[65] Alexander HOLLERBACH, «Selbstbestimmung im Recht: vorgetragen am 11. November 1995, Nr. 2», en: *Schriften der philosophisch- historischen Klasse der Heidelberger Akademie der Wissenschaften,* Heidelberg, Universitätsverlag, 1996, p. 25.

[66] Así, entre otros muchos autores germánicos, Winfried HASSEMER, «Juristische Methodenlehre und Richterliche Pragmatik», en: *Rechtstheorie*, Vol. 39, Issue 1, 2008, pp. 1-22. O también el propio Matthias JESTAEDT, «Wissenschaftliches Recht. Rechtsdogmatik als gemeinsames Kommunikationsformat von Rechtswissenschaft und Rechtspraxis», en: Gregor Kirchhof / Stefan Magen / Karsten Schneider [eds.], *Was weiß Dogmatik? Was leistet und wie steuert die Dogmatik des Öffentlichen Rechts*?, Tübingen, Mohr Siebeck, 2012, pp. 117 y ss.

Friedrich Müller y proseguida por su escuela, lo ha dejado para siempre asentado al negar la coincidencia entre norma y texto normativo dotado de positividad, que es para esta teoría normativa estructurante la parte esencial del programa normativo, y atribuye al contexto o «ámbito normativo» [realidad de vida que por medio de una acción de carácter interdisciplinario establecerá también referencias cruzadas con otros campos y disciplinas vecinas a las jurídicas, como las ciencias políticas, la historia, la filosofía, la sociología, la economía, en fin, la lingüística o la psicología] un papel fundamental a la hora de darle sentido a la *concretización de la norma* y dotarla de su fuerza impulsora de la *Democracia* y del Estado Constitucional de Derecho, sobre manera cuando se trata de concretizar preceptos constitucionales, señalan *Friedrich Müller – Ralph Christensen*, bajo la idea metódica de que es posible solo desde la revisión constante del sentido del texto de la ley dotado de positividad en el curso de su concretización *–Konkretisierung–* aplicativa al caso. Admiten que tiene en la mayoría de los supuestos también una parte de orden espontáneo, porque la racionalidad jurídica no es susceptible de alcanzarse nunca de modo pleno, y ha de tener en cuenta la dinámica del desarrollo evolutivo acelerado propio de la Sociedad pluralista que busca en la Constitución soluciones vinculantes exigibles a todos[67]. Así, desde esta *Teoría estructurante del Derecho* se entiende la *Dogmática jurídica* en el sentido técnico de la Ciencia jurídica, pero carente de ese matiz peyorativo de lo doctrinario que frecuentemente es adjuntado por un número importante de autores al concepto de *Dogmática jurídica*. Esto supone una manera de comprender el Derecho, según la cual, este no es un conjunto de reglas que es preciso seguir, sino una evolución práctica de argumentación o discusión no de carácter epistemológico sino más bien fenomenológico, en la cual no debe prevalecer la autori-

[67] Friedrich MÜLLER – Ralph CHRISTENSEN, *Juristische Methodik*. Bad I. *Grundlegung für die Arbeitsmethoden der Rechtspraxis*, 11ª ed., Berlin, Duncker & Humblot, 2013. La propia teoría *dogmática* se da cuenta de que debe haber una constante reformulación de los propios conceptos: el proceso normativo, por lo tanto, evita así que la imposición legalista del Estado se vuelva obsoleta, según Tércio Sampaio FERRAZ JÚNIOR, quien entiende la positivización del Derecho como «una característica fundamental de la *Dogmática* y responsable de la mutabilidad que posee la Ciencia jurídica, de acuerdo con los procedimientos formales adecuados», *Función social de la dogmática jurídica*, São Paulo, Revista dos Tribunais, 1998.

dad de una regla sino la decisión que se considere correcta en cada caso, aunque eso implique en determinadas ocasiones apartarse de reglas. Si toda aplicación del Derecho es interpretación comprensiva, ello supone, por lo tanto, que la interpretación no debe ser solo entendida como un «artificio-ocasional», y que el punto central de la Teoría de la aplicación del Derecho tiene que situarse ante la necesidad general de una iluminación interior hermenéutica de la comprensión del texto así como de la norma en su conjunto, por lo que la concretización, consecuentemente, nunca es una «tarea reproductora, sino productiva», desde el momento en el que la tarea del trabajador del Derecho nunca puede aparecer un modo de actividad encaminada a reconstruir la subjetividad de autoridad alguna [conforme al criterio de la hermenéutica romántica y diltheyana], sino que consiste en el acceso a la dimensión significativa a través del proceso concretizante de hallazago de la norma de decisión[68]. Sostienen sí, en la dirección apuntada por la hermenéutica filosófica, que la interpretación debe evitar la arbitrariedad y las limitaciones surgidas de los perezosos hábitos mentales iuspositivistas, asumiendo el reto de centrar su mirada en las cosas mismas, incluidos naturalmente los textos, de suma importancia. Sus argumentos vienen a justificar la tesis de que la construcción del obrar inserto en la teoría estructurante, como proceso abierto que es, está vivo y se mueve con el tiempo, por lo cual aparece y reaparece desafiando al pensamiento jurídico tradicional actual. Además, de pronto nos sorprende en un recodo del camino con una intuición o una idea que sale a nuestro encuentro, iluminando el presente. Y concluye, de este modo, que la norma desde una compleja masa a estructurar de pensamientos y textos que nos orienta sin que necesitemos por ello seguirla estrictamente; es ella la que viva, alerta y latiente, nos acompaña y se nos anticipa de seguirse el proceso estructural adecuado[69]. El modo de elaboración de las proposiciones *dogmáticas* constituye entonces un momento del trabajo jurídico racional que es propiamente exigido por

---

[68] Friedrich MÜLLER, *Normstruktur und Normativität. Zum Verhältnis von Recht und Wirklichkeit in der juristischen Hermeneutik, entwickelt an Fragen der Verfassungsinterpretation*, Berlin, Duncker & Humblot, 1966, pp. 48 y ss. DOI https: // doi.org/10.3790/978-3-428-41060-6.

[69] Luis-Quintín VILLACORTA MANCEBO, *La solidez de la alternativa Metódica estructurante para una Ciencia constitucional aplicada*, Madrid, Dykinson, 2014.

el principio del Estado constitucional de Derecho, a cuya realización no se puede renunciar en una democracia. Los resultados obtenidos por la *Dogmática jurídica* se esfuerzan así, al lado de otros factores de concretización, cara a guiar los procesos de realización del Derecho. Muestra esta escuela jurídica una rebaja de entusiasmo ante la afirmación de que siempre que nos acercamos a un texto lo hacemos a partir de un proyecto, con aporte de algunas ideas previas de lo que allí se dice, aunque desde luego no rechacen ni impugnen el postulado; rebajan su valor, y según los casos, pues a veces incluso se prima. A medida que profundizamos la lectura y reflexionamos, este proyecto va variando y reformulándose según la introspección nos vaya confirmando o alterando nuestra precomprensión[70]. De este modo, tal proceso puede prolongarse infinitamente, y nunca estaremos en condiciones de sostener que hemos averiguado la interpretación última y definitiva, aunque llegado el momento hayamos de decantarnos[71]. La decisión debe informar sobre sí misma, pero también acerca de la alternativa, es decir, respecto de la paradoja de que la alternativa es una y al mismo tiempo no lo es [de lo contrario la decisión no sería una decisión]. Con esto se alude a la idea de que una decisión jurídica es conocimiento jurídico. Sin embargo, si la solución ya está predeterminada y solo hay que reconocerla, no hay nada que decidir. Si, por el contrario, no puede derivarse de reglas, sí se puede decidir. Entonces, ahí radica la paradoja. Incluso si las decisiones jurídicas todavía se presentan a menudo como conocimiento jurídico en la metodología, la

---

[70] Sobre la estructura dialógica de la interpretación constitucional, entre nosotros, Miguel REVENGA SÁNCHEZ, «Notas sobre Justicia Constitucional e interpretación de la Constitución de 1978: o en defensa de la interpretación como diálogo», en: *Teoría y Realidad Constitucional*, núm. 16, 2005, pp. 141-158; del mismo autor, «El razonamiento judicial y la mirada del juez (a propósito de la sentencia del Tribunal Supremo de Estados Unidos, de fecha 12 de junio de 2008, en el caso Boumediene et al. contra Bush)», en: Joan Lluìs Pérez Francesh [ed.], *Libertad, seguridad y transformaciones del Estado*, Barcelona, Institut de Ciencies Politiques Socials, 2009, pp. 43-68.

[71] Las posibilidades de una interpretación siguen siendo casi ilimitadas, como nos advirtiera Umberto ECO, *Los límites de la interpretación*, Barcelona, Debolsillo, 2013, p. 30; trata así de restablecer el equilibrio entre la «intención del lector» y «la intención del autor», al tiempo que demuestra que el principio de la semiótica-semilimitada no puede consistir en una derivación incontrolable del sentido. Si bien las interpretaciones de un texto pueden ser infinitas, no todas son buenas, y aunque no sabemos cuáles son las mejores, sí es posible determinar las que resultan totalmente inaceptables.

buena Ciencia jurídica hace ya tiempo que abandonó la idea de que sus juicios son de naturaleza cognitiva[72].

Un ejemplo paradigmático y clásico de la antigua dicotomía se encuentra ya en el año 1913 al estar muy presente en la controversia jurídica entablada entre *Hans Kelsen* e *Eugen Ehrlich*[73], que contrapuso, de un

[72] Así se manifiestan, entre otros, Karl-Heinz LADEUR – Ino AUGSBERG, «Auslegungsparadoxien. Zu Theorie und Praxis juristischer Interpretation», en: *Rechtstheorie*, Vol. 36, Nr. 2, 2005, pp.143-184.

[73] Eugen EHRLICH publicó en 1913 –veintiún años antes, por lo tanto, de la primera edición de la kelseniana *Reine Rechtslehre* [*Teoría Pura del Derecho*] su *Grundlegung der Soziologie des Rechts*, Duncker & Humblot, München-Leipzig, 1913; obra en la que el autor defendería como verdadera Ciencia jurídica la tarea desenvuelta por la Sociología del Derecho con su fundamento en el método inductivo, a la postre constituida por lo que denominara «*lebendes Recht*», esto es, el Derecho realmente vivido, practicado, por contraposición al Derecho dado y establecido propio de la tradicional Ciencia jurídica práctica en cuanto jurisprudencia normativa. La misma recibió de Hans KELSEN una reseña crítica: «Eine Grundlegung der Rechtssoziologie», en: *Archiv für Sozialwissenschaft und Sozialpolitik,* T. XXXIX, 1915, pp. 839-876. Proseguiría la discusión en el ejemplar núm. 41 de la misma revista *Archiv für Sozialwissenschaft und Sozialpolitik,* 41, 1916, pp. 844-849, publicado en 1916, recogiéndose una respuesta –«Replik»– de Eugen Ehrlich, acompañada de una réplica del mismo Hans Kelsen, «Replik», en: *Archiv für Sozialwissenschaft und Sozialpolitik,* 41, T. XLI, 1916, pp. 850. En fin, en 1917, el ejemplar número 42 del *Archiv für Sozialwissenschaft und Sozialpolitik*, publicó una nueva «Replik» de Eugen Ehrlich, 42, T. XLII, 1916-1917, pp. 609-610; acompañada ahora de una intervención final de Hans Kelsen –«Schlusswort»–, decimos, en la misma revista, 42, XLII, p. 611. En 1925 publicaría Eugen EHRLICH su *Die juristische Logik*, Tübingen, Mohr. A su vez, en el libro del mismo Eugen Ehrlich editado entre nosotros: *Escritos sobre Sociología y Jurisprudencia*, Madrid-Barcelona, Marcial Pons, 2005, encontramos un severo reproche dirigido a Hans Kelsen, de quien dice había interpretado mal su doctrina del «Derecho vivo», y nos advierte que en el libro *Grundlegung der Soziologie des Recht* identifica como «Derecho vivo a las *reglas de del deber ser* jurídicas, las cuales [entiende] no se limitan a ser normas de decisión, sino que dominan de hecho la conducta humana». Considera susceptibles a tales reglas de ser constatadas por medio de la observación del acontecer fáctico, lo que también es admitido por la Jurisprudencia dominante con respecto a las reglas del deber ser, del llamado Derecho consuetudinario, el cual considera coincidente, cuando menos parcialmente, con lo que él califica de «Derecho vivo», pp. 121-123. Una buena panorámica de las tesis de Eugen Ehrlich y la polémica abierta por Hans Kelsen en relación con las mismas, la proporciona Agostino CARRINO, *Eugen Ehrlich e Hans Kelsen: una controversia sulla sociologia del diritto*, Barcelona, Working Paper, núm.79, 1993; acerca de la redimensión del Derecho que proponía Euegen Ehrlich nos parece imprescindible actualmente el libro colectivo editado por Marc HERTOGH, *Living Law*: *Reconsidering Eugen Ehrlich*, Oxford, Hart, 2009. Entre nosotros, analiza bien el tema Gregorio ROBLES MORCHÓN,

lado, la propuesta teorética fundada en la concepción del ordenamiento jurídico como sistema lógico-formal, en tanto, del otro, se hacía el abordaje sociológico con la atención volcada hacia el Derecho vivo. Lo social constituiría, a lo largo de las décadas siguientes –particularmente entre 1914 y 1968, conforme observa *Duncan Kennedy*[74]– una de las preocupaciones centrales del pensamiento jurídico, que progresivamente pasaría a retratar al Derecho como actividad regulatoria teleológica –y no como un cuadro institucional pasivo– con potencial para fomentar la evolución de la vida social en sus diversas esferas[75], de forma tal que también el Derecho «puede ser "indagado", del mismo modo que la verdad»; pero solamente si se renuncia a plantear el punto a esclarecer como una cuestión jurídica de «reejecución» –«*Erneute Ausführung*»– de una voluntad previa. La cuestión necesita, para revelar su propio sentido, puntos de conexión en un «horizonte de experiencia ya entendido como Derecho». Este horizonte va a venir identificado por medio del material normativo que se le brinda al jurista[76], y su «disyunción entre comportamiento conforme o contrario a tal material, con una preferencia incorporada en favor

«La polémica entre Kelsen y Ehrlich en torno a la naturaleza de la Ciencia Jurídica», en: *Anuario de filosofía del derecho*, núm. 19, 1976-1977, pp. 183-198. Consideraciones de relevancia al efecto expone asimismo José Luis MONEREO PÉREZ, «Sociología crítica del derecho y teoría jurídica en Hans Kelsen», en: *Revista de Estudios Jurídico Laborales y de Seguridad Social* [*REJLSS*], Número: 6, 2023, pp. 327-349. https: // doi. org/10.24310/rejlss.vi6.15353.

74 Duncan KENEDY, *The Rise & Fall of Classical Legal Thought*, Whasinton, Beard Books, 2006, p. 19.

75 Duncan KENEDY, *The Rise & Fall of Classical Legal Thought*, Whasinton, Beard Books, 2006, pp. 20-22, quien argumenta que tal orientación social no sería el resultado de una pura alteración teorético-metodológica en la Ciencia del Derecho, más bien, sobre todo, reflejaría la ascensión de nuevos agentes políticos que traerían el agregado de intereses económicos de actores debilitados frente al capital; habría añadido como preocupación de fondo, según Duncan Kennedy, la tentativa de «salvar el liberalismo de sí mismo», p. 38.

76 Al respecto, hace escasos años Matthias JESTAEDT, «Wissenschft im Recht Rechtsdogmatik im Wissenschaftsvergleicht», en: *JuristenZeitung*, 69. Jahrgang, Heft 1, 2014, pp. 1-12, aquí especialmente pp. 8 y ss; así como Ralf POSCHER, «Rechtsdogmatik als hermeneutische Disziplin. Zum interpretativen Charakter der Rehtsfortbildung», en: *Die Verfassung als Aufgabe von Wissenschaft, Praxis und Öffentlichkeit- Freundesgabe für Bernhard Schlink zum 70. Geburtstag*, Heidelberg, C.F. Müller, 2014, pp. 203 y ss, especialmente aquí pp. 208 y ss.

de la conformidad»[77]. Esta restricción, de una parte, alberga potencial reflexivo: con la *Dogmática*, el Derecho lleva a cabo «una introspección y experimenta, de forma metódica y plausible de realizar una conexión, aquello significativo que acontece»[78]. En otro sentido, según palabras de *Niklas Luhmann*, les fija a los juristas la tarea de desarrollo de una superior «estructura de la que el sociólogo podría suponer»[79]. Así las cosas, en última instancia, la «mirada interna», o «auto-descripción» –«autointerpretación y autocomprensión»– de la Sociedad y del sistema jurídico[80], sea complementada y en ocasiones reemplazada por una

[77] Niklas LUHMANN, *Rechtssystem und Rechtsdogmatik*, Stuttgart-Berlin-Köln-Mainz, Kohlhammer, 1974, p. 125. Es cierto que también Niklas Luhmann admite que todo sistema de Derecho dependería del traslado de las representaciones valorativas de la Sociedad hacia valoraciones con relevancia jurídica. La Sociedad ya no se presenta frente al ser humano como un todo ordenado en el que debe integrarse, sino «como complejidad, en la cual se tiene que comportar contingente y selectivamente de modo en verdad individual».

[78] Udo DI FABIO, «Systemtheorie und Rechtsdogmatik», en: Gregor Kirchhof / Stefan Magen / Karsten Schneider [eds.], *Was weiß Dogmatik? Was leistet und wie steuert die Dogmatik des Öffentlichen Rechts*?, Tübingen, Mohr Siebeck, 2012, pp. 63-78, especialmente pp. 74 y ss.

[79] Niklas LUHMANN, *Rechtssystem und Rechtsdogmatik*, Stuttgart-Berlin-Köln-Mainz, Kohlhammer, 1974, pp. 290 y ss; Niklas Luhmann, *Das Recht der Gesellschaft*, 8ª ed., Frankfurt am Main, Suhrkamp, 2020, en el que la trama central del libro viene constituida por la relación existente entre el sistema jurídico y el sistema social. En tal sentido, nos dirá, el Derecho actúa en la Sociedad, realiza la Sociedad, desenvuelve una función social y se diferencia por tal función en su propia reproducción autopoiética. Al menos eso es lo que afirma la teoría que nos presenta aquí. Más allá de ello, plantea la cuestión de cómo debe entenderse la Sociedad en la que esto sucede; lo cual requiere, por demás, de una teoría suficiente de la Sociedad actual. Trascendiendo, el surgimiento y aumento en la misma de la diferenciación funcional ha hecho surgir la aparición de numerosos sub-sistemas, de modo que un caso en un sub-sistema es tratado de manera diferente en otro sub-sistema, e implica que el análisis *dogmático* en el sub-sistema jurídico no debe abandonarse, toda vez cada subsistema propone normalmente soluciones distintas para un mismo caso.

[80] Eric VOEGELIN, *Die neue Wissenschaft der Politik*, München, Anton Pustet, 1959, p. 49, quien entendiera que la teoría política siempre es, respecto a esta autointerpretación de la Sociedad, el segundo componente, cronológica y sistemáticamente, y lo ha resumido así: «el hombre no espera para la interpretación de su vida a la ciencia, y cuando el teórico quiere ocuparse de la realidad social se encuentra ante el hecho de que el campo está ya requisado por algo que considera podría denominarse la autointerpretación de la propia Sociedad». Su primera publicación en los Estados Unidos en el año 1952, atrajo

contemplación externa[81], que de acuerdo a una ley de la causalidad se encamina conducente hasta infinitos horizontes[82].

V.

Conforme recuerdan dos de los autores precitados más arriba, caso de *Friedrich Müller* y *Ralph Christensen*, en los comienzos del Estado moderno, cuando en las relaciones humanas aparecían la opresión, la explotación o la dominación arbitraria, el Estado debe intervenir de modo apropiado para generar las condiciones básicas de un orden libre y jurídicamente seguro. De inicio, resultó objeto debatido si el Estado de Derecho comprendía también la idea del equilibrio social en cuanto elemento de la justicia o si debía ser entendido estrictamente como principio formal. La discusión pareció cerrarse con la democratización del Estado que coincidiría con la adjetivación y estructuración como Estado Social, pues la mayoría tendería a concebir el Estado de Derecho y el Estado social compatibles entre sí, diría por todos *Hans F. Zacher*; para añadir este último autor que se trata de magnitudes solidariamente interdependientes y, de ese modo, se permite dotar al Estado de Derecho también de un aspecto material requerido por los tiempos[83]. Respecto de *Josef Isensee*, contempla que en cuanto a «los

inmediatamente la atención generalizada a través de un artículo aparecido en la portada de la revista *Time* que le valió una alta reputación como teórico distinguido. Es, en el mejor sentido de la palabra, un debate y al mismo tiempo un programa lo que presenta. Una postura decidida contra la comprensión positivista de la Ciencia, mediante la cual intenta restablecer la Ciencia Política como una Ciencia del orden humano y social, basándose en la tradición de la *episteme politike* clásica. Esto es, además de la cuestión de la naturaleza de la racionalidad, hay una filosofía de la historia con una interpretación crítica y controvertida de la modernidad occidental. Valorada como «una obra de calidad excepcional», *The New Science of Politics* le valió la obtención del codiciado *Premio Lippencott* de la Asociación Estadounidense de Ciencias Políticas.

[81] Niklas LUHMANN, *Rechtssystem und Rechtsdogmatik*, Stuttgart-Berlin-Köln-Mainz, Kohlhammer, 1974, pp. 16 y ss.

[82] Y ello no únicamente «en sucesión lineal [es decir, temporal], sino de manera simultánea, en cascada, en un número indeterminado de co-orígenes y efectos colaterales», Niklas LUHMANN, «„Kausalität" im Süden», *Soziale Systeme. Zeitschrift für soziologische Theorie* 1, Heft 1, 1995, p. 12.

[83] Términos empleados por Hans F. ZACHER, el autor que recibiera en Alemania el apodo de «*Néstor Gerenio*» del análisis teórico del Estado Social de la postguerra, por ejemplo, entre sus muchas aportaciones, «Das soziale Staatsziel», que constituye una

niveles del Estado de Derecho: el liberal, el social y el moderno[post], se desarrollan uno sobre otro, por consiguiente, a largo plazo, el Estado Social de Derecho contuvo en sí a los otros modelos previos de organización estatal», pues de afirmarse lo contrario, «estamos yendo en contra de lo que es la autonomía ética del hombre en su base esencial», reseña[84]. Finalmente, por añadidura, *Josef Isensee* se ha encargado de provocar a lo largo de su obra una discusión en torno al tema de la seguridad a cargo del Estado que él considera fuertemente inherente en un sentido lato a los diversos tipos históricos de organización estatal, lo cual no está actualmente apenas en el centro de la discusión: «La seguridad no ha motivado la preocupación de los juristas», y remarca que los juristas se ocupan y se han ocupado poco del tema[85]. De una organización del Estado de la que bien afirmaría *Hermann Heller* es aquella «forma nacida de la vida»[86], destinada a «evolucionar con esta», y que encuentra en la cultura un factor de legitimación, debido al hecho de que cada Constitución vive en último término de la dimensión cultural, y rechazando todo positivismo de tipo lógico o naturalista ve la problemática del Estado y del Derecho bajo el prisma de «la unión de voluntad y norma, de ser y deber ser»[87]. En tal contexto constitucional,

---

síntesis del tema y casi de su pensamiento mismo, y desde la filosofía y la cultura a la política más práctica y prudencial, expone una selecta constelación de ideas sumamente coherente y sugestivamente expresadas; en suma, quizá nadie como él haya sabido poner en palabras todo un conjunto de sentimientos e ideas representativos de un amplio y seguramente mayoritario sentir político de las sociedades europeas acerca de aquello que tiene encomendado como tarea el Estado Social, en: Josef Isensee / Paul Kirchhof [eds.], *Handbuch des Staatsrechts der Bundesrepublik Deutschland*, Band II. *Verfassungsstaat*, 3ª ed., Heidelberg, C.F. Müller, 2004, pp. 659 y ss; bastante similarmente Erhard DENNINGER. «Das soziale Staatsziel - zwischen Recht und Politik», en: Friedhelm Hufen / Uwe Berlit / Horst Dreier [eds.], *Verfassungen. Zwischen Recht und Politik. Festschrift zum 70. Geburtstag für Hans-Peter Schneider*, Baden-Baden, Nomos, 2008, pp. 57-69.

[84] Josef ISENSEE, «Staat und Verfassung», en: Josef Isensee / Paul Kirchhof [eds.], *Handbuch des Staatsrechts der Bundesrepublik Deutschland*. Bd. II. *Verfassungsstaat*, 3ª ed., Heidelberg, C.F. Müller, 2004, § 15, pp. 3-106.

[85] Josef ISENSEE, *Das Grundrecht auf Sicherheit. Zu den Schutzpflichten des freiheitlichen Verfassungsstaates*, Berlin, De Gruyter, 1983.

[86] Expresión de Hermann HELLLER, autor recordado también al efecto por José Luis MONEREO PÉREZ, *La defensa del Estado social de Derecho: La teoría política de Hermann Heller*, Madrid, El Viejo Topo, 2009.

[87] Conforme expuso Hermann HELLER, la teoría jurídica del Estado es Ciencia de la cultura, no Ciencia natural, y siendo objeto de Ciencia de la cultura, constituye, por

el Derecho, para expresarlo mediante una frase de *Norberto Bobbio* que hizo fortuna, se ha de adaptar a esa «realidad histórica en movimiento», lo que es preciso tener cuenta por quien aspire a alcanzar un conocimiento apropiado tanto del Estado como del Derecho [88]. La suposición de que la organización estatal se encuentra en estado puro durante estos procesos de transformación social es válida solo como hipótesis teórica, pues este papel pasivo es a todas luces superficial e inadecuado, y, evidentemente, resulta muy corto[89]. *Christian Starck* recuerda que el Tribunal Constitucional Fe-

consiguiente, una parte del mundo psíquico que nosotros podemos concebir como una modelación humana para un objetivo. No toda realidad moldeada por el ser humano puede ser adecuada para el conocimiento científico-cultural, sino solo aquella que nos permita entenderla como un signo hecho por el ser humano», *Staatslehre*, 4ª ed., Leiden, AN Sijthoff, 1970, p. 34, y pasa a considerar desde el punto de vista *dogmático* que la Constitución se caracteriza por su consideración como una totalidad, en la que se reúnen en relación dialéctica lo estático y lo dinámico, la normalidad y la normatividad, además de pretender salvar la unidad del concepto de Constitución, aun reconociendo cierta autonomía de sus partes integrantes, *ibídem*, p. 277.

[88] Norberto BOBBIO, *Giusnaturalismo e positivismo giuridico*, Milano, Edizioni di Comunità, 1965, pp. 16 y ss; a quien Martônio MONT`ALVERNE BARRETO DE LIMA señala como un liberal auténtico en sentido lato, sea en sus escritos sea sobre todo en sus acciones, que considerara la democracia un sistema de límites jurídicos, y, evidentemente, los límites constitucionales y legales democráticos se aplican a todos, lo cual significa la inexistencia de personas que puedan hacer cualquier cosa ilimitadamente, y tampoco hay, lógicamente, quienes no puedan hacer nada, *Staat und Justiz in Brasilien: Zur historischen Entwicklung der Justizfunktion in Brasilien - Kolonialgerichtsbarkeit in Bahia, Richterschaft im Kaiserreich und Verfassungsgerichtsbarkeit in der Republik*, Frankfurt am Main, Peter Lang, 1999.

[89] Christoph MÖLLERS, *Der Saat al Argument*, 2ª ed., Tübingen, Mohr Siebeck, 2020. Esta nueva segunda edición, sin apenas cambios, cuenta no obstante con una cuidada introducción a lo actual, que presenta y analiza los desarrollos relevantes de la última década: *El Estado como argumento*, pregunta sobre el significado argumentativo del concepto de Estado en el Derecho constitucional alemán. Christoph Möllers examina en primer lugar el pensamiento de cinco señeros autores de la tradición constitucional anterior a la entrada en vigor de la Ley Fundamental de Bonn: Georg Jellinek, Hans Kelsen, Carl Schmitt, Rudolf Smend y Hermann Heller. En la segunda parte, utiliza términos teóricos del Estado seleccionados -Estado como unidad, como poseedor del monopolio de la fuerza, como requisito constitucional, propósitos del Estado- para examinar formas metodológicamente permisibles y problemáticas de utilizar el concepto de Estado en la legislación de desarrollo constitucional de la Ley Fundamental. Finalmente, aborda problemas jurídicos en los que se utiliza el concepto de Estado: la estadidad como barrera a la validez de los Derechos Fundamentales, como propiedad de los entes federales y como límite a la integración europea.

deral alemán en los inicios de su jurisprudencia descartó una obligación «de protección ante la pobreza material –BVerfGE 1, 97, 194: "no se refiere a la protección frente a la pobreza material, sino protección frente a ataques a la dignidad del hombre por otros, como las humillaciones, estigmatización, persecuciones etc"–», pero después «se ha manifestado de forma distinta»: el Estado «tiene que apoyar al ciudadano cuya situación físicas o enfermedad [*Gebrechen*] mental o corporal impidan su desenvolvimiento social y corporal, y no esté en condiciones de hacerlo por sí mismo, y "en todo caso asegurar las condiciones mínimas para una exigencia digna del hombre" [*menschenwürdiges Dasein*]», por ejemplo, «BVerfGE 40, 121, 133»[90]. Adicionalmente, el Estado actual no solo es responsable de garantizar lo más pesado o precario, también participa activamente en el desarrollo de nuevas formas de acción gubernamental y administrativa a impulsos de la ciudadanía[91]. La comunidad liberal: el «Estado» en el sentido amplio, se basa en la distinción entre un Estado democráticamente legitimado [«Estado» en el sentido más estricto], y una Sociedad también legitimada a su vez por los Derechos Fundamentales. De otra parte, la tensión se equilibra de manera diferente en las distintas comunidades, dependiendo de sus características nacionales y regionales, y de la situación histórica. La asociación mutua cambia, y las fronteras son fluidas[92]. En general, no se puede determinar el área de superposición entre las esferas. Sin embargo, el dualismo no debe disolverse completamente a favor de una de las partes: el Estado se vuelve totalitario cuando nacionaliza y armoniza la vida social en su totalidad, y la Sociedad se transforma en masa anárquica, en los supuestos en los que el Estado no garantiza el orden social[93]. Como se

[90] Christian STARCK, «La dignidad del hombre como garantía constitucional, en especial, en el derecho alemán», en: Francisco Fernández Segado [ed.], *Dignidad de la persona, derechos fundamentales, justicia constitucional y otros estudios de derecho público*, Madrid, Dykinson, 2008, p. 268.

[91] Friedrich MÜLLER, *Wer ist das Volk?: die Grundfrage der Demokratie, Elemente der Verfassungstheorie* VI, 2ª ed., Berlin, Duncker & Humblot, 1997.

[92] Hermann HELLER, «Bemerkungen zur staats un rechtstheoretischen Problematik der Gegenwart», en: *Archiv des öffentlichen Rechts*, Band 55 [N.F. 16], Heft 3, 1929, pp. 321-354.

[93] Ernst-Wolfgang BÖCKENFÖRDE, «§ 34 Demokratische Willensbildung und Repräsentation», en: Josef Isensee / Paul Kirchhof [eds.], *Handbuch des Staatsrechts der Bundesrepublik Deutschland*, Bd. III. *Demokratie - Bundesorgane*, 3ª ed., Heidelberg, C.F. Müller, 2005, § 34, pp. 31 y ss.

ha recordado entre nosotros, la pretensión del orden jurídico sigue siendo alcanzar la «paz jurídica», ahora bien, la parte nuclear de «su concepción se desplaza hacia la "justicia", el derecho como justicia, lo cual significa que el sistema jurídico, sin dejar de ser sistema, sin perder su autonomía, se abre hacia el mundo de los valores que hasta ese momento no estaba presente de modo explícito en la estructura de las normas»[94]. Actualmente, se trata de diseñar un sistema que combine mecanismos de control social directo e indirecto, y empujar constantemente a probar nuevos instrumentos legislativos y ejecutivos ha dicho *Eberhard Schmi*dt-*Aßmann*, a quien le parece difícil –por no decir imposible– denominar Estado de Derecho a una organización de corte estatal que ofrece garantías formales de protección jurídica, pero no brinda ayuda al necesitado para que pueda disfrutar realmente sus Derechos[95]. Asimismo, el modelo instrumental del Estado garante reacciona frente al fenómeno creciente, en el actual momento de evolución estatal, de desplazamiento en orden al cumplimiento de determinadas tareas en favor de sujetos privados: desregulación, privatización, o sujeción a parámetros económicos de carácter privado. Su objeto no es la «dispensa» directamente, sino la garantiza de manera efectiva de unas prestaciones que en buena medida estarán al cargo de sujetos privados, por lo que el modelo no contradice, de inicio, los postulados fundamentales del Estado social, el cual no requiere necesariamente de un monopolio o protagonismo pleno del sector público; tampoco de normas constitucionales

[94] Francisco J. BASTIDA FREIJEDO, «Soberanía popular y Constitución sin soberano», en: *Revista del Centro de Estudios Constitucionales*, Núm. 8, 1991, p. 18. Acerca de la axiología de los preceptos constitucionales, puede verse Francisco FERNÁNDEZ SEGADO, «La dimensión axiológica del Derecho Constitucional», en: *Cuadernos constitucionales de la Cátedra Fadrique Furió Ceriol*, Núm. 1, 1992, pp. 15-39.

[95] Eberhardt SCHMIDT-AßMANN, «Der Rechtsstaat», en: Josef Isensee / Paul Kirchhof [eds.], *Handbuch des Staatsrechts der Bundesrepublik Deutschland.* Bd II. *Verfassungsstaat*, 3ª ed., Heidelberg, C.F. Müller, 2004, § 26, pp. 541 y ss, con argumentos que en gran medida ya recogía la obra específica de Philip KUNIG, *Das Rechtsstaatsprinzip: Überlegungen zu seiner Bedeutung für das Verfassungsrecht der Bundesrepublik Deutschland*, Tübingen, Mohr Siebeck, 1986. Recientemente en el mismo sentido, con superior adaptación al tiempo, Peter M. HUBER, «Rechtsstaat», en: Matthias Herdegen / Johannes Masing / Ralf Poscher / Klaus Ferdinand Gärditz [eds.], *Handbuch des Verfassungsrechts. Darstellung in transnationaler Perspektive*, München, C.H. Beck, 2021, pp. 383-435.

que reiteradamente afirmen que los poderes públicos garantizarán todas las prestaciones, sin imponerles la carga de su realización directa[96]. Se sostiene

[96] En esta dirección, encontramos de interés acerca de la materia, por ejemplo a Ursula KÖBL, «Die Bedeutung der Dogmatik im Sozialrecht», en: Rolf Stürner [ed.], *Die Bedeutung der Rechtsdogmatik für die Rechtsentwicklung. Ein japanisch-deutsches Symposium*, Tübingen, Mohr Siebeck, 2010, pp. 319 y ss: quien explica que el Estado social se fraguó como una tercera vía entre el capitalismo salvaje y el totalitarismo, en el que manteniendo los Derechos y Libertades del modelo liberal, hacía suyas las nuevas reivindicaciones de justicia social. En consecuencia, incide en la configuración del Estado social como un esfuerzo integrador del Estado y la Sociedad, así como en la nueva y actual correlación manifestada a través de la actividad o ejercicio de funciones públicas por particulares, a partir de las crisis económicas y el desbordamiento de las tareas estatales inicialmente previstas y la aparición progresiva de otras nuevas. Alerta acerca del efecto peligroso asociado a una auténtica crisis normativa, y, por ende, de representatividad democrática, que se observa con la perniciosa tendencia hacia la privatización de sectores de la justicia y del poder normativo, así como la proliferación de ordenamientos paralelos e incluso alternativos al del Estado-nación Todo esto es cierto en la actualidad, con lo cual, el modelo inicial resuelta también muy difícil de mantener en la práctica, de modo que hace referencia al nuevo modelo instrumental que ahora se considera adecuado y más realista, el que se viene denominando Estado garante, cuyo objetivo no es tanto la dispensa directa de todos los servicios sino la garantía de manera efectiva de unas prestaciones que en cierta medida estarán a cargo de sujetos privados, por lo que tal modalidad no contradice, en principio, los postulados de justicia social. Más cercana aún la aportación de carácter fundamentalmente sustantivo y dogmático debida a Astrid WALLRABENSTEIN, «Sozialstaat» en: Matthias Herdegen / Johannes Masing / Ralf Poscher / Klaus Ferdinand Gärditz [eds.], *Handbuch des Verfassungsrechts. Darstellung in transnationaler Perspektive*, München, C.H. Beck, 2023, pp. 437-501, en la que se analizan los orígenes de la diferenciación entre Estado y Sociedad, pasando revista a las consideraciones históricas y de evolución político-sociológica que llevaron a configurar unos tipos de Estado determinados, como el del Estado liberal y sus efectos en la configuración del Derecho público de su tiempo, marcadamente protector de los individuos pertenecientes a esa Sociedad respecto de la que surgía como consecuencia una separación radical del Estado, o el posterior paso al Estado social de prestaciones públicas. También toma como centro de atención las crisis económicas y las transformaciones sociales aceleradas, para tratar en particular de asociarlas a la nueva relación entre el Estado y la Sociedad, y sus consecuentes implicancias políticas, y al fin y cabo jurídicas. El autor analiza los temas esencialmente jurídicos que surgen del estado de la situación que trata al principio. A tal finalidad, toma como fundamento la última época en torno a las crisis económico-financieras que han afectado a todo ese sector con carácter general en los últimos decenios con el consiguiente crecimiento en magnitudes nunca vistas de la deuda pública; develando de paso algunas fragilidades institucionales de las que ofrece también buena cuenta. Y lo hace, en miras de o por la incidencia y efectos que ello tiene en el mantenimiento del Estado social, llegando a preguntarse si incluso no ha sido una realidad efímera, resultado de la conjunción de ciertos factores sin continuidad

que el problema del Estado garante no es, pues, de constitucionalidad, sino de factibilidad de su paradoja; concretamente se manifiesta aquello en la realización por particulares de funciones y prestaciones asistenciales en condiciones accesibles para el conjunto de la Sociedad[97]. De este modo, se está haciendo referencia al hecho de que el Estado conserva la responsabilidad de garantizar que las tareas públicas sean satisfechas en la calidad prevista por la Constitución y las demás normas, también en los casos en que se haya transferido a sujetos privados el cumplimiento de las mismas. En tal sentido, el Estado introduce en el ordenamiento disposiciones al objeto de cumplir con su responsabilidad de la garantía genérica del orden social. De las determinaciones de fines del Estado, tales como: Democracia, Estado social, Estado de Derecho, y no en último término, del contenido jurídico-objetivo de las normas que reconocen Derechos Fundamentales, se infieren orientaciones sobre el modo de ejercicio de la responsabilidad estatal de garantía[98].

---

en la historia. Con todo, coloca el acento en el mantenimiento del Estado social, habida consideración que constatados sus elevados costes y desaparecidas las más relevantes circunstancias históricas que lo hicieron posible, se presenta actualmente como un objetivo difícil de sostener pese a sus buenos resultados pasados. Mantiene que esto pudiera terminar resultando efectivamente así de no plantearse una reforma de calado, no de su concepto y fines, sino de sus medios bajo titularidad pública; y ello porque el Estado social adoptó desde un primer momento la modalidad de Estado prestacional que, mediante un costoso aparato administrativo público, asumía directamente las prestaciones sociales, lo que exige ahora una transformación.

[97] La superación de la aludida paradoja solo puede pasar, dirá José ESTEVE PARDO, por una redefinición de las fronteras entre el Estado y la Sociedad, entre el sector público y el privado; e implicaría la revisión del carácter «privado» de ciertos sujetos particulares en los que se apoyaría la realización del Estado garante, esto es, los que ejercen funciones públicas, o bien de una u otra manera, son financiados con fondos públicos, *La nueva relación entre Estado y sociedad. Aproximación al trasfondo de la crisis*, Madrid, Marcial Pons, 2013. Con carácter previo se pronunciaría en similares términos en relación con la Unión Europea Matthias RUFFERT, «Demokratie und Governance in Europa», en: Hartmut Bauer / Peter M. Huber / Karl-Peter Sommermann [eds.], *Demokratie in Europa*, Tübingen, Mohr Siebeck, 2005, pp. 319-348.

[98] Acerca del concepto y funciones a desarrollar por el Estado garante, puede verse Gunnar Folke SCHUPPERT, *Governance und Rechtsetzung. Grundfragen einer modernen Regelungswissenschaft,* Baden-Baden, Nomos, 2011; también Wolfgang. HOFFMANN-RIEM, «Verwaltungsorganisation und Verwaltungsorganisationsrecht als Steuerungsfaktoren», en: Wolfgang Hoffmann-Riem / Eberhard Schmidt-Assmann / Andreas Vosskuhle [eds.], *Grundlagen des Verwaltungsrechts*, Band I. *Methoden*

La obligación de «cooperar» a la auto-conservación de la Sociedad en la defensa de su identidad, no solo ha de dirigirse así a los ciudadanos que la componen, también tiene como destinatario de carácter fundamental al aparato del Estado, a los dirigentes y a los funcionarios mismos, al sostenerse decididamente que el Estado está obligado a cooperar por medio de la realización de ciertas conductas y la abstención respecto de otras[99]. De este modo colocado el dilema, apelar a la cooperación no llevará agua para un solo molino, algo que durante cierto tiempo parecía pensar en el ciudadano en cuanto obligado y como el único que tuviera obligaciones de cooperar. En el centro de la idea de Estado constitucional de Derecho se encuentra actualmente la exigencia de que este ejerza su poder a través de las diversas formas que proporciona el Derecho. De conformidad a lo explicitado por *Josef Isensee*, los estados occidentales cuyas constituciones se han desarrollado según las formas tradicionales del humanismo y el liberalismo, reciben la consideración de «*libres*». Los elementos institucionales que componen este tipo de Estado son principalmente: la Constitución escrita y la ley formalizada por los representantes del pueblo democráticamente elegidos[100], los Derechos Fun-

---

Maßstäbe Aufgaben Organisation, 2ª ed., München, C.H. Beck, 2012, § 16, pp. 677-776. El modelo del Estado garante es una reacción al creciente desplazamiento en los Estados contemporáneos de la realización de tareas públicas a agentes privados [desregulación, privatización] y hace referencia a que el Estado tiene simultáneamente la responsabilidad de garantizar que las tareas públicas sean satisfechas conforme a la calidad prevista por la Constitución y por otras normas, pero asimismo cuando su cumplimiento se haya transferido a manos privadas. El Estado adopta para ello medidas jurídicas que cubren la responsabilidad de la garantía y se activan cuando el cumplimiento de las tareas por parte de los sujetos privados encargados de ellas resulta insatisfactorio.

[99] Gregor KIRCHHOF – Stefan MAGEN, «Dogmatik: Rechtliche Notwendigkeit und Grundlage fächerübergreifenden Dialogs – eine systematisierende Übersicht», en: Gregor Kirchhof / Stefan Magen / Karsten Schneider [eds.], *Was weiß Dogmatik? Was leistet und wie steuert die Dogmatik des Öffentlichen Rechts*?, Tübingen, Mohr Siebeck, 2012, pp. 151-172.

[100] Sebastian UNGER, *Das Verfassungsprinzip der Demokratie.-Normstruktur und Norminhalt des grundgesetzlichen Demokratieprinzips*, Tübingen, Mohr Siebeck, 2008, pp. 56 y ss, entre otros momentos; el autor incorpora un nuevo enfoque teórico-estructural-normativo respecto a la disputa sobre las declaraciones del principio constitucional de la democracia que ha surgido en el curso de un cambio profundo en la realidad constitucional a través de la internacionalización y la particularización. Examina si el principio democrático como una norma jurídica contiene estipulaciones, o si se trata de un principio jurídico basado en la especificación, consideración y optimización. Arrancando del artículo 79 de

damentales y la separación de poderes, el régimen parlamentario[101], y el poder judicial independiente; el principio *significativo* en el que se basan las instituciones es la idea de *libertad*. La libertad fluye de dos fuentes de legitimidad: los Derechos Fundamentales y *los principios democráticos*. Los Derechos Fundamentales se centran en el individuo como sujeto de autodeterminación original[102]. La Democracia, de otra parte, considera la unidad supraindividual del pueblo del Estado como portador soberano estatal. Desde la perspectiva de *la Democracia*, la persona aparece no como individuo sino en cuanto miembro de la asociación política[103], como

la Ley Fundamental como principio organizativo del sistema de Derecho constitucional fundamental, desarrolla un modelo de norma jurídica y de principio jurídico de la Ley Fundamental, y, a partir de ahí, diferencia entre un núcleo jurídico del principio democrático del Artículo 20, apartado 1 de la Ley Fundamental, por un lado, y disposiciones de aplicación al respecto en el Artículo 20, apartado 2 de la *Grundgesetz* y otras disposiciones específicas de la misma, de otra parte. Mientras que el núcleo jurídico se caracteriza por la apasionante yuxtaposición de libertad e igualdad democráticas, y está diseñado para su consideración y optimización por las disposiciones de aplicación, como normas jurídicas, que ya contienen disposiciones constitucionales. En esta perspectiva, no solo son desarrolladas las coordenadas normativas del sistema constitucional de legitimidad democrática. También debate acerca de la cuestión de cómo reacciona la Ley Fundamental ante los cambios en la realidad constitucional, esto es, la relación entre la normatividad constitucional y los hechos constitucionales en tiempos de aceleración social. El libro recibió el Premio de la Facultad de Derecho de la Universidad Ludwig Maximilian de München, y el Premio de Doctorado de la Sociedad Jurídica de München.

[101] Michael BRENNER, «Das Prinzip Parlamentarismus», en: Josef Isensee / Paul Kirchhof [eds.], *Handbuch des Staatsrechts der Bundesrepublik Deutschland*, Band. III. *Demokratie - Bundesorgane*, 3ª ed., Heidelberg, C.F. Müller, 2005, pp. 477 y ss, § 44 Rn. 4 y ss, y *passim*. Ernst-Wolfgang BÖCKENFÖRDE, «§ 34 Demokratische Willensbildung und Repräsentation», en: Josef Isensee / Paul Kirchhof [eds.], *Handbuch des Staatsrechts der Bundesrepublik Deutschland*, Band. III. *Demokratie - Bundesorgane*, 3ª ed., Heidelberg, C.F. Müller, 2005. Consideraciones apreciables también entre nosotros son las de Fernando SIMÓN YARZA, «El proceso democrático ante el Tribunal Constitucional Federal Alemán y otros casos de interés», en *Revista general de Derecho Constitucional*, núm. 19, 2014, pp. 1-27. Disponible en SSRN: https://ssrn.com/ abstract=2589111, o http://dx.doi.org/ 10.2139/ ssrn.2589111.

[102] Josef ISENSEE, *Salus publica - suprema lex? Das Problem des Gemeinwohls in der freiheitlichen Demokratie*, Paderborn-München-Wien-Zürich, Brill Schöningh, 2006, pp. 52 y ss.

[103] Luis-Quintín VILLACORTA MANCEBO, *Reserva de Ley y Constitución*, Madrid, Dykinson, 1994; Christian WALDHOFF, «Das Gesetz zwischen Recht und Politik», en: *ZfP Zeitschrift für Politik*, Band 66, Heft 1, 2019, pp. 8-104. DOI doi.org/10.5771/0044-3360-2019-1-98.

ciudadano llamado a participar en la formación de la voluntad general[104]. *Hermann Heller* subrayaría que el Estado-nación desempeñaba una importante función política. Esto quiere decir a su entender que despliega y aplica un poder social organizado, por lo que representa la organización y actuación autónoma de cooperación social en un territorio determinado. Pero, además de este poder social, en el autor precitado, el Estado destaca además, y sobre manera, por el poder político que ejerce, el cual tiene reflejo en su capacidad de adoptar decisiones autónomas, vale decir, sin intervención de ningún otro poder. De otra parte, adicionalmente, el propio autor que estamos considerando, admitirá que el Estado al desarrollar esa función política, despliega y aplica un poder socialmente organizado, por lo que representa la organización y actuación autónoma de cooperación social territorial en un concreto espacio geográfico[105]. Los Derechos Fundamentales, a su vez, aseguran las áreas de no voto del individuo, carentes de sujeción a un control proveniente de las mayorías democráticas[106]. Los Derechos Fundamentales protegen la privacidad, pero no

[104] Helmut GOERLICH, «Rezensione von Christoph Möllers, Gewaltengliederung. Legitimation und Dogmatik im nationalen und internationalen Rechtsvergleich», en: *Jus Publicum*, Band 141 [Beiträge zum Öffentlichen Recht], Tübingen, 2005», en: *Der Staat*, Band 45, Heft 4, 2006, pp. 635-639. https:// www.jstor.org/stable/43643681; más ampliamente del autor, puede verse «Grundrechte und Wissenschaft vom Öffentlichen Recht in Deutschland», en: *Comparativ. Zeitschrift für Globalgeschichte und vergleichende Gessellschaftsforschung*, Vol. 17, Heft 4, 2007, pp. 137-148. https:// doi.org/ 10.26014/ j. comp.2007.04.08. También en la misma dirección Horst DREIER, «Der freiheitliche Verfassungsstaat als riskante Ordnung», en: *Rechtswissenschaft*, Heft 1, 2010, pp. 11-38.

[105] Hermann HELLER, «Bemerkungen zur staats un rechtstheoretischen Problematik der Gegenwart», en: *Archiv des öffentlichen Rechts*, Band 55, Heft 3, 1929, pp. 321-354; *Staatslehre*, 1934, Leiden, AN Sijthoff, pp. 222 y ss. No obstante, Hermann HELLER apuntaría correctamente a tiempo, el que iba a ser el problema principal de la primera experiencia democrática alemana, esto es, la falta de un acuerdo político suficientemente fuerte capaz de hacer efectivo el programa constitucional.

[106] Enlazando con estas ideas, el entonces *Papa* BENEDICTO XVI diría que, en el sistema democrático, la libertad necesita una referencia originaria a una instancia superior. El que haya valores que nada ni nadie pueda manipular, es la auténtica garantía de nuestra libertad. El hombre que se sabe obligado a lo verdadero y al bien, estará inmediatamente de acuerdo con esto: la libertad se desarrolla exclusivamente en la responsabilidad ante un bien mayor. Este bien únicamente existe si es para todos; por tanto, debemos interesarnos siempre por nuestros prójimos. La libertad no se puede vivir sin relaciones. En la convivencia humana no es posible la libertad sin solidaridad. Aquello que hago en detrimento de otros no es libertad, sino una acción culpable que

se limitan a ella, pues garantizan al individuo la posibilidad de realizar actividad pública. El desarrollo público de las Libertades Fundamentales constituye la «*Sociedad*». Y los Derechos Fundamentales individuales adquieren poder social principalmente a través de la división del trabajo y la organización asociativa de manera que se crean instituciones sobre la base de estos Derechos que pueden ejercer influencia moral, económica y política, y convertirse en factores de poder social[107]: empresas y sindicatos, medios de comunicación y partidos, o las comunidades religiosas, y, de esta suerte, desde una perspectiva constitucional, la religión y la cultura, la economía y la política, viven desde una raíz iusfundamental[108]. El consenso de la Sociedad bajo el signo de la Constitución sugiere la idea de interpretar esta axiológicamente como una tabla de valores esenciales propios de la comunidad[109]. De hecho, la Ley Fundamental de Bonn tuvo desde el principio muchas más ambiciones que ser un mero marco organizativo para el proceso político. Postula la dignidad humana como base de la comunidad política, en cuanto norma de cabecera de los Derechos Fundamentales y las reglas organizativas[110]. Las normas técnico jurídicas

---

les perjudica a ellos y, de este modo, también a mí. Puedo realizarme verdaderamente como persona libre solo cuando uso mis fuerzas también para el bien de los demás. Y esto no solamente vale en el ámbito privado, sino también en el de lo social. Según el principio de subsidiaridad, la Sociedad debe ofrecer espacio suficiente para que las estructuras más pequeñas se desarrollen, y, al mismo tiempo, apoyarlas, de modo que un día puedan ser autónomas.

[107] Friedrich MÜLLER, *Die Positivität de Grundrechte. -Fragen einer praktischen Grundrechtsdogmatik*, 2ª ed., Berlin, Duncker & Humblot, 1990.

[108] Luis-Quintín VILLACORTA MANCEBO – Antonio VILLACORTA CAÑO-VEGA, *Nuevas dimensiones de protección asumidas por los Derechos Fundamentales*, Madrid, Dykinson, 2013.

[109] Rudolf SMEND, «Integrationlehre», en: AA.VV., *Staatsrechttliche Abhandlungen und andere Aufsätze*, 2ª ed., Berlin, Duncker & Humblot, 1968, pp. 475 y ss.

[110] Günter DÜRIG, a quien debemos, entre otros, sus trabajos pioneros: «Grudrechte und Zivilrechtsprechung», en: Theodor Maunz [ed.], *Vom Bonner Grundgesetz zur gesamtdeutschen Verfassung. Festschrift zum 75. Geburtstag von Hans Nawiasky*. München, Isar, 1956, pp. 157-190; «Der Grundrechtssatz von Der Menschenwürde: Entwurf Eines Praktikablen Wertsystems. Der Grundrechte Aus Art. 1 Abs. I in Verbindung Mit Art. 19 Abs. II des Grundgesetzes», en: *Archiv des Öffentlichen Rechts*, Band 81 [N.F. 42], Heft 2, 1956, pp. 117-157 y ss, donde destaca que la idea afianzada en el Consejo Parlamentario respecto de que el principio fundamental de la dignidad humana de ningún modo podría quedar reducido a simple «calderilla», aquí p. 124, y también textualmente escribiría: «*Die Menschenwürde als solche ist getroffen, wenn*

der konkrete Mensch zum Objekt, zu einem bloßen Mittel, zur vertretbaren Größe herabgewürdigt wird», p. 127; artículos que recogen algunas ideas previas esbozadas por Hans-Carl NIPPERDEY, «Die Wurde der Menschen», en: Karl August Bettermann / Franz Leopold Neumann / Hans-Carl Nipperdey / Ulrich Scheuner [eds.], *Die Grundrechte. Handbuch der Theorie und Praxis der Grundrechte*, Band II, Berlin, Duncker & Humblot, 1954, pp. 1 ss. En fin, apuntaría Günter DÜRIG que la parte del contenido de dignidad de cada Derecho, constituye el contenido o núcleo esencial de ese Derecho, aunque no desarrollara más este aspecto. Incluso previo tenemos de Günter DÜRIG, su «Die Menschenauffassung des Grundgesetzes», en: *Zeitschrift Juristische Rundschau*, Heft 7, Jahrgang 1952, pp. 259 y ss, donde adelantó su doctrina sobre los Derechos Fundamentales asentados en tres pilares esenciales de los que eran proyección: la dignidad humana, la libertad personal y la igualdad, tesis con la que alcanzaría una importante reputación. Por demás, Günter DÜRIG realizó la interpretación clásica durante varios decenios del alcance de la dignidad humana bajo la Ley Fundamental de Bonn a través del comentario constitucional [Günter DÜRIG, «Kommentierung der Artikel 1 und 2 Grundgesetz», inicialmente en: Theodor Maunz / Günther Dürig (eds.), *Grundgesetz-Kommentar, Sonderdruck*, München, C.H. Beck, 1958]. Pues bien, al redactar este comentario, en vez de anclarse en el pasado, propuso pensar un modelo actualizado de dignidad humana alejándola de sus límites y abstracciones previas –pero considerando, naturalmente, su historicidad–, al entender que convendría pensar mejor su significado y su construcción como «valor» al frente del discurso universal y constitucional de los Derechos Fundamentales. El autor parte de la premisa de que la dignidad humana opera como criterio fundamental de aquello que no debe hacerse nunca al hombre, y constituye de este modo una exigencia negativa en virtud de la ley natural. Hasso HOFMANN, de quien procede el término «teoría de la dote», describió la definición sustantiva de dignidad humana de Günther Dürig como el prototipo de una explicación de la dignidad en cuanto «dote»: al modo de «dádiva y prestación», tratando de superar la denominada perspectiva biológica de la dignidad, y retomando aspectos de la filosofía hegeliana, que diría debe ser comprendida en perspectiva relacional y comunicativa, constituyendo una categoría de co-humanidad de cada individuo. Según esto, la dignidad humana es concedida a todas las personas como una cualidad o característica especial por su Creador debido a la naturaleza que les otorga. Para justificar la teoría de la dote, se basa en la imagen del hombre semejante a Dios, y se refiere a la ética kantiana de la personalidad [«Die versprochene Menschenwürde», en: *Archiv des Öffentlichen Rechts*, Band 118, 1993, pp. 353 y ss]. Pero, de hecho, el comentario de Günter Dürig sobre la dignidad humana trae causa en realidad de una visión cristiana de la humanidad: «Hasta que se demuestre lo contrario, debe ser, se supone que consciente o inconscientemente, el concepto cristiano de personalidad es el recibido por los constituyentes en la Ley Fundamental de Bonn» [así se admite que es su razonamiento por ejemplo a cargo de Horst DREIER, «Kommentierung von Art. 1 Abs. 1 GG, Rdns. 151 y ss», en: Horst Dreier (ed.), *Grundgesetz-Kommentar*, Bd. 1, *Präambel*, *art.* 1 – 19, 2ª ed., Tübingen, Mohr Siebeck, 2004]. La dignidad humana carecía de tradición como norma constitucional en Alemania previo a 1949. Con la *Grundgesetz* se incorporó constitucionalmente el concepto de la dignidad humana intangible como reacción al ejercicio de la inhumana violencia nacionalsocialista, y se añadió a los conceptos constitucionales centrales de libertad e igualdad basados en el Estado de derecho. Esto sucedió en particular con miras a la evolución internacional de los Derechos Humanos. De este modo, el artículo 1 de la Declaración Universal de Derechos Humanos del 10 de diciembre de 1948, había establecido: «Todos los seres humanos nacen libres e iguales en dignidad y derechos» [La Declaración Universal de Derechos Humanos (1948) se abre hemos visto con ese «reconocimiento de la dignidad intrínseca y de los derechos iguales e inalienables de todos los miembros de la familia humana», y asimismo varias referencias a la dignidad humana como fundamento de los Derechos humanos aparecen, por ejemplo, en los artículos 1, 22 y 239. La consolidación legal de la dignidad humana a nivel supra estatal se confirma con La Convención Americana sobre Derechos Humanos (1969) que protege la «dignidad inherente al ser humano», y particularmente en materia de privación de libertad y de protección de la integridad personal (artículos 5, 6 y 11). En fin, además de otros textos internacionales, la Carta Europea de Derechos Fundamentales de 2009, dedica su Título I a la «Dignidad», a la cual vincula de modo expreso cuatro derechos: 1. El derecho a la vida, 2. El derecho a la integridad de la persona, 3. La prohibición de la tortura y de las penas o tratos inhumanos o degradantes, 4. La prohibición de la esclavitud y del trabajo forzado.]. Tanto o aún más influenciada por el pensamiento democrático cristiano, la Constitución italiana [1947] – antes de la *Grundgesetz* y de la Declaración Universal– incluyó igualmente tanto a la «dignidad» como a la «persona humana», aunque no en su preámbulo. En primer lugar, se habla de la «dignidad social», que posee todo hombre en pie de igualdad [artículo 3], y, en segundo lugar, además, se hace referencia a la dignidad humana en cuanto límite a la iniciativa económica privada [artículo 41]. Desde esta premisa, la noción de dignidad se observa en relación a la «igual posibilidad de goce de los derechos públicos y privados», como «fórmula de compromiso entre las posiciones socialistas, la doctrina social católica y las posiciones liberales, y a modo de reconocimiento de la capacidad de intervención del Estado en la economía» en orden a la consecución de un estándar de vida humanamente digno para todos los ciudadanos, Vicenzo SCALISI, *L'ermenéutica della dignità*, Milano, A. Giuffrè, 2019, pp. 8 y ss. Así se ha expresado la misma *Corte Costituzionale* italiana, por ejemplo mediante la SCC 85/2019, 9 de mayo, señalando que esos derechos «constituyen, en su conjunto, y en una relación de integración recíproca, expresión de la dignidad de la persona».

El fundamento de la mentada interpretación de Günter Dürig, parte del entendimiento acerca de la suposición de que la dignidad humana y los Derechos Humanos constituyen el basamento de carácter prepositivo en el que se sustenta la Ley Fundamental de Bonn. Desde una perspectiva histórico-intelectual europea, admite el autor que la concepción de la dignidad humana tiene una importante carga antigua y cristiano-religiosa en su contenido, y se fundamenta así en la dimensión metafísica del ser humano, de la que surge una consiguiente relatividad de todo el poder del Estado democrático. Ahora bien, no niega el significado también adquirido a partir del renacimiento, conforme al cual, la igual dignidad que corresponde a todas las personas, surge de su naturaleza de criaturas de un Ser superior y se fundamenta o bien en su razón como cualidad natural y/o en la autonomía moral del individuo. En consecuencia, la dignidad humana está indisolublemente unida al ser humano. De esta afirmación cabe deducir que precede a toda violencia estatal y al mismo tiempo limita el ejercicio de esta. Günter Dürig lo expresa vehementemente como sigue: «Cada persona es humana en virtud de su espíritu, que la distingue de la naturaleza impersonal y le permite, a través de sus propias decisiones, tomar conciencia de sí misma, determinarse a sí misma y moldearse a sí misma y al entorno». Según prosigue, asimismo la Constitución, que establece la dignidad humana del artículo 1, apartado 1 de la Ley Fundamental a través del artículo 79, apartado 3 de la Ley Fundamental como principio constitucional inmutable, también consagra y al mismo tiempo dispone sobre «el carácter basado en valores de la Ley Fundamental, un alejamiento consciente de la llamada "neutralidad de valores" de la Constitución Imperial de Weimar, y del total desprecio por la dignidad humana durante el nacionalsocialismo, fundamentándose ahora en esta base prepositiva de la dignidad humana y los Derechos Humanos», porque el párrafo 1 del artículo 2 de la Ley Fundamental consagra: «El pueblo alemán, en consecuencia, reconoce los derechos inviolables e inalienables del hombre como fundamento –*Grundlage*– de toda comunidad humana, de la paz y de la justicia en el mundo». Así las cosas, de inicio, el derecho prepositivo puede derivarse de la frase «reconoce», porque solo se puede reconocer algo previo ya existente: «El significado jurídico positivo-práctico de la garantía de la dignidad humana reside en el hecho de que establece una norma vinculante para toda la acción del Estado, determina el fin y la tarea del mismo, de un lado, y los limita, por el otro. Obliga no solamente a respetar y proteger la dignidad humana en la relación Estado-ciudadano, sino también a diseñar el orden jurídico general de tal manera que incluso por fuerzas ajenas al Estado nunca pueda tener lugar legalmente una violación de la dignidad humana». El comentario de Günter Dürig sobre los artículos 1 y 2 fue, por así decirlo, el marco ideal y normativo sobre el cual se desarrolló el comentario en su conjunto, le dio su perfil y fue una parte esencial de su identidad. Por lo tanto, el fuerte acento puesto en la dignidad humana surgió de la situación fundacional de la República Federal como contribución al desarrollo del nuevo orden que la Ley Fundamental quería instaurar tras las experiencias más inhumanas de abuso de poder y los millones de desprecios y pisoteos de la dignidad humana ocurridos durante el Tercer Reich. En este sentido, Günter Dürig comprendió la garantía de la dignidad humana, respaldada por las deliberaciones del Consejo Parlamentario, en cuanto adopción de un «valor moral fundamental» surgido en la historia intelectual europea. Como él lo expresó, supuso su transformación en Derecho constitucional positivo, colocando y absorbiendo así consciente e intencionalmente una base de naturaleza prepositiva. En congruencia con su carácter intangible [«intangible», precisa Christian STARCK, quiere decir «que la dignidad humana no debe ser tocada. Una interpretación de tal cláusula como comprobación constitucional sería que cada individuo tiene su dignidad y que no puede ser tocada por parte de terceros», «Introducción a la dignidad humana en el derecho alemán», en: *Anuario Iberoamericano de Justicia Constitucional*, núm. 9, 2005, p. 492; Francisco FERNÁNDEZ SEGADO, «La dignité de la personne en tant que valeur suprême de l'ordre juridique espagnol et en tant que source de tous les droits», en: *Revue française de droit constitutionnel*, N° 67, 2006, pp. 451-482], abogó también en favor de reconocer la validez universal de esta garantía, aplicable a todo el ordenamiento jurídico, sin limitarse a la relación entre los ciudadanos y el Estado, ámbito tradicional, al menos hasta entonces, de los Derechos Fundamentales. Esta toma de posición se correspondía con la calificación del apartado 1 del artículo 1 de la *Grundgesetz* como norma jurídica objetiva, vale decir, norma fundamental y «principio constitucional supremo de todo Derecho», a desarrollarse gradualmente en el sistema de valores y titularidades de la parte integrada por los Derechos Fundamentales de la Ley Fundamental. Para Günter Dürig, esto significaba la no aceptación de que la dignidad comprendiera en sí misma un Derecho Fundamental subjetivo. Porque, un Derecho Fundamental directamente eficaz está, con todo, dado su carácter no absoluto, sujeto a limitaciones y consideraciones en el contexto del ordenamiento jurídico-constitucional, en tanto la exigencia de respeto y protección de la dignidad del hombre, conforme se desprende de las intenciones y del tenor de la redacción final del texto: ha de ser «universal e inviolable» y no puede ser relativizada ni siquiera mediante cambios constitucionales [Art. 79 Párr. 3 GG]. El párrafo 1 del artículo 1 de la Ley Fundamental alemana contiene entonces el concepto de dignidad humana como base de todo el orden constitucional de la República Federal de Alemania. En esta idea se resumen los principales problemas y desafíos a los que se enfrentan los legisladores y la jurisprudencia a la luz de la evolución de la práctica jurídica en el país. En tal contexto, Ernst BENDA, al lado de otros autores, estima que la imagen del hombre contenida en la Ley Fundamental, no es la de un individuo autocrático sino la que tiene en relación con su comunidad, sin que por ello se vea menoscabada su propia sustantividad. Esto se desprende, en particular, a partir de una visión en conjunto de los artículos 1., 2, 12, 14, 15, 19 y 20 de la Ley Fundamental. El individuo debe asumir aquellos límites que, para cultivar y fomentar la vida en común, imponga el legislador a su libertad de acción, dentro de los márgenes de lo exigible y siempre que se garantice la autonomía de la persona. Ernst Benda intenta llegar a un entendimiento sobre la dignidad humana del artículo 1.1 de la *Grundgesetz* válido para toda persona al margen de su grado moral de desarrollo, porque al menos idealmente toda persona está capacitada para su autorrealización moral. Está vedado, pues, distinguir entre los individuos en función de su presunto valor moral. El Estado no debe arrojarse el derecho a pronunciar un juicio absoluto sobre los individuos sometidos a su imperio. Por ello, respetará al ser humano cuya dignidad se muestra en el hecho de tratar de realizarse en la medida de sus posibilidades. Incluso cuando tal esperanza parezca vana, bien porque la nieguen predisposiciones genéticas y sus metamorfosis, bien por propia culpa, nunca deberá el Estado emitir un juicio de valor concluyente y negativo sobre el individuo, «Dignidad humana y derechos de la personalidad», en: Ernst Benda / Wener Maihofer / Hans-Jochen Vogel / Konrad Hesse / Wolfgang Heyde [eds.], *Manual de Derecho Constitucional*, 1ª ed., Madrid-Barcelona, Marcial Pons-Instituto Vasco de Administración Pública, 1996, p. 119, § 5; «Verständigungsversuche über die Würde des Menschen», en: *Neue Juristische Wochenschrift*, 54. Jahrgang, Heft 30, 2001, p. 2147, y recuerda la BVerfGE 12, 45, 51, que nos dice: «La Ley Fundamental es un ordenamiento vinculado a valores, que reconoce la protección de la libertad y la dignidad humana como la máxima finalidad de todos los derechos; sin embargo, su idea del ser humano no es la del individuo autónomo aislado, sino la del que está en comunidad y con una personalidad sujeta a obligaciones de diversas maneras» [Ley de Objeción de Conciencia I, Primera Sala, 20 de diciembre de 1960, § 19]. Además, en el voto particular de los magistrados

Gregor Geller, Dr. Fabian Von Schlabrendorff y Dr. Hans-Georg Rupp, a la Sentencia BVerfGE 30, 1 [Escucha telefónica], podemos leer: «Para responder a la pregunta de lo que significa "dignidad humana", uno debe guardarse de entender esta patética expresión exclusivamente en su sentido más elevado, es decir, aquel que considera que la dignidad humana únicamente se vulnera cuando el trato otorgado por el poder público –al hacer cumplir la ley– a las personas sea considerado como "expresión de desprecio del valor del que goza el ser humano por el mero hecho de ser persona", y en ese sentido tiene también el carácter de un "tratamiento abyecto"». Adicionalmente expuesto a lo anterior del autor, defiende Ernst Benda que Günther Dürig, creador de la fórmula de no instrumentalización –en ningún caso la persona considerada como objeto: «*Objektformel*»–, puso de relieve que el enunciado de Derecho Fundamental sobre la dignidad humana ha sido históricamente también producto de la reacción en contra de un colectivismo totalitario en la vida constitucional alemana: De este modo, no solo eran rechazadas «las concepciones individualistas del liberalismo clásico, sino también las tentaciones colectivistas; renunciando a solicitudes extremas, se busca una línea intermedia» que ya apuntara Günter Dürig. Este último, definió el contenido de la dignidad humana de una manera que expresaba claramente el fundamento prepositivo que el párrafo 1 del artículo 1 de la *Grundgesetz* transformó en Derecho positivo –lo que en aquel momento fue *communis opinio*–: «Cada persona es humana en virtud de su espíritu, que la distingue de naturaleza impersonal y le permite, a través de su propia decisión, tomar conciencia de sí misma, determinarse y moldearse a sí misma y al entorno». Esta libertad de moldearse a sí mismo y al entorno pretende ser la misma para todas las personas, consiguientemente, es inherente al hombre. Lo decisivo no es la realización respectiva en la persona concreta, sino la «misma posibilidad abstracta», es decir, la capacidad potencial de realización. Según Günter Dürig, el valor y el respeto que emanan de la dignidad humana, así como la exigencia de protección basada en la misma dignidad, deben ser la directriz inviolable de toda acción estatal. Por lo tanto, primero han de considerarse ambas opiniones sobre la inviolabilidad de la dignidad humana, que fuera calificada por Günter Dürig como una norma jurídica objetiva, en contraposición a los Derechos Fundamentales subjetivos que se derivan de la Ley Fundamental y no estaría así sujeta a ninguna restricción constitucional. Más bien, la dignidad humana constituía una barrera estatal absoluta, en particular para la acción estatal, que no podía ni siquiera socavar un alto interés en la aplicación de la ley cara al mantenimiento de la seguridad o el orden público dentro del contexto del sistema global de valores integrado por la Constitución: «Un sistema de valores global resulta al mismo tiempo un sistema lógico-jurídico de derechos en el cual el valor superior se comporta respecto de los valores parciales como la norma jurídica superior respecto de las normas jurídicas inferiores», y califica a la dignidad humana como el «principio supremo de la Constitución», Günter DÜRIG, *Escritos reunidos*, 1952-1983, São Paulo, Editorial Saraiva, 2016, p. 87: el Estado está obligado por el artículo 1, apartado 1, frase 2, primera variante de la *Grundgesetz*, a respetar la dignidad humana: «Todo poder estatal debe respetar y proteger a las personas en su propio valor e independencia. No debe ser tratado "impersonalmente", no debe considerarse como un objeto, aunque esto no se haga por desprecio del valor personal, sino "con buenas intenciones"»; en definitiva, todo ser humano tiene dignidad y valor inherentes, exclusivamente por su condición básica de ser humano. El valor de los seres humanos difiere del que poseen los objetos. Las cosas tienen un valor de intercambio, son reemplazables. En cambio, todos los seres humanos tienen valor ilimitado: en cuanto sujetos dotados de identidad y capaces de elegir son únicos e irreemplazables.

Los comentarios acerca de la dignidad humana conforme al artículo 1 de la Ley Fundamental de Bonn en el compendio Maunz / Dürig / Herzog, una obra ciertamente influyente sobre todo en los primeros años posteriores a la entrada en vigor de la Ley Fundamental, significó e implicó el comentario redactado por uno de los fundadores de esta obra, al tiempo de ser considerado por añadidura uno de los decanos del Derecho constitucional alemán de la postguerra. Günter Dürig ancla la inviolabilidad de la dignidad humana en la que hemos aludido ha dado en llamarse «fórmula del objeto –*Objektforme*–», según la cual, la dignidad siempre es violada «cuando el ser humano concreto es reducido a un objeto, a un mero medio, a una grandeza justificable», esto es, la persona sufre de instrumentalización. Por ello, es la también llamada «fórmula de no instrumentalización» la propuesta por Günter Dürig, que iría siendo continuamente adoptada en los fallos del Tribunal Constitucional Federal desde el inicio de su jurisprudencia, en el sentido de que es contrario a la dignidad convertir al ser humano en un mero objeto dentro del Estado, y la proposición de que «el ser humano siempre debe ser un fin en sí mismo» se aplica «sin limitación a todas las áreas del derecho» [BVerfGE 45, 187, 228 – *Life Imprisonment*. 13 BVerfGE 30, 1, 26 –*Audio Surveillance*, BVerfGE 96, 375, 400 – *Child as Harm*; 115, 118, 154-158) –*Aviation Security Act*]. El Tribunal Constitucional Federal ha circunscrito pronto el significado general del artículo 1 de la Ley Fundamental de Bonn, destacando que dicho precepto «figura entre los principios fundamentales de la Constitución», aquellos que «dominan» todos los preceptos de la *Grundgesetz*, así: la BVerfGE, 6, 32 y ss, e identifica en la dignidad humana «el valor jurídico supremo dentro del orden constitucional» –por ejemplo, BVerfGE, 45, 187 y ss–. Pero no se ha limitado a repetir simplemente la fórmula referida; por el contrario, ha desarrollado una serie de criterios adicionales en los que bajo determinadas circunstancias, por ejemplo, no debe haber «intromisiones arbitrarias a la dignidad humana», no debe «comercializarse» o «cosificarse», y el «hombre como persona o sus inalienables derechos no pueden convertirse en un objeto de comercio» [Ingo VON MÜNCH, «La dignidad del hombre en el Derecho constitucional», en: *Revista Española de Derecho Constitucional*, Núm. 5, 1982, pp. 9 y ss. Recordemos que el punto segundo del artículo 46 de la Constitución española de 1931 explicitaba la obligación de asegurar «a todo trabajador las condiciones necesarias de una existencia digna»]. Junto al pensamiento filosófico ilustrado-secularizado, se encuentra evidentemente también de modo claro e ineludible, e incluso en clara superioridad, para Günter Dürig, la idea de dignidad esbozada con carácter previo por el pensamiento filosófico-antropológico cristiano. Por ejemplo, según Michel VILLEY, «La noción moderna de los derechos del hombre tiene raíces teológicas. La Revelación judeo-cristiana exalta la dignidad del hombre más que los filósofos griegos»,

Le droit et les droits de l'homme, Paris, Presses Universitaires de France, 1983, p. 105. Y asimismo la muy sugerente obra de Robert SPAEMANN, *Personen. Versuche über den Unterschied zwischen «etwas» und «jemand»*, 2ª ed., Stuttgart, 1998, p. 24: «lo que habitualmente se dice acerca de que todos los hombres participan igualmente de la dignidad humana es solo correcto si la expresión "dignidad humana" designa ese mínimo de dignidad por debajo del cual nadie puede caer»; y esto es algo que tuvo presente e influyó también de forma determinante en la postura adoptada por Günter Dürig. Recordemos que en su mensaje navideño al mundo en 1942, Pío XII había ofrecido cinco principios para informar la paz futura, en donde la «dignidad de la persona humana» sería el primero en mencionarse, y, según parece, ello influyó también en la toma de postura de Günter Dürig. Por demás, la primera Constitución que consagró la obligación del Estado de respetar y proteger la dignidad humana fue la Constitución de Irlanda de 1937, con la intención de recibir el beneplácito del Vaticano. De este modo, expresamente en su artículo 1 dispuso: «La dignidad del hombre es intocable. Respetarla y protegerla es obligación de todo poder estatal». Previamente, el Papa Pio XI condenaría la intervención alemana en los derechos de la Iglesia, a consecuencia de la cual se vulneraba el Concordato consentido el 20 de julio de 1933 respondiendo al ofrecimiento hecho por el Gobierno del Reich, y aceptado por el Vaticano con la esperanza de evitar a los fieles católicos las situaciones violentas que se preveían en caso de rechazarlo. Y, una semana después, publicaría la Carta encíclica *Divini Redemptoris* de 19 de marzo de 1937, inmediatamente posterior a la *Mit brennender Sorge* de 14 de marzo de 1937: «Sobre la situación de la Iglesia católica en el Reich Alemán». Esta condenaba el régimen de ideología nacionalsocialista, e iba dirigida en alemán «a los venerables hermanos, arzobispos, obispos y otros ordinarios de Alemania en paz y comunión con la Sede Apostólica». Sin embargo, la dignidad del individuo solo apareció en el discurso público mundial gracias a la *Divini Redemptoris*: la «dignidad» sería intensamente la base de esta encíclica. Aunque muy ignorada en la literatura posterior acerca de la «dignidad humana», la *Divini Redemptoris* con su condena también del comunismo ateo, fue un hito para su época, pues le dio al concepto su carga de individualidad, y significó la entrada en la política general del «derecho a la dignidad en cuanto reconocimiento del valor intrínseco de los seres humanos». También sirvió de apoyo para los católicos de la Sociedad civil y caló su insistencia en que la dignidad no se atenía solo a los grupos, como manifestó el redactor fundamental de la Constitución irlandesa Éamon DE VALERA, líder del partido *Fianna Fáil* y primer ministro desde 1932 [«Deceived into Aiding Communism – These Will be Its First Victims, Says the Supreme Pontiff», en: *Irish Press*, 19 de marzo 1937]. Los irlandeses fueron pioneros tanto en el desarrollo del constitucionalismo religioso como simbolizando su proyecto en apelación de la dignidad humana. En la Constitución de 1937 le dieron un lugar fundamental a la dignidad, al modo de un concepto inspirado en la religión y conectado con la subordinación democrática a Dios, y para algunos autores con las restricciones morales a su Derecho natural; en fin, conforme Seán FAUGHNAN, en él se recogen, numerosas ideas provenientes de la doctrina jesuítica [«The Jesuits and the Drafting of the Irish Constitution of 1937», en: *Irish Historical Studies*, núm. 26, 1988]. Así sucedería después en la Alemania de 1949, país que nos presenta incluso una cita previa considerada más bien indirecta de la dignidad en conexión con las condiciones de vida económica a través del artículo 151.1 en la Constitución de Weimar de 1919: «el régimen de la vida económica debe responder a principios de justicia, con la aspiración de asegurar a todos una existencia digna del hombre» [Christian STARCK, «Introducción a la dignidad humana en el derecho alemán», en: *Anuario Iberoamericano de Justicia Constitucional*, núm. 9, 2005, pp. 489-497]. Asimismo, a veces se entiende la cita de la dignidad humana por el artículo 6.3 de la Constitución de Portugal de 1933, con esta matriz.

El considerado Preámbulo de la Constitución irlandesa se expresa como sigue: «En nombre de la Santísima Trinidad, de quien procede toda autoridad y a quien, como destino último, deben referirse todas las acciones de los hombres y de los Estados. Nosotros, el pueblo de Irlanda. En reconocimiento humilde de todas nuestras obligaciones con Nuestro Señor, Jesucristo, quien mantuvo a nuestros padres durante siglos de pruebas. En recuerdo agradecido de su heroica e incesante lucha por recobrar la legítima independencia de nuestra Nación, y buscando promover el bien común, con la debida observancia de la Prudencia, la Justicia y la Caridad, a fin de garantizar la dignidad y la libertad del individuo, atender el verdadero orden social, restaurar la unidad de nuestro país y establecer la concordia con otras naciones, adoptamos, promulgamos y nos otorgamos esta Constitución», concepto inspirado en la religión y conectado con la subordinación democrática a Dios, y para algunos con las restricciones morales a su derecho natural, John Maurice KELLY, *Fundamental Rights in the Irish Law and Constitution*, Dublin, Allen Figgis and Co, 1961.

En cuanto al teólogo evangélico Claus WESTERMANN, cita para el origen de la dignidad del hombre el *Genesis, 1, 26 y ss*. [en todo caso, recordemos que un siglo antes del nacimiento de Cristo, se le preguntó al Rabí HILLE si podía explicar toda la Torá mientras se sostenía sobre un solo pie. Hillel, levantando un pie, resumió todo el cuerpo de la ley judía diciendo: «No hagas a los demás lo que odiarías que ellos hicieran contigo. Esta es toda la Torá; el resto es solo comentarla. Ahora ve y aprende». La respuesta es conocida como la regla de oro, y se ha convertido en un principio fundamental del judaísmo y de muchas otras religiones y sistemas éticos], «Das Alte Testament und die Menschenrechte», en: Jörg Baur [ed.], *Zum Thema Menschenrechte. Theologische Versuche und Entwürfe*, Stuttgart, Calwer, 1977, pp. 5-18. Pero habría sido con Marco Tulio CICERÓN [106-43 a. C] cuando apareció el concepto de dignidad por primera vez en la antigüedad romana y formulado como *dignitas hominis*. En el siglo I a.C., Cicerón fue el primer pensador que asignó un estatus especial a los humanos basándose únicamente en su capacidad de razonar. Sin embargo, cree que primero hay que adquirir la dignidad a través de un estilo de vida moral. En Cicerón hallamos importantes raíces acerca de la separación del aspecto moral del político, y el paso a la idea de dignidad interior [*Sobre los deberes*, Madrid, Tecnos, 1999], lo cual, saltándose las *dignitates* del Imperio, tendrá pleno desarrollo en el ámbito cristiano. La discusión filosófica sobre las metas en la vida se formula primero como oposición entre *voluptas* y *dignitas* [*De finibus*]. Los conceptos griegos de lo útil y de lo bueno, de *symphéron* y *kalón*, son susceptibles de ser representado por *utilitas* y *dignitas* [*De oratore*]. A su vez, el primero en dedicarle un libro completo al examen de la dignidad humana es considerado Giovanni PICO DELLA MIRANDOLA [1463-1494], dignidad que consiste para él en la libertad o capacidad de autodeterminarse; por tanto, no está petrificada o definida de una vez y para siempre, porque a través de su libertad el hombre se puede labrar otra distinta a la heredada. En esta su obra *Oratio de hominis dignitate*, escrita en latín en el año 1486 [citamos por *Discurso sobre la dignidad del hombre*, Ciudad de México, UNAM, Dirección General de Publicaciones y Fomento Editorial, 2018], pone en labios del Creador la siguiente afirmación: «Nosotros no te hemos dado ninguna residencia definitiva, Adán, ninguna apariencia propia ni ninguna gracia, con el fin de que tú elijas tu residencia y apariencia según tu deseo y determinación. La naturaleza del resto de las creaturas ha sido conferida de manera definitiva y es limitada por nosotros a través de las leyes. Tú tienes que determinarte sin limitaciones ni restricciones y según tu capacidad de ponderación que yo te he dado». Además de la obra de Giovanni Pico della Mirandola, han de recordarse por la influencia en esta e importancia propia a Bartolommeo FAZIO, autor en el año 1450 de *De excellentia ac praestantia hominis*; y al gran orador florentino Giannozzo MANETTI con su *De dignitate et excellentia hominis* [1452] en la que expone su concepto de hombre, defendiendo de forma plenamente decidida y exhaustiva la excelencia de la naturaleza humana presente en todos los aspectos de su vida, esgrimiendo a tal fin argumentos teológicos fundamentalmente escolásticos. En *Diálogo de la Dignidad del Hombre* [1585], el humanista español Fernán PÉREZ DE OLIVA [1494-1533], presenta los argumentos de los partidarios de la discusión entre la *miseria hominis* y los de la *dignitas hominis*., y aduce con claridad el principio antrópico que acoge la idea premoderna y moderna de la *dignitas* del individuo conformador de sí mismo y de su vida de acuerdo a su propio proyecto espiritual *–plastes et fictor–*. La tesis de la *dignitas hominis* surge como superación de la pesimista *miseria hominis* construida entre otros por Lotario DE SEGNI [posteriormente Papa Inocencio III]. En su *De contemptu Mundi sive de miseria conditionis humanae –Del desprecio del mundo o la miseria del hombre–* aparecida el año 1195, Lotario de Segni presenta al ser humano como una creatura peligrosa y atormentada, que lleva una existencia afligida a causa de una sucesión de males y miserias de los cuales es incapaz de escapar, resultando ser la única solución la humildad y la penitencia. Trae su influencia de la obra *De contemptu mundo* o *Sobre el desprecio por el mundo*, aparecida hacia 1144, y que es la obra más divulgada del monje benedictino Bernardo de MORLAIX o de CLUNY. El principal mérito histórico de *Oratio de hominis dignitate*, escribe Carlos LLANO CIFUENTES en la «Presentación» a la precitada obra clásica de Giovanni Pico, consiste en «haber formulado por vez primera la idea de que la dignidad del hombre estriba ante todo en su libertad para formar y plasmar su propia naturaleza». Según el autor, a partir del presupuesto de la subjetividad del hombre que garantiza su dignidad así como su libertad: «Le es dado tener lo que desea y ser lo que quiere; en virtud de esto, la dignidad del hombre reside en su "arbitrio"»: un valor absoluto y universal sería esta dignidad humana, el cual debería predicarse de todo ser humano en todo tiempo y lugar, esto es, la dignidad humana como una sola, aplicable a todo individuo de la especie humana. Previamente, Santo TOMÁS DE AQUINO concluiría expresando, según sostiene Jean-Paul MARTÍNEZ ZEPEDA, que «la dignidad de la persona humana se funda en los aspectos ontológicos y morales, concebidos desde su comprensión como unidad sustancial de alma y cuerpo, en la cual, las facultades del alma, inteligencia y voluntad, posibilitan la libertad humana, base desde la cual se concibe la dignidad», «La Dignidad de la persona humana en Santo

Tomás de Aquino. Una lectura moral acerca de la ancianidad», en: *Intus-Legere Filosofía*, Vol. 6, Núm 1, 2012, p. 155. Y, según describe Ingo-Wolfgang SARLET, podemos decir que en el escenario jurídico mundial la aparición del concepto «dignidad» ya perfilado en los términos más modernos, es empleado por primera vez a cargo de Santo Tomás de Aquino durante la Edad Media. En cuanto despliegue del propio cristianismo, los ideales de valoración humana terminaron elevando la importancia del desarrollo personal de los seres humanos, y, a su vez, pusieron sobre el tapete las discusiones acerca de la personalidad humana, *Dignidade da Pessoa Humana e Direitos Fundamentais: Na Constituição de 1988*, Porto Alegre, Editora Livraria do Advogado, 10ª ed., 2021. En esta línea, para el testimonio más antiguo se cita habitualmente a Teófilo DE ANTIOQUÍA, el primer obispo que utilizó la palabra «Trinidad» [escribió *Ad Autolycum* obra compuesta de tres libros, en el siglo II y apologética del cristianismo: primero reveló Dios la *dignidad* del hombre…, pues solo la creación del hombre la considera Él digna de ser obra de su propia mano. En cuanto a Gregorio DE NISA deduce de la semejanza del hombre a Dios el deber de estrechar lo máximo posible tal semejanza, y ello supone que el hombre en su razón y amor ha de tender hacia el *lógos* y *agápe* divinos. En *La creación del hombre,* 4, dirá: «A la manera que, en las cosas humanas, los artífices dan a los instrumentos que fabrican aquella forma que parece ser la más idónea al uso a que se destinan, así el Artífice sumo fabricó nuestra naturaleza como una especie de instrumento, apto para el ejercicio de la realeza; y para que el hombre fuera completamente idóneo a tal fin, le dotó no solo de excelencias en cuanto al alma, sino en la misma figura del cuerpo. Y es así que el alma pone de manifiesto su excelsa dignidad regia, muy ajena a la bajeza privada, por el hecho de no reconocer a nadie por señor y hacerlo todo por su propio arbitrio. Ella, por su propio querer, como dueña de sí, se gobierna a sí misma. .¿Y de quién otro, fuera del rey, es propio semejante atributo? Según la costumbre humana, los que labran las imágenes de los emperadores tratan primeramente de reproducir su figura y, revistiéndola de púrpura, expresan juntamente la dignidad imperial. Es ya uso y costumbre que a la estatua del emperador se le llame emperador; así, la naturaleza humana, creada para ser señora de todas las otras criaturas, por la semejanza que en sí lleva del Rey del universo, fue levantada como una estatua viviente y participa de la dignidad y del nombre del original primero. No se viste de púrpura, ni ostenta su dignidad por el cetro y la diadema, pues tampoco el original lleva esos signos. En vez de púrpura se reviste de virtud, que es la más regia de las vestiduras; en lugar de cetro se apoya y estriba sobre la bienaventuranza de la inmortalidad; y en el puesto de la diadema se ciñe la corona de la justicia; de suerte que, reproduciendo puntualmente la belleza del original, el alma ostenta, en su todo, la dignidad regia». Y así sería explicado por Benedicto XVI en la audiencia de 5 septiembre 2007: «La doctrina de San Gregorio de Nisa se caracteriza por su elevada concepción de la dignidad del ser humano, cuyo fin es hacerse semejante a Dios, especialmente a través del amor, el conocimiento y la práctica de la virtud. Pero esto, dice Gregorio, no es obra nuestra, sino fruto de la acción divina, que modela a Cristo en nuestro espíritu, aunque contando siempre con la cooperación del hombre que ama a Dios y quiere lo mismo que Él. Para acercarse hasta Dios, el hombre debe purificarse, teniendo a Cristo como modelo y maestro de este camino espiritual, Por eso, debemos examinar nuestras acciones para ver si nos acercan al Señor o nos alejan de Él. A Cristo lo encontramos también presente en los pobres, a los cuales se debe destinar una parte de nuestros bienes. Para progresar en el camino de la perfección, imitemos, pues, a San Gregorio en el amor a los pobres y necesitados, que representan al mismo Salvador». La preeminencia del alma sobre el cuerpo y del hombre en relación al resto de la creación, es aludida ocasionalmente por San AGUSTÍN con el término *dignitas*, y de igual modo aparece en numerosos autores latinos: así como Dios supera a cada creatura en dignidad, así también supera el alma a todas las creaturas corpóreas [*De Genesi ad litteram*]. Cuánta dignidad te ha concedido Dios se deriva de que Dios, quien por naturaleza es tu Señor, ha creado otros bienes, que también tu dominas [*Contra epistulam fundamenti*]. San Agustín no llega a afirmar de modo expreso que Adán, por el hecho de haber sido creado a imagen y semejanza de Dios, adquirió dignidad. Ahora bien, sí menciona que Adán la perdió a causa del pecado [*Quaest evangel*], y Jesucristo, haciéndose hombre, la restituyó. Realmente, esta concepción de la dignidad del hombre vinculada al mundo occidental aparece en la filosofía griega con los sofistas, Sócrates, Platón y está muy presente en Aristóteles, que plantearon la existencia de la naturaleza y la ley natural, planteamiento recogido *a posteriori* por Cicerón, quien fundamentara claramente la dignidad en la naturaleza humana, a la que entiende como lo divino en lo humano, lo que también le otorga una naturaleza de superioridad [Francisco GARCÍA MORENO, «El concepto de dignidad como categoría existencial. Un recorrido del concepto a lo largo de la historia de la filosofía», en: *El Buho, Revista Electrónica de la Sociedad Andaluza de Filosofía*, Núm. 1, 2003, pp. 5-6]. Durante el estoicismo tardío nos encontramos, como se ha dicho, con la figura del político y filósofo romano Cicerón quien contribuyó a consolidar un modelo clásico de dignidad humana como concepto ético. En el siglo I a.C. fue el primer pensador que asignó un estatus especial a los humanos basándose únicamente en su capacidad de razonar. Sin embargo, Cicerón cree que primero hay que adquirir la dignidad a través de un estilo de vida moral. En Cicerón hallamos importantes raíces acerca de la separación del aspecto moral del político, y el paso a la idea de dignidad interior [Marco Tulio CICERÓN, *Sobre los deberes*, Madrid, Tecnos, 1999], lo cual, saltándose las *dignitates* del Imperio, tendrá pleno desarrollo en el ámbito cristiano. La discusión filosófica sobre las metas en la vida se formula primero como oposición entre *voluptas* y *dignitas* [*De finibus*]. Los conceptos griegos de lo útil y de lo bueno, de *symphéron* y *kalón*, son susceptibles de ser representado por *utilitas* y *dignitas* [*De oratore*].

En cuanto a Wolfgang VÖGELE, hace referencia a los elementos cristianos en la justificación de los Derechos Humanos y de la dignidad humana en el contexto de la creación de las Naciones Unidas, «Christliche Elemente in der Begründung von Menschenrechten und Menschenwürde im Kontext der Entstehung der Vereinten Nationen», en: Hans-Richard Reuter [ed.], *Ethik der Menschenrechte. Zum Streit um die Universalität einer Idee* I, Tübingen, Mohr Siebeck, 1999, pp. 103-133, especialmente aquí pp. 122 y ss; Wolfgang VÖGELE, «Glaube und Würde. Die Aktualität der Menschenrechte für die christliche Theologie und den interreligiösen Dialog», en: Friedrich Johannsen [ed.], *Die Menschenrechte im interreligiösen Dialog. Konflikt- oder Integrationspotential, Religion im kulturellen Kontext* 2, Stuttgart, Kohlhammer, 2013, pp. 41-51. Asimismo Rainer FORST, «Die Würde des Menschen und das Recht auf Rechtfertigung», en: *Deutsche* de la Constitución contienen como sustancia ética las ideas de libertad

---

Zeitschrift für Philosophie, Vol. 53, Heft 4, 2005, pp. 589 y ss. Para una imagen más general del impacto del catolicismo en los orígenes del constitucionalismo alemán puede verse Oliver BRAUN, *Konservative Existenz in der Moderne: das politische Weltbild Alois Hundhammers (1900-1974)*, München, Hanns-Seidel-Stiftung, 2006. Y, si nos atenemos a Burkhard VON SCHEWICK: *Die katholische Kirche und die Entstehung der Verfassungen in Westdeutschland 1945-1950*, Vols. 30-31, Mainz, Matthias-Grünewald, 1980, la Iglesia católica jugó un papel importante en la vida política de Alemania Occidental después de 1945. Partió de un inventario histórico y explicó el «Tercer Reich» con todas sus monstruosidades como consecuencia del alejamiento de muchos del cristianismo. El nuevo comienzo después de 1945 tenía como objetivo evitar una repetición del pasado: por lo tanto, debía basarse en valores cristianos. Los programas católicos de la posguerra, que inicialmente procedían de los obispos y luego de los comités laicos, correspondían a esta justificación y objetivo, y abordaban mucho más que los problemas Iglesia-Estado, pues estaban orientados hacia la Sociedad en su conjunto. El estudio trata así de la actitud de la Iglesia católica ante el nuevo comienzo político en las zonas de ocupación occidentales, pretendiendo asentar la convivencia sobre bases seguras. Se centra en las formas y objetivos de la influencia católica en la Ley Fundamental de Bonn de 1949 y en la Constitución del Estado de Renania del Norte-Westfalia de 1950 [*Verfassung für das Land Nordrhein-Westfalen vom 28. Juni 1950*]. Y recuerda por ejemplo Christhian STARCK, además del Estado de Baviera y su significativa Constitución de 1946, cuyo preámbulo fue escrito por el demócrata-cristiano Alois HUNDHAMMER, que se inició afirmando: «Conscientes de la devastación física a la que fueron sometidos los sobrevivientes de la Segunda Guerra mundial por un Estado carente de Dios y de todo orden social, con total ausencia de respeto o consciencia de la dignidad humana (…)», también las constituciones de posguerra de los estados de Bremen, Hesse y Sarre, incluyen garantías generales de la dignidad humana, y de igual manera todas las nuevas Constituciones de los Estados del este de Alemania, pues incorporaron en referencia al artículo 1.1 de la Ley Fundamental, el derecho a la dignidad humana [«Introducción a la dignidad humana en el derecho alemán», en: *Anuario Iberoamericano de Justicia Constitucional*, núm. 9, 2005, pp. 489-497]. Según esto, una parte importante de la prehistoria y la historia inicial de la República Federal de Alemania, se reconstruye de forma fiable en términos de historia de acontecimientos y se clasifica así históricamente en el desarrollo general. Incluso previas a la *Grundgesetz*, la Constitución del Estado alemán de Hesse [*Verfassung für das Land Hessen vom 1. Dezember 1946*, firmada ese 1 de diciembre de 1946, y sometida el mismo día a referéndum obligatorio], estableció en su artículo 27: «La ordenación de la vida ha económico de corresponder a los principios de la justicia con el objetivo de garantizar la existencia digna del hombre. Dentro de estos límites debe de asegurar la libertad económica del particular». Y la mentada Constitución del Estado Libre de Baviera de 2 de diciembre de 1946 [*Verfassung des Freistaates Bayern vom 2. Dezember 1946*, ratificada mediante referéndum de 1 de diciembre de 1946, y en vigor desde el 8 de diciembre], reemplazó formalmente a la Constitución de 1919, disponiendo en su artículo 151 1: «La totalidad de la actividad económica está destinada al bien común, a la garantiza de una existencia digna para todas las personas y al aumento paulatino del nivel de vida de todas las clases sociales.

Para Günther Dürig la dignidad humana constituía, pues, un «valor moral», un «fundamento prepositivo» y un «ancla de Derecho natural» para la Ley Fundamental de Bonn, y su visión de la humanidad –de dignidad de la persona habla el artículo 10.1 de la Constitución española, en lugar de emplear la fórmula de dignidad humana que estamos reconociendo refiere el artículo 1.1 de la *Grundgesetz*–, cuyo paradigma provendría, nos dice Jürgen HABERMAS, tanto de su conexión histórica con los Derechos Humanos, como de una nueva carga moral política y progresivamente adquirida en reacción a los crímenes y atrocidades cometidos antes y durante la segunda guerra mundial [«The concept of Human Dignity and the Realistic Utopia of Human Rights», en: *Metaphilosophy*, Vol. 41, Núm.. 4, 2010, pp. 464-480]. Recordemos que la historia moderna de la concepción de Ley natural evidencia ser un legítimo desarrollo de la enseñanza de la escolástica medieval, ahora en un contexto cultural de superior complejidad, identificado en particular por un sentido más vivo de la subjetividad moral. Entre estos desarrollos, es obligado destacar la aportación de los teólogos neoescolásticos españoles del siglo XVI, caso de Francisco SUÁREZ, cuyo análisis moral le conduce al reconocimiento de la existencia de una comunidad universal supraestatal, dotada de reglas morales situadas por encima de los Estados, fundamentadas en la dignidad de la persona, la unidad del género humano, el bien común y la igualdad natural de todas las soberanías; apuntando así a un concepto de comunidad propiamente universal. En cuanto al fundador del Derecho de gentes Francisco de VITORIA, junto con otros compañeros de escuela, recurriría a la Ley natural para contestar a la ideología imperialista de algunos Estados cristianos europeos y al objeto de defender los Derechos de los pueblos no cristianos de América, esto es, se basan en consideraciones de Derecho natural provenientes del Derecho romano, para abogar por el trato humanitario de los indios, aunque no explanan un concepto de dignidad humana [Francisco CASTILLA URBANO, *El pensamiento de Francisco de Vitoria. Filosofía política e indio americano*, Barcelona, Anthropos, 1992, pp. 174 y ss]. En efecto, tales Derechos son considerados inherentes a la naturaleza humana y no dependientes de la situación concreta en su relación con la fe cristiana. La Ley natural permitió a los teólogos españoles sentar las bases de un Derecho internacional, esto eso, de una norma universal encargada de regular las relaciones de los pueblos y de los Estados entre sí. Con este anclaje en el Derecho natural conectará entre nosotros Alberto OEHLING DE LOS REYES, quien parte de considerar a toda persona como sujeto de dignidad, y se decanta en favor de perfilar un concepto claramente anclado en la estima del derecho a la vida y la consiguiente dignidad como fundamento del concepto de persona que permite el entendimiento de esta en cuanto tal autónomamente provista de dignidad, aunque posteriormente se va a desarrollar por medio del ejercicio de los distintos Derechos Fundamentales, *La dignidad de la persona. Evolución histórico-filosófica, concepto, recepción constitucional y relación con los valores y derechos fundamentales*, Madrid, Dykinson, 2010.

La determinación jurídica de la inviolabilidad de la dignidad humana, desarrollada por Günter Dürig, formó a lo largo de cuarenta y cinco años, como se dice literalmente, la base sostenible de la jurisprudencia y la literatura de la primera fase de la Ley Fundamental. Este proceso es sintomático también porque el primer comentario de Günter Dürig, publicado en 1958, permaneció invariable durante esos casi cuarenta y cinco años, en tanto prácticamente todos los demás artículos de la Ley Fundamental recibieron durante ese tiempo un segundo comentario y, en algunos casos, incluso un tercero. La concepción en esos términos de la inviolabilidad de la dignidad humana en los comentarios a la Ley Fundamental se consolidó y mantuvo como idea de su significado positivo en cuanto fundamento máximo del orden constitucional; hasta el nuevo comentario al artículo 1, párrafo 1 de la *Grundgesetz* debido a Matthias Herdegen escrito en el año 2003 para el mismo comentario a la Ley Fundamental coordinado por Theodor Maunz / Günter Dürig / Roman Herzog / Rupert Scholz. Había una razón para este retraso. Quisieron dejarlo así el mayor tiempo posible para su plena consolidación, incluso cuando en determinados momentos quizá hubiera sido necesaria alguna adición o revisión de ciertos aspectos. En el mantenimiento de la línea considerada ahora clásica, Wener MAIHOFER apuntó que la dignidad humana debe interpretarse teniendo en cuenta el «horizonte espiritual» y la «situación histórica» que han impulsado su incorporación en los ordenamientos jurídicos nacionales e internacionales, *Estado de Derecho y Dignidad humana* [1968], Montevideo & Buenos Aires, Editorial «B de F», Julio César Faira-Editor, 2008, p. 5. Wener Maihofer insiste en que los poderes públicos deben mantener una «pretensión omisiva» en relación con la dignidad humana, esto es, «un obrar negativo que se agota, desde esta perspectiva, en que dichos poderes no violen la dignidad del particular», pues, además de «la obligación de protegerla se desprende un reclamo activo al Estado, o sea un obrar positivo», *op. cit.*, p. 33. Señala asimismo Jean BAECHLER la existencia detrás de la dignidad humana de una profunda reflexión filosófica y ética que ha conducido a reconocer un valor inherente a la persona, constituida de este modo como guía e ideal, «Individualité, personnalité et identité», en: Edgardo D. Carosella / Ttomas Pradeu / Bertrand Saint-Sermin / Claude Debru [eds.], *L'identité? Soi et non-soi, individu et personne*, Paris, PUF, 2006, p. 89.

Salvadas las distancias de no reconocerse en el ordenamiento español como un Derecho Fundamental y no resultar aplicable a la dignidad el régimen jurídico de los Derechos, ese trasfondo de su significado determinante de prioridad de la persona sobre el Estado y su irradiación para el ordenamiento positivo fue acogido entre nosotros por Jesús GONZÁLEZ PÉREZ, una vez en vigor la Constitución de 1978. De este modo, bellamente sostendría que ningún jurista puede permanecer indiferente ante el hecho de que la dignidad de la persona en esa condición de fundamento de todo el Derecho –orientado desde una posición iusnaturalista, un Derecho natural, previo y superior, a cualquier texto legal positivo–, sea atacada, maltratada, y no pocas veces en su mismo nombre o por los mismos Estados que firmaron solemnes declaraciones que buscaban aparentemente su salvaguarda, tal como nos dice en el prólogo de la obra entre otros momentos, y cuya protección se hará valer ante el orden jurisdiccional que corresponda en atención a la naturaleza del acto del que provenga la ofensa o lesión [*La dignidad de la persona* (1986), ahora 3ª ed., Madrid, Cívitas-Thomson Reuters, 2017; apuntaría en esa dirección Antonio TORRES DEL MORAL, «Valores y principios constitucionales», en: *Revista de Derecho Político*, Nº 36, 1992, pp. 17-26]. En cuanto al Tribunal Constitucional español, por ejemplo en la importante STC 53/1985, de 11 de abril, señaló que conjuntamente «al valor de la vida humana y sustancialmente relacionado con la dimensión moral de esta, nuestra Constitución, ha elevado también a valor jurídico fundamental la dignidad de la persona, que, sin perjuicio de los derechos que le son inherentes, se halla íntimamente vinculada con el libre desarrollo de la personalidad [art. 10] y los derechos a la integridad física y moral [art. 15], a la libertad de ideas y creencias [art. 16], al honor, a la intimidad personal y familiar y a la propia imagen [art. 18.1]. Del sentido de estos preceptos puede deducirse que la dignidad es un valor espiritual y moral inherente a la persona, que se manifiesta singularmente en la autodeterminación consciente y responsable de la propia vida y que lleva consigo la pretensión al respeto por parte de los demás». En este sentido, en relación con la eficacia jurídica de este principio, el Tribunal apreció, en la STC 120/1990, de 27 de junio, que proyectada «sobre los derechos individuales, la regla del art. 10.1 CE implica que, en cuanto valor espiritual y moral inherente a la persona, la dignidad ha de permanecer inalterada cualquiera que sea la situación en que la persona se encuentre, constituyendo, en consecuencia, un "mínimum" invulnerable que todo estatuto jurídico debe asegurar, de modo que, sean unas u otras las limitaciones que se impongan en el disfrute de los derechos individuales, no conlleven menosprecio para la estima que, en cuanto ser humano, merece la persona». En España, sintetiza Luis DIÉZ-PICAZO JIMÉNEZ, «la cláusula de la dignidad de la persona opera como criterio interpretativo, pudiéndose utilizar al servicio de una pretensión basada en otro precepto constitucional –entre otras SSTC 120/1990, y 91/2000» [*Sistema de Derechos Fundamentales*, 4ª ed., Valencia, Tirant Lo Blanch, 2021, p. 62].

Si nos detenemos en Udo DI FABIO, en su interesante artículo de los Derechos Fundamentales como sistema de valores, vemos cómo se interroga acerca de si ¿actúan sabiamente los juristas cuando ven los Derechos Fundamentales como un sistema de valores?, o más bien ¿deberían evitar utilizar un lenguaje como este porque no quieren poner en peligro su capacidad para aplicar metódicamente la norma? De un lado, el artículo advierte contra la ingenuidad en la que se suele caer al abordar los valores en el Derecho, y también señala los peligros que las declaraciones de valores causan para la aplicación jurídica sistemática; por otro lado, llega a la conclusión acerca de que la interpretación de la Constitución debe tener más en cuenta el dinamismo del sistema racional de valores de la Sociedad libre y cosmopolita, e incluso llega a hablar de la «*Menschenwürde als „Höchstwert des Weltrechts“*», esto es, de la dignidad humana como el «valor máximo del Derecho global». En los primeros pasos sobre la interpretación de la Constitución, argumenta que se produjo un cambio de gran alcance en el pensamiento constitucional, pues tocante al resultado final dio prioridad a la dimensión simbólica de la Constitución sobre su función básica de proporcionar orden, lo que en principio fue valorado positivamente, pero al comenzar a evidenciarse algunas negativas consecuencias, se produjo un cambio hacia el equilibrio entre ambos planteamientos con la dignidad humana como norte, lo que es visto como algo positivo, «Grundrechte als Werteordnung», en: *JuristenZeitung*, 59. Jahrgang, Heft 1, 2004, pp. 1-8. También Ingo-Wolfgang SARLET ve la dignidad como un concepto de alta densidad valorativa, cuya interpretación debe estar siempre vinculada al pleno desarrollo de la persona, *Dignidade da Pessoa Humana e Direitos Fundamentais: Na Constituição de 1988*, Porto Alegre, Editora Livraria do Advogado, 10ª ed., 2021: el principio de la dignidad de la persona humana, sería una especie de supra-principio, de norma de normas. Los Derechos de la personalidad no pueden ser diferentes, porque también se hallan presentes a fin de garantizar la plena efectividad de la dignidad de la persona. En ausencia de un derecho de la personalidad específicamente definido por el ordenamiento jurídico, la dignidad humana debe entenderse como una cláusula general de salvaguardia y protección de la personalidad. La dignidad humana, al mismo tiempo, se comprende desde el ordenamiento jurídico-constitucional como una cualidad intrínseca y distintiva de todo ser humano, e integrada por un haz de derechos y deberes fundamentales encargados de la protección de la persona contra todo acto inhumano o degradante, así como garantizar las condiciones mínimas para una vida saludable, contribuyendo a que todos los seres puedan ser responsables de mantener la vida en Sociedad con dignidad. En cuanto tarea impuesta al Estado, reclama que este guie sus acciones tanto en el sentido, a su juicio, de lo que impulsó al Consejo Parlamentario para la adopción de un término espiritual-filosófico, fue el intento, a partir de las posiciones detectables en el seno del mismo, de lograr el equilibrio que se basaba en las raíces de la dignidad humana, de una parte, detectables en la tradición cristiana, y, de otra, presentes en las ideas de la Ilustración, especialmente de Immanuel Kant, como término legal en el Derecho constitucional, haciendo así fundamental y vinculante como principio normativo de la acción estatal algo que existía prepositivamente, y, de esta manera, se incorporó al Derecho positivo: «*Es ist der Wechsel im Verständnis der Menschenwürdegarantie vom tragenden Fundament der neu errichteten staatlichen Ordnung, das deren Identität ausweist, zu einer Verfassungsnorm auf gleicher Ebene mit anderen, die rein staatsrechtlich zu interpretieren ist*» [Es el cambio en la comprensión de la garantía de la dignidad humana de la base sustentadora del orden estatal recién establecido que identifica su identidad, a una norma constitucional en pie de igualdad con las demás, y así debe interpretarse puramente en términos de Derecho constitucional]. Frecuentemente se dice que la dignidad humana evoca una de las máximas morales de Kant, conforme a la cual la persona humana ha de ser fin y no medio de la acción del ser humano, pero tal máxima no es exclusiva ni originaria del sistema kantiano, en cuanto expone de forma clara y concisa una tesis que tiene sus raíces en grado diverso en la cultura greco latina y en el Antiguo y Nuevo Testamento [Martin SCHLAG, *La dignità dell`uompo come principio sociale. Il contributo della fede cristiana allo Stato secolare*, Roma, EDUSC, 2013: «la idea de dignidad humana, aun teniendo raíces pre y extra-cristianas, tal como la contemplamos hoy universalizada y fundadora de cultura, se debe en primer lugar al cristianismo (...). Con el humanismo cristiano, cuyo corazón se encuentra en la idea de dignidad del hombre, la fe cristiana ha provisto a la modernidad de una contribución esencial», p. 10. En esta línea la *Dignitatis humanae* vincula íntimamente la dignidad humana con el derecho a la libertad religiosa y explica la dignidad del ser humano a la luz de la razón y de la Revelación de Dios en Cristo, descartando implícitamente el subjetivismo]. De manera particular, hace también nuevos comentarios Matthias Herdegen sobre la llamada «tortura de rescate», para la que no alcanza a estimar «ninguna solución satisfactoria». De otro lado, «una relativización de la prohibición de la tortura [...] dejaría poco de un "núcleo de dignidad" que esté completamente libre de consideración». Si es necesario, en las consecuencias jurídicas debe tenerse en cuenta la protección de intereses jurídicos de alto rango. Ahora bien, el Tribunal Constitucional Federal no compartió estas tesis en su decisión sobre el control de constitucionalidad de la controvertida «Ley Federal de seguridad área», y finalmente siguió la opinión previa de Günther Dürig acerca de que la dignidad humana no permite la reducción de las personas a objetos. Y ese sería el caso si las personas se convirtieran en objeto para la hipótesis de un ataque aéreo, en el cual derribar el avión dependiera del equilibrio de bienes. El Tribunal Constitucional Federal lo vio de esta manera: estimó «absolutamente inconcebible matar deliberadamente a personas inocentes basándose en una autorización legal». Y ello se aplica incluso si estas personas están «condenadas a morir» como pasajeros de un avión secuestrado, *Urteil des Bundesverfassungsgerichts vom 15. Februar 2006* – 1 BvR 357/05. Pues bien, esta Sentencia BVerfGE 115, 118. 1 BvR 357/05 vom 15.2.2006, que declara inconstitucional el artículo 14.3 de la Ley Federal de Aviación Civil, de 11 de enero de 2005 –*Luftsicherheitsgesetz vom 11. Januar 2005* (BGBl I S. 78)–, se ocupaba de la constitucionalidad de la autorización otorgada por la citada Ley de Aviación Civil a las fuerzas armadas para derribar aviones que puedan ser utilizados como armas en contra de la población civil. Matthias HERDEGEN revisó su texto nuevamente en marzo de 2006, y en ese momento manifestó que la sentencia del Tribunal Constitucional sobre la Ley de Seguridad Aérea tan solo proporcionaba «una escasa justificación para la violación del Derecho personal al respeto, y estaba requerida de matices antes de generalizar su doctrina». En consecuencia, conforme al autor, «solo el anclaje [inviolable] en el texto constitucional y la exégesis de la dignidad humana como concepto de derecho positivo son decisivos para la consideración desde el Derecho constitucional»: «*Für die staatsrechtliche Betrachtung sind demnach allein die (unantastbare) Verankerung im Verfassungstext und die Exegese der Menschenwürde als Begriff des positiven Rechts maßgeblich*» [«Kommentierung zu Art. 1 Abs. 1 GG», en: Theodor Maunz / Günter Dürig, u. a. (eds.), *Grundgesetz, Kommentar, München*, C.H. Beck, *Loseblattsammlung*, Stand Oktober 2006]. El propio Matthias HERDEGEN, explica más su posición a favor de la razón consecuencialista para proteger y extraer consecuencias positivas de la dignidad humana en su aportación «Deutung der Menschenwürde im Staatsrecht», en: Gerd Brudermüller / Kurt Seelmann [eds.], *Menschenwürde Bregründung, Konturen, Geschichte*, Würzburg, Königshausen & Neumann, 2008; en la misma aportación, además del debate sobre una comprensión deontológica y consecuencialista de la dignidad humana, que a su juicio muchas veces resulta poco fructífera, destaca las aportaciones sobre la sugerencia de inspiración kantiana acerca de que la dignidad humana se basa en la capacidad de las personas para asumir responsabilidades con madurez. Frente a la tesis de la dignidad humana considerada como un valor intrínseco, universal e invariable, plantea su dependencia del reconocimiento contextual de la misma, y, por lo tanto, de ser susceptible de gradación y de variación: «En consecuencia, solo el anclaje –inviolable– en el texto constitucional y la exégesis de la dignidad humana como concepto de derecho positivo en constante evolución son decisivos para la consideración desde el Derecho constitucional». Esta idea de la dignidad humana como «noción en constante evolución» ha sido defendida un tanto sorpresivamente, dados sus orígenes constitucionales, en los últimos años por Bruce ACKERMAN, «Dignity Is a Constitutional Principle», en: *New York Times*, 29 de marzo de 2014, como los ha esbozado, y recientemente ha elevado a la dignidad humana a un principio central del actual Derecho constitucional estadounidense. Cualquier «énfasis superior» apoyado en la dignidad humana puede todavía hoy sorprender a algunos constitucionalistas estadounidenses, reconoce el autor, resaltando su importancia en *Brown versus Board of Education* y en la revolución del movimiento por los Derechos civiles y políticos, y recoge también la idea en su *We the People: The Civil Rights Revolution*, Volumen 3, Cambridge, Harvard University Press, 2014.

La citada fuerte crítica doctrinal suscitada de inmediato en Alemania al cambio introducido por Matthias HERDEGEN en su comentario del año 2003, la encontramos por ejemplo bien sintetizada a cargo de Ernst Wolfgang BÖCKENFÖRDE, y aparece publicada con el título de «Streit über Menschenwürde im Grundgesetz», por el *Frankfurter Allgemeine Zeitung*, de 3 de septiembre de 2003, pp. 33-35: «*Die Würde des Menschen war unantastbar. Abschied von den Verfassungsvätern: die Neukommentierung von Artikel 1 des Grundgesetzes markiert einen Epochenbruch*»; así como en Ernst-Wolfgang BÖCKENFÖRDE, «Menschenwürde als normatives Prinzip: Die Grundrechte in der bioethischen Debatte», en: *JuristenZeitung*, 58. Jahrgang, Nr. 17, 5 de septiembre de 2003, pp. 809-815; Ernst-Wolfgang BÖCKENFÖRDE, «Bleibt die Menschenwürde unantastbar?», en *Blätter für deutsche und internationale Politik*, 10, 2004. pp. 1216-127. Se pregunta el autor si después del «ataque» al artículo 1 de la *Grundgesetz* como es el de Matthias Herdegen, ¿sigue siendo inviolable la dignidad humana? [autor que ya había fijado posturas de aproximación previamente en varias ocasiones, por ejemplo en *Vom Wandel des Menschenbildes im Recht*, Münster, publicado por la Comisión conjunta de la Academia de Ciencias de Renania del Norte-Westfalia y la Fundación Gerda Henkel, 2001, pp. 25-36; o previamente en sus aportaciones al libro de edición conjunta Ernst-Wolfgang Böckenförde / Robert Spaemann (eds.), *Menschenrechte und Menschenwürde. Historische Voraussetzungen – säkulare Gestalt – christliches Verständnis*, Stuttgart, Klett-Cotta, 1987]. Consideró Ernst Wolfgang Böckenförde que las tesis sobre dignidad humana que desempeñaban desde hacía más de cincuenta años un papel especial en la literatura y en la práctica constitucional, ahora quedaban expuestas a serios riesgos. El Tribunal Constitucional Federal alemán ha definido la dignidad de la persona como «el valor jurídico supremo dentro del orden constitucional» –BVerfGE, 45, 187 y ss–, e incluso ha interpretado en ocasiones de forma quizá en exceso amplia la protección a otorgar a la dignidad humana –así, la misma BVerfGE 45, 187, 238–: de este modo, el derecho legalmente estipulado del acusado a guardar silencio encuentra su razón de ser en el hecho de que faltan posibilidades legales para forzar un testimonio. Los interrogatorios y las investigaciones de personas en un proceso penal, están obligados al respeto de la dignidad humana, y ello viene a significar que no se pueden emplear métodos como el uso de narcóticos, el detector de mentiras, drogas que hagan hablar, hipnosis o torturas. La prohibición de comunicación entre reclusos y la interrogación, no violan el principio de dignidad humana –por ejemplo, BVerfGE 49, 24, 64–; en fin, la audiencia ante el tribunal, es una consecuencia jurídico procesal de la garantía de la dignidad humana. Pues bien, en la estima de Ernst-Wolfgang Böckenförde prosiguiendo con su crítica, existe un peligro de mayor alcance si la dignidad humana, por el hecho de estar contenida en un texto constitucional debe entenderse como un «concepto puramente constitucional» separado de las raíces histórico-intelectuales que, sin embargo, tan vivas estaban en los debates del Consejo Parlamentario. La dignidad humana como concepto no tiene una tradición jurídica propia; ha sido incorporada conscientemente al sistema jurídico como un concepto moldeado por la historia intelectual. Si se le corta de estas raíces, se vuelve un concepto vacío, abierto al cambio y al espíritu del momento histórico, e impulsado por intereses contingentes. La inviolabilidad se reduce entonces a un calentador de agua sin sustancia. Según estima, en cuanto norma fundamental de la Ley Fundamental, el artículo 1 de la misma no solo es jurídicamente irrevocable, sino sobre todo ilimitado. A diferencia de todos los demás Derechos Fundamentales, que pueden y deben restringirse en aras de intereses estatales e individuales de rango constitucional, la dignidad humana no debe ser vulnerada. De su inviolabilidad se desprende que es inaccesible a cualquier ponderación, incluida la ponderación de dignidad frente a dignidad. Hasta aquí, apuntaba Ernst-Wolfgang Böckenförde, la dignidad humana «era» inviolable; ahora, con el nuevo comentario al artículo 1 de la Ley Fundamental, el autor objetó a Matthias Herdegen haber promovido la «ruptura de una época» con respecto a la interpretación anterior proveniente de Günther Dürig –como hemos visto– y que se la dio el nombre fundamentalmente de «fórmula del objeto» [parecida interrogación encontramos en Friedhelm HUFEN, «Erosion der Menschenwürde?», en: 59. *JuristenZeitung*, Heft 7, 2004, pp. 313-318]. El aspecto central de su aportación consiste en explorar el concepto de dignidad humana, tanto desde un punto de vista conceptual como histórico, y abordar las propuestas éticas de pensadores contemporáneos que discuten sobre la tesis de la sublime dignidad de la persona humana, caso de H. Tristram Engelhardt Jr, [figura destacada en la bioética académica, *The foundations of bioethics*, New York, 1996, https:// kxp.k10plus.de/ DB= 9.663/ PPNSET?PPN=669173444], en este libro profundamente singular, que sobresale por su espíritu brillante y calidez en la redacción. De alto interés, *Sicherheit und Freiheit. Zur Ethik des Wohlfahrtsstaates*, Frankfurt am Main, Suhrkamp, 1990, editado por H. Tristram ENGELHARDT Jr y Christop SACHßE. Las contribuciones contenidas en el volumen abordan principalmente la tensión insoluble entre libertad, igualdad y seguridad como principios rectores centrales y valores básicos de la seguridad social y del fundamento del Estado de Bienestar. La dignidad humana no es solo algo que pueda «aplicarse», nos dice Ernst-Wolfgang Böckenförde. Es una categoría con fundamento en la cual nos pensamos a nosotros mismos y pensamos a los demás. La idea de que la persona ocupa el lugar sublime en la creación y es poseedora de una intrínseca dignidad, se ha convertido en un objeto inquietante pero inobjetable del pensamiento contemporáneo, según el autor. El carácter de la Ley Fundamental se definió así en el apartado 1 del artículo 1: «La dignidad humana es inviolable» como idea central llamada a estar presente en toda la *Grundgesetz*. El lema «a ti también te afecta», dejaba claro que la dignidad humana era un principio a defender activamente, pero al mismo tiempo un objetivo que exige de cada uno una actitud positiva que le implica personalmente de modo inevitable. Para Ernst-Wolfgang Böckenförde, la inviolabilidad de la dignidad humana significa que en general está prohibido sopesar su protección. Pero ¿cómo se debe determinar en un caso concreto una violación de la dignidad humana y, por tanto, una violación de la inviolabilidad? A partir del proceso de lesión, Günter Dürig había propuesto la «fórmula del objeto» para determinar si en un caso concreto se ha violado la dignidad humana. Según esto, la dignidad es violada «cuando el ser humano concreto es degradado a un objeto, a un mero medio, desde una grandeza justificable». Pero resulta sorprendente que la aplicación de la fórmula del objeto solo desempeñe para Ernst-Wolfgang Böckenförde un papel secundario. Según este último, la «fórmula del objeto» debería ser únicamente una «directriz de control» y «no una fórmula de subsunción». La opinión de Ernst-Wolfgang Böckenförde quizá tenga explicación por el hecho de su temor a que la aplicación de la fórmula del objeto solo tiene éxito si se especifica para el caso respectivo. La eficacia de una norma jurídica requiere siempre la posibilidad de quedar subsumida en la dignidad, sostiene. En consecuencia, los problemas que surgen cuando se utiliza la subsunción para establecer violaciones no pueden remediarse simplemente insistiendo en la inviolabilidad de la dignidad humana. El hecho de que esta decisión sobre la violación de la dignidad humana no está libre de juicio se hizo evidente en el tratamiento posterior de la fórmula del objeto. La fórmula fue adoptada muy pronto por el Tribunal Constitucional Federal y posteriormente pasó a formar parte integrante del canon judicial del Tribunal –BVerfGE 5, 85, 204; BVerfGE 6, 32, 41; BVerfGE 7, 198, 205–. Sin embargo, en la sentencia de la Segunda Sala de 15 de diciembre 1970, sobre escuchas telefónicas, el Tribunal se sintió obligado a especificar la tesis del objeto: «Fórmulas generales como la de "No se permite que las personas sean degradadas como un mero objeto por el poder estatal", únicamente son capaces de indicar la dirección en la que pueden encontrarse casos de violación de la dignidad humana. El ser humano es a menudo un simple objeto, pero no solo de las condiciones y el desarrollo social sino también del Derecho, en la medida en que debe adherirse a este sin que se tomen en cuenta sus intereses. La violación de la dignidad humana no se da por esta sola razón. Se debe añadir el hecho de que la persona haya sido sometida a un trato que cuestiona principalmente su calidad de sujeto, o que en el tratamiento dado en un supuesto concreto exista una desvalorización arbitraria de la dignidad humana» –BVerfGE 30, 1, 25–. Por consiguiente, el Tribunal Constitucional Federal solo considerará una violación de la dignidad humana tratar a las personas como meros objetos si el trato que se debe evaluar cuestiona fundamentalmente su calidad de sujetos o, en un caso concreto, significa un desprecio arbitrario de la dignidad humana. En el trato por parte del sector público, se puede establecer una violación de la dignidad humana si hay desprecio por el valor que una persona tiene en virtud de su condición de persona: «trato despectivo» –BVerfGE 30, 1, 26 y ss–. La dignidad humana en esta línea de eliminar todo trato degradante, es también un concepto central en la jurisprudencia del Tribunal Europeo de Derechos Humanos. Este principio se encuentra implícito en varios artículos del Convenio Europeo de Derechos Humanos y ha sido interpretado y aplicado en numerosos casos. El TEDH ha utilizado la noción de dignidad humana para abordar una variedad de cuestiones, incluyendo el trato inhumano y degradante, la protección de la vida privada y familiar, y la prohibición de la esclavitud o el trabajo forzado Por ejemplo, en casos relacionados con el artículo 3 del Convenio, que prohíbe la tortura y los tratos inhumanos o degradantes, el Tribunal ha subrayado que cualquier forma de trato que menoscabe la dignidad humana es inaceptable. Además, el TEDH ha recurrido a la dignidad humana en el contexto del artículo 8 del Convenio, que protege el derecho al respeto de la vida privada y familiar. En estos casos, el Tribunal Europeo ha considerado que la dignidad humana puede verse gravemente afectada cuando una persona carece de medios de subsistencia suficientes, véase ahora por todos Xabier URIZARBARRENA PÉREZ, «Crónica de jurisprudencia del Tribunal Europeo de Derechos Humanos», en : *Revista de Derecho Comunitario Europeo*, Núm. 69, mayo-agosto, 2021. doi: https: // doi.org / 10.18042 / cepc / rdce.69.08.

En definitiva, concluiría Ernst-Wolfgang Böckenförde: «La dignidad humana era hasta ahora inviolable. Adiós a los padres de la Constitución: el nuevo comentario al artículo 1 de la Ley Fundamental marca una ruptura de una época», en: Ernst-Wolfgang Böckenförde, Asociación Universitaria Alemana [ed.], Saarbrücken, Highlights of Science. An Almanac, 2003, pp. 25-31, aquí p. 26: ¿puede la dignidad humana, como fundamento humanista de nuestra Constitución, estar realmente sujeta a un proceso de consideración o la Ley Fundamental está comprometida con una protección de la dignidad humana que no permite ninguna consideración?, y su respuesta fue naturalmente negativa, «Die Würde des Menschen war unantastbar. Zur Neukommentierung der Menschenwürdegarantie des Grundgesetzes», en: Ernst-Wolfgang Böckenförde, *Recht, Staat, Freiheit*, Frankfurt am Main, Suhrkamp, 2006, pp. 379-388; colección de ensayos centrados en preguntas fundamentales sobre el orden estatal, explorando la relación histórica entre libertad y derecho, así como entre libertad y estado. Esta edición ampliada incluye tres ensayos adicionales sobre cuestiones esenciales de la dignidad humana, ofreciendo una perspectiva profunda sobre cómo el Derecho no solo es una condición necesaria para la libertad, sino que también define al Estado como una entidad de poder y decisión. Afirma que una cultura religiosa que defiende la libertad de creencia es fundamental para sostener el orden constitucional desde el respeto y fundamento en la dignidad del hombre. Esta perspectiva se basa en la idea de que la libertad jurídica fundamental no es solo una libertad de rechazo a las injerencias externas, sino que también está orientada a la satisfacción de ciertos intereses del individuo. Ernst-Wolfgang Böckenförde integró su fe católica en el trabajo jurídico desarrollado de una manera que buscaba equilibrar la participación de la religión en la esfera pública con los principios de un Estado democrático y secular. Su enfoque enfatizaba la importancia de la dignidad del hombre y su libertad religiosa, y el papel de la religión en la formación de un ethos democrático. Y recuerda que la Constitución alemana había sido, a partir del principio de la inviolable dignidad humana, una considerable exitosa muestra de estabilidad, de un lado, y flexibilidad, por otro. Desde sus inicios, fue lo suficientemente amplia y abierta como para poder responder a nuevos retos. A la vez, su esencia estaba tan bien definida que podía constituir una base estable, pero a partir de ahora se está abriendo el portillo hacia otras posibilidades no necesariamente mejores, si tenemos en cuenta que la seguridad y la libertad de los ciudadanos siempre están en tensión, como bien ha puesto de relieve Josef ISENSEE, *Das Grundrecht auf Sicherheit. Zu den Schutzpflichten des freiheitlichen Verfassungsstaates*, Berlin-New York, De Gruyter, 1983 [en castellano: *El derecho constitucional a la seguridad. Sobre los deberes de protección del estado constitucional liberal*, Buenos Aires-Santa Fe, Rubinzal-Culzoni editores, 2014]; Josef ISENSEE «Leben gegen Leben. Das grundrechtliche Dilemma des Terrorangriffs mit gekapertem Passagierflugzeug», en: Michael Pawlik / Rainer Zaczyk [eds.], *Festschrift für Günther Jakobs zum 70. Geburtstag*, Köln, Carl Heymanns, 2007, pp. 205-234.

Inicialmente crítico con el nuevo comentario al que nos venimos refiriendo asimismo Ralf POSCHER, quien se interroga acerca de si la dignidad humana, como fundamento humanista de la *Grundgesetz*, puede estar sujeta a un proceso de ponderación, o bien la Ley

Fundamental de Bonn se halla comprometida con una protección de la dignidad que no permite ninguna consideración ponderativa. A su juicio, el caso alemán es tan especial por el hecho de que la Constitución alemana garantiza la dignidad humana no solo como un valor sino también como un derecho constitucional individual. Debido a la inviolabilidad del derecho a la dignidad humana, esto conlleva desafíos doctrinales muy específicos. Recorre la historia del pensamiento filosófico y jurídico en el que se desarrollaron los diferentes elementos de esta concepción de la dignidad y las circunstancias históricas que condujeron a la singularidad alemana. Y ofrece una reconstrucción de los diferentes elementos doctrinales del Derecho constitucional de la dignidad humana que sistematiza, especialmente la jurisprudencia del Tribunal Constitucional Federal. Al final considera que sí se puede desarrollar una doctrina viable de la dignidad humana como derecho individual. Es el cambio en la comprensión de la garantía de la dignidad humana de la base sustentadora del orden estatal establecido, a una norma constitucional en pie de igualdad con las demás, que debe interpretarse en términos puramente de Derecho constitucional, «Die Würde des Menschen ist unantastbar», en: *JuristenZeitung*, 59. Jahrgang, Heft 19, 2004, pp. 752-762; «Menschenwürde und Kernbereichsschutz. Von den Gefahren einer Verräumlichung des Grundrechtsdenkens», en: 64. *JuristenZeitung*, Heft 6, 2009, pp. 269-277. La dignidad humana, se dice usualmente, es uno de los derechos extremadamente fuertes: «absoluta», «imponderable», o de «ponderación fija», Karl-E HAIN, «Menschenwürde als Rechtsprinzip», en: Hans Jörg Sandkühler [ed.], *Menschenwürde, Philosophische, theologische und juristische Analysen*, Frankfurt am Main, Peter Lang, 2007, pp. 87 y ss.

Oliver SENSEN, en «Human dignity in historical perspective: The contemporary and traditional paradigms, en: *European Journal of Political Theory*, Vol. 10, núm. 1, 2011, pp. 71-91, afirma que durante los últimos sesenta años, la idea de la dignidad humana ha adquirido cada vez más importancia en el discurso político sobre los Derechos Humanos [clásico Alfred VERDROSS, «La dignité de la personne humaine comme base des droits de l'homme», en: *Österreichische Zeitschrift für öffentliches Recht und Völkerrecht*, Vol. 31, 1980, pp. 271 y ss]. En los documentos de las Naciones Unidas, por ejemplo, la dignidad humana se presenta actualmente como justificación de los Derechos Humanos. En este artículo sostiene su autor que la forma contemporánea en que se piensa que la dignidad humana fundamenta los Derechos Humanos es muy diferente de la forma en que se ha entendido tradicionalmente la dignidad humana. Su objetivo, anuncia, es contrastar el paradigma contemporáneo de la dignidad con otro diferente que ha sido el prominente históricamente. También puede verse con matices, Jorge Reis NOVAIS, *A dignidade da pessoa humana*, Vol. I, *Dignidade e direitos fundamentais*, 2ª ed., Lisboa, Almedina, 2018: el autor aborda, además de la historia del concepto y el significado de la recepción constitucional del principio de dignidad humana, la compleja relación entre dignidad y Derechos Fundamentales. Se consideran las diferentes formas de utilizar el principio, que van desde la simple identificación de la dignidad con los Derechos Fundamentales, el uso de la dignidad a favor o junto a los Derechos Fundamentales y, finalmente, la invocación jurídica del principio de dignidad frente a los propios Derechos Fundamentales. Y Martin NETTESHEIM nos propone una renovada lectura del artículo 1, apartado 1 de la *Grundgesetz*. El enfoque tradicional, desarrollado a finales de los años cincuenta con el recuerdo de las atrocidades cometidas por el nazismo, según considera, entiende la dignidad humana como una cualidad ontológica y metafísica de los seres humanos. Pero el autor ensaya un enfoque doctrinal que persigue un ajuste aún mejor, por ejemplo, a la luz de las necesidades planteadas por el surgimiento de nuevas técnicas biotecnológicas. De este modo, considera necesario interpretar el artículo 1 párrafo 1 de la Ley Fundamental como una norma multidimensional, que contiene elementos de una ética estatal centrada en la autonomía del individuo, en la libertad liberal, en la protección del desarrollo humano y en la protección de la especie humana, «Die Garantie der Menschenwürde zwischen metaphysischer Überhöhung und bloßem Abwägungstopos», en: *Archiv des öffentlichen Rechts*, Band 130, Heft 1, 2005, pp. 71-113.

Argumentos parecidos en cierta medida a los de Matthias HERDEGEN en su comentario al artículo 1 de la Ley Fundamental de Bonn, son proporcionados por Winfried BRUGGER, sobre todo referente a la aceptación de la «tortura de rescate», «Zum Verhältnis von Menschenbild und Menschenrechten», en: Wilfried Härle / Bernhard Vogel [eds.], *Vom Rechte, das mit uns geboren ist. Aktuelle Probleme des Naturrechts*, Freiburg im Breisgau, Herder, 2007, pp. 216-247. A lo que se opuso enérgicamente Bernhard SCHLINK [«The Problem with Torture Lite», en: *Cardozo Law Review*, Vol. 29, 2007-2008, pp. 85 y ss.], para quien la tortura, el genocidio, la esclavitud y otras formas de violencia y opresión constituyen todas ellas violaciones de la dignidad humana, un concepto fundamental en los Derechos Humanos, el valor inherente de todos los seres humanos y el fundamento de la lucha por la igualdad, la justicia y la libertad en todo el mundo. Los Derechos Humanos son así cruciales para proteger la dignidad humana y garantizar que todas las personas sean tratadas con respeto y justicia. De nuevo insistiría con sus argumentos Winfried BRUGGER, «Dignity, rights, and legal philosophy within the anthropological cross of decision-making», en: *Archiv für Rechts und Sozialphilosophie*, *ARSP*, Beihelf, Nr. 137, 2013, pp. 41-62. En tanto para Manfred BALDUS, la cuestión acerca de si la dignidad resulta vulnerada no depende tan solo del acto de afectación realizado en sí mismo, sino también de las razones que se hallan tras el acto. Esas razones deben someterse al control de proporcionalidad, y entrar en el sopesamiento recíproco entre razones y contrarrazones para la adopción del acto, que si se estima desproporcionado habrá supuesto una violación de la dignidad humana, «Menschenwürdergarantie und Absolutheitsthese Zwischenbericht zu einer zukunftsweisenden Debatte», en: *Archiv des öffentlichen Rechts*, Band 136, Heft 4, 2011, pp. 529 y ss.

Según Ulfrid NEUMANN, el análisis conceptual, normativo y comparativo sobre la dignidad humana en el mundo del Derecho no es demasiado frecuente, a pesar de que su protección y promoción se reclamen cada vez más en la práctica. Las dudas acerca de la definición traen consigo incoherencia y aplicaciones incorrectas de una expresión tan poderosa y subliminada en el contexto del lenguaje jurídico. El autor niega carácter exclusivamente jurídico-normativo a la dignidad humana, pues este no comprende por sí mismo su significado, ni tampoco considera defendibles las posiciones absolutas en las cuales se tome como el valor que funda todo sistema jurídico o que impone un perfeccionismo al sujeto, o en las cuales este determine de forma soberana el deber ser a partir del sentimiento de indignidad. Tras explorar su contexto moral, cultural y lingüístico, sostiene que la dignidad humana tiene un sentido conceptual y normativo constante que le permite ser objeto de una norma jurídica de derecho fundamental objetivo, dotada de especificidad. La noción de dignidad humana se fundamenta en consideración a dos tipos de elementos que se han de examinar: elementos de naturaleza objetiva, o aquellos del orden de lo real, apreciables por cualquier observador, y tienen que ver con las condiciones materiales y tangibles de vida, como pueden ser el acceso a servicios básicos; elementos de carácter subjetivo, que son aquellos propios de la individualidad de las personas y atañen a sus aspectos internos y psicológicos, tales como la identidad, la discriminación, el afecto y otros varios. Mediante esta forma de enfocar la cuestión, alberga la pretensión de lograr la garantía del igual respeto y consideración hacia la persona humana por medio de protecciones negativas y positivas, frente al riesgo o producción de tratos crueles, inhumanos o degradantes, de avasallamiento e instrumentalización, o de exterminio y exclusión. Este precepto se ha de desarrollar de manera gradual, a partir del Derecho convencional y constitucional, pero su alcance y significados normativos concretos interpelan asimismo a las demás disciplinas jurídicas. Y resume del siguiente modo acerca de la dignidad: «"*Human Dignity*" *is an ambiguous term. In the context of philosophy of law. I propose to replace the question of What is human dignity by What* "*is required and what is prohibited by the principle of human dignity*". *The answer to this question has to consider in particular the protection of human interests and needs*» [«"Dignidad Humana" es un término ambiguo. En el contexto de la filosofía del derecho, propongo sustituir la pregunta de qué es la dignidad humana por "qué es lo que se requiere y lo que se prohíbe por el principio de la dignidad humana". La respuesta a esta pregunta debe tener en cuenta, en particular, la protección de los intereses y necesidades humanos»], «Das Rechtsprinzip der Menschenwürde als Schutz elementarer menschlicher Bedürfnisse. Versuch einer Eingrenzung», en: *ARSP. Archiv für Rechts und Sozialphilosophie / Archives for Philosophy of Law an Social Philosophy*, Vol. 103, No. 3, 2017, pp. 287-303.

En cuanto a Horst DREIER, afirma que, a su juicio, el término dignidad no es un concepto abstracto, antes bien, es una cuestión que afecta a todas las personas, independientemente de su status social, edad, género, raza o color de piel. Pero ¿quién sopesa cuando surgen conflictos? Por ejemplo, ¿quién decide cuándo comienza la dignidad de los no nacidos y termina la de los enfermos terminales? La dignidad humana está firmemente arraigada en la Ley Fundamental. Sin embargo, actualmente se está discutiendo de manera controvertida. ¿Es realmente inviolable o no está permitido o incluso es necesario en algunos casos extremos restringirla en favor de otros valores centrales?, «Verbindungsweg: Würde und Freiheit» –*Camino de conexión: Dignidad y libertad*–, en: Rolf Gröschner / Stephan Kirste / Oliver W. Lembcke [eds.], *Wege der Würde. Philosophenwege - Rechtswege - Auswege*, Tübingen, Mohr Siebeck, 2023, pp. 49-66. Para los autores del volumen *Caminos de dignidad. caminos filosóficos - caminos legales – salidas*, no existe «el camino ideal» hacia la dignidad. Los «Caminos», en plural, determinan el título y el tema del volumen considerado. Enumeran los caminos recorridos y describen las perspectivas que se abren sobre el fenómeno de la dignidad. Desde don de Dios hasta la autonomía de la razón y los Derechos Humanos. Autores de renombre individual y autodeterminación del pueblo, tolerancia y justicia social, igualdad constitucional y diferenciación federal[111]. Incluso las meras normas procesales y de competencia contienen un telos ético: por ejemplo, la resolución no violenta y ordenada de los conflictos y su resolución apropiada, así como el establecimiento de la paz civil. La Constitución contiene un compromiso entre movimientos intelectuales en competencia: en la era del pluralismo, depende de absorber y equilibrar valores heterogéneos si quiere conducir a la *unidad política* e ir conformando un orden jurídico no arbitrario, objetivo y vinculatorio, articulando reglas materiales con formas y procedimientos, creando instituciones, siendo el Derecho constitucional simultáneamente medida material y forma de vida colectiva[112]. Por eso el trabajo de unificación se destruye cuando un grupo político intenta socavar el compromiso constitucional mediante una decisión de la mayoría parlamentaria simple y retirar las concesiones que se hicieron cuando se redactó la Constitución. El organismo estatal llamado a hacer cumplir en último término la Constitución, no puede adherirse exclusivamente a aquellas partes de la Norma Suprema que le resulten políticamente aceptables[113]. Esto significa que el Estado gobierne conforme a reglas y a través de reglas. Gobernar conforme a reglas, dirá *Dieter Grimm*, significa que el Estado no solo imponga reglas a las personas dentro del ámbito donde ejerce su poder político, sino que también se someta a sí mismo a reglas». Sin embargo, un Estado de Derecho que «se agote en vincular al ejecutivo a la ley seguiría siendo un Estado de tipo formal. La vinculación solo se referiría a la forma jurídica, mientras que

---

en el derecho la filosofía, la política y la ciencia política, abordan las perspectivas que determinan actualmente el discurso transdisciplinar sobre la dignidad.

[111] Bodo PIEROTH, «Das Demokratieprinzip des Grundgesetzes», en: *Juristische Schulung*, Nr. 6, 2010, pp. 473-481.

[112] Konrad HESSE, *Grundzüge des Verfassungsrechts der Bundesrepublik Deutschland*, Heidelberg, C.F. Müller, 1999, pp. 10 y ss; con parecidas argumentaciones, insistiendo más en la idea de la justicia social a promover por el Estado a causa del mandato de la Constitución, Stefan HUSTER, *Rechte und Ziele. Zur Dogmatik des allgemeinen Gleichheitssatzes*, Berlin, Duncker & Humblot, 1994, pp. 174 y ss.

[113] Ángela FIGUERUELO BURRIEZA – Luis-Quintín VILLACORTA MANCEBO, «La relación entre el Legislador y el Tribunal Constitucional: una panorámica sobre el control y la cooperación a desarrollar», en: *Asamblea.*: *Revista parlamentaria de la Asamblea de Madrid*, Núm. 38, 2018, pp. 47 y ss.

el contenido de la ley sería irrelevante a ojos del Estado de Derecho»[114]. Quien fortalece la Sociedad –esta es la ambivalencia que caracteriza al Derecho– fortalece la comunidad jurídica. La generalidad de la Ley se convierte de este modo en una demanda muy actual del poder integrador de la Constitución en épocas de acelerada cooperación interestatal[115]. Incorporados a la Unión Europea, se trata ahora, pues, prioritariamente de garantizar la libertad y la igualdad ante la ley, la Democracia y el Estado constitucional de Derecho en los estados miembros y también en la Unión Europea. Y no anda precisamente alejado de esta posición *Matthias Jestaedt* en su propuesta de un Derecho científico en el que la *Dogmática jurídica* se nos presenta como de carácter material[116]. Conviene sí, ser

[114] Señala Dieter GRIMM que el «Estado de Derecho se refiere [además] a conceptos de justicia que reconocen el valor intrínseco del individuo y su consiguiente libertad e igualdad», *Constitucionalismo. Presente, Pasado, Futuro*, Bogotá, Universidad Externado de Colombia, 2020, pp. 555-561; en cuanto a Luciano José PAREJO ALFONSO, mantiene que la situación actual referente al «papel y las funciones del Estado se caracteriza en todo caso por el añadido a las de dirección, ordenación, prestación y garantía, en una u otra forma, las de prevención general de riesgos; regulación de sectores económicos; y, en general, organización, planificación, coordinación, moderación, incentivación e intermediación en las actividades sociales y privadas. La ampliación y diversificación del papel y de las funciones estatales, han debido ir cumpliéndose sin referencia a un esquema teórico coherente, y además en un ambiente de relativización de la diferenciación y contraposición clásicas entre interés público y privado, preparada y alimentada por la consolidación del Estado social, «Estado y procesos de cambio. Del Estado prestacional al garante de la prestación», en: *Asamblea. Revista parlamentaria de la Asamblea de Madrid*, núm. 33, 2015, p. 78.

[115] Peter HÄBERLE, por ejemplo en su *Constitución como cultura*, Bogotá, Universidad del Externado de Colombia, 2002; o en *El Estado constitucional*, México, IIJ UNAM, 2003. Pueden verse las inteligentes consideraciones al efecto de esta tesis a cargo de Angelo Antonio CERVATI, «El Derecho constitucional entre método comparado y Ciencia de la cultura (el pensamiento de Peter Häberle y la exigencia de modificar el método de estudio del Derecho constitucional)», en: *Revista de Derecho Constitucional europeo*, Núm. 5, 2006, pp. 297-326; asimismo, Francisco BALAGUER CALLEJÓN, «La contribución de Peter Häberle a la construcción del Derecho constitucional europeo», en: *Revista de Derecho Constitucional europeo*, Núm 13, 2010, pp. 189-208.

[116] Matthias JESTAEDT, «Wissenschaftliches Recht. Rechtsdogmatik als gemeinsames Kommunikationsformat von Rechtswissenschaft und Rechtspraxis», en: Gregor Kirchhof / Stefan Magen / Karsten Schneider [eds.], *Was weiß Dogmatik? Was leistet und wie steuert die Dogmatik des Öffentlichen Rechts*?, Tübingen, Mohr Siebeck, 2012, pp. 117 y ss; algo en lo que parecen concordar y basarse también el resto de las contribuciones recabadas en este volumen, si bien la aportación de *Oliver Lepsius* contiene una «*crítica*

cautos, no tiene por qué la fuerte presión, por ejemplo, hacia un cambio impuesto por la creación del espacio europeo de investigación y aplicación normativa, haya de derivar necesariamente siempre en desarrollos *dogmáticos* positivos, reconoce, en la línea esbozada hace ya algunos años por *Christian Walter*[117].

VI.

En el debate sobre el potencial interdisciplinario de la *Dogmática jurídica*, que está en el centro del trabajo, la mirada se dirige más hacia «dentro» que hacia el «exterior», aunque este también sea tenido en cuenta. Un estudio del potencial de interdisciplinariedad de la *Dogmática jurídica* es, como se describió en el comienzo, un estudio del *dogma jurídico*. En primer lugar, se ha de dirigir la mirada a las diversas definiciones de conceptos propuestas en el siglo XX y que probablemente reunirán detrás de sí una amplia mayoría de dogmáticos jurídicos de teoría y práctica. Sin entrar al detalle en este punto, semejantes interpretaciones pretenden, en primer lugar, aclarar cuantas ambigüedades planteen las definiciones, a pesar de su elevado grado de discusión y difusión. Más prometedor que la búsqueda de la definición, es desvelar la riqueza de significados de este concepto global y no desdiferenciado donde sea necesaria la diferencia-

de la Dogmática», porque debería a su juicio discurrir hoy por renovados derroteros, aun cuando recomienda cautela al lado de reivindicar la prosecución de su existencia bajo parámetros seriamente evolucionados, toda vez el razonamiento jurídico ha de ser, más bien, desarrollado específicamente, es cierto, para los aparecidos nuevos contextos, «Kritik der Dogmatik», en: Gregor Kirchhof / Stefan Magen / Karsten. Schneider [eds.], *Was weiß Dogmatik? Was leistet und wie steuert die Dogmatik des Öffentlichen Rechts?*, Tübingen, Mohr Siebeck, 2012, pp. 39-62.

[117] Christian WALTER, «Die Europäische Menschenrechtskonvention als Konstitutionalisierungsprozess», en: *Zeitschrift für ausländisches öffentliches Recht und Völkerrecht*, Vol. 59, 1999, pp. 961-983, quien ve en la Constitución «un proyecto de renovación permanente que solo necesita ser registrado y confirmado por principios de Derecho confiables y consistentes. En importantes áreas jurídicas, este trabajo conjunto combina [...] principios rectores sobre el Estado y la Constitución, sobre el derecho, la paz, la libertad y la democracia, tocante al gobierno y la administración, sobre la protección jurídica y sobre la comunidad de Estados, acerca de la economía, así como referente al poder penal[punitivo], sobre la religión y las iglesias, en fin, por último, pero no menos importante, respecto de las finanzas y los impuestos».

ción. En consecuencia, la investigación se centra en el esclarecimiento y el desarrollo de un concepto plural que incluya varias diferenciaciones internas y, en parte, características opuestas. A continuación, se distingue entre las condiciones necesarias de la *Dogmática jurídica*, es decir, las condiciones que, en todo caso, deben existir de una manera no debilitada para poder hablar significativamente de «*Dogmática jurídica*», y las diferenciaciones internas contingentes o bien características de la misma, que son particularmente consecuencia de la comprensión del Derecho y la aplicación de la ley ahí representadas. En lugar de presentar un prólogo teórico del Derecho y de su pertinente aplicación, en los puntos necesarios se han de explicar las preconcepciones correspondientes para evitar redundancias. Las aportaciones de la hermenéutica filosófica, de la teoría sociológica de sistemas, del análisis económico o de otros enfoques inspirados en la física o en la matemática [la teoría del caos, la mecánica cuántica…] se ponen a prueba preguntando desde el Derecho por su adaptabilidad al contexto jurídico; pero se propone, como presupuesto para esa conversación, un previo y profundo diálogo interdisciplinar entre áreas jurídicas cuya progresiva especialización pareciera haber dejado casi en suspenso la unidad de la Ciencia jurídica[118]. El problema delicado es sí y cómo las teorías del cambio social, que a su vez se centran en el sistema jurídico, pueden procesarse en la Ciencia jurídica e incorporarse a la *Dogmática jurídica*. Es igual de complicado responder a la pregunta de cómo controlar la investigación científica a través del Derecho y la *Dogmática jurídica* y viceversa[119].

Desde el punto de vista conceptual, han sido muchas las consideraciones formalizadas acerca de la *Dogmática jurídica* a través del tiempo. La aclaración conceptual de lo que se considera es *dogma jurídico* no

---

[118] Josef-Franz LINDNER, «Kritische Rechtswissenschaft», en: Stefan Lorenzmeier / Hans-Peter Folz [eds.], *Recht und Realität. Festschrift für Christoph Vedder*, Baden-Baden, Nomos, 2017, pp. 690-720.

[119] Matthias JESTAEDT, «Perspektiven der Rechtswissenschaftstheorie», en: Matthias Jestaedt / Oliver Lepsius [eds.], *Rechtswissenschaftstheorie*, un cuidado libro cuyas contribuciones están orientadas a la búsqueda de la conexión del discurso teórico jurídico con el discurso práctico, y, de otro lado, al examen de la relación entre las [sub] disciplinas jurídicas individuales entre sí, Tübingen, Mohr Siebeck, 2008, pp. 190 y ss.

falla entonces por la falta de propuestas[120]. Adicionalmente, la diversidad detectable en las aproximaciones de carácter definitorio es difícil de ignorar. Ahora bien, si fijamos bien la atención, las propuestas de definiciones a menudo son menos definiciones que descripciones, toda vez típicamente se describe lo que significa o quiere decir proceder de forma *dogmática*, sin elaborar los elementos conceptuales de lo descrito y unirlos en una definición. A pesar de las referencias habituales a la «*Dogmática jurídica*» en todas las esferas y niveles, medios de investigación y comunicación así como contextos jurídicos, los que buscan una definición cerrada de «*Dogmática jurídica*» generalmente se decepcionan. Esto no es sorprendente a la luz de la gran cantidad de conocimientos compartidos colectivamente en las Ciencias jurídicas, de la complejidad del concepto y de la ambigüedad general de las preguntas acerca de la formalización.

La práctica de la *Dogmática jurídica* se puede caracterizar probablemente también por su carácter artesanal. En primer lugar, por el «cumplimiento del conocimiento implícito», el conocimiento del enfoque *dogmático* del Derecho parece ser un «conocimiento intuitivo sumergido en instituciones y tradiciones». Las normas que tienen por objeto el modo de argumentación *dogmático* son, de inicio, normas de naturaleza considerablemente convencional. Como señalara *Carlos Santiago Nino*, durante su prolongada vigencia, «la *Dogmática jurídica* ha cumplido una

---

[120] Si seguimos a Paul LABAND, afirmó que la *Dogmática jurídica* sería la investigación del Derecho positivo vigente, y que el conocimiento político enseñaría, sobre todo, a fijar los límites de las investigaciones fiables, *Das Staatsrecht des deutschen Reich*, Band I., 4ª ed., Tübingen, JCB Mohr, 1901. Y como señalara Pedro DE VEGA GARCÍA, la «línea de razonamientos iniciada por Gerber en su Teoría del Estado y por Paul Laband en su Derecho público del Imperio alemán, adquiriría la culminación sistemática en la Teoría general del Estado de Georg Jellinek. Como es bien sabido, y como antes indicábamos, muchos de los presupuestos y dogmas del positivismo seguirían presentes en construcciones jurídicas posteriores», *Apuntes para una historia de las doctrinas constitucionales del siglo XX*, México, Instituto de Investigaciones Jurídicas-Universidad Nacional Autónoma de México, 1998. Pues bien, también es conocido que Georg JELLINEK construyó una «teoría bifronte del Estado»: normativa-legal versus empírica-social, y ofreció dos máximas para la relación entre la Teoría del Derecho del Estado y la Política: primero, la Teoría del Derecho del Estado no debía estructurar lo políticamente imposible; segundo, una presunción debía hablar inicialmente a favor de la legalidad de las actuaciones de los más altos órganos estatales, *Allgemeine Staatslehre*, 3ª ed., Berlin, Julius Springer, 1929, pp. 17 y ss.

función social de extraordinaria relevancia, pues, al margen de su actividad consistente en la sistematización del Derecho legislado, proporciona a los jueces, que son sus principales destinatarios, sistemas de soluciones jurídicas»[121], que resultan ser más coherentes, completos, precisos y axiológicamente adecuados desde el plano de la comparación con material jurídico de producción a cargo de los legisladores, sin por ello abdicar de su adhesión a la legislación creada por los órganos competentes para ello[122]. Frente a todas las confusiones y falsas comprensiones de una corriente de la Ciencia del Derecho que ha llegado a olvidar la base de su problemática, denunciaría *Hermann Heller*, resulta obligado sostener la tesis de que la *Dogmática jurídica* es también esencialmente un producto de nuestra razón práctica[123], y no tanto de nuestra razón puramente teórica[124]. *Hernán-A. Olano García* aporta en este punto un análisis de las distintas perspectivas dimanantes de interpretaciones divergentes todas ellas lícitas, de sus alcances y consecuencias correspondientes.

---

[121] Carlos Santiago NINO, *Introducción al análisis del Derecho*, Astrea-Alfredo-Ricardo De Palma, Buenos Aires, 2ª ed., 1996, pp. 321 y ss. Y según nos dice Tércio Sampaio FERRAZ JÚNIOR, «Para comprender la Dogmática jurídica contemporánea, es necesario reconocer que nace del fenómeno de la positivización. Esta, como ya hemos visto, se caracteriza por la liberación que sufre el Derecho de parámetros inmutables y duraderos, de premisas materialmente invariables, presentando la tendencia a un cierto formalismo e institucionalización del cambio y la adaptación a través de procedimientos cambiantes, según las diferentes situaciones. La función de la dogmática es prever consecuencias pragmáticas para todos los casos concretos, a fin de resolver un problema con la menor perturbación posible», *Función social de la dogmática jurídica*, São Paulo, Revista dos Tribunais, 1998, pp. 84-85.

[122] También en esta línea se orienta Mark VAN HOEKE, «Legal Doctrine: Which Method[s] for What Kind of Discipline?», en: Mark Van Hoecke [ed.], *Methodologies of Legal Research*, London, Bloomsbury, 2011, pp. 1-18.

[123] Toda vez, señala Guillermo ESCOBAR ROCA: «la dogmática es un saber dirigido a la práctica, y la práctica es, sobre todo, la práctica ante los tribunales [los cuales actúan –o deben actuar, se dice– dentro del marco de la legalidad y no fuera de él], no serviría de nada construir conceptos o proponer interpretaciones al margen del derecho positivo. En definitiva, una dogmática que no aceptara el derecho positivo como marco indiscutible resultaría inútil en su ámbito natural: la comunidad jurídica institucionalizada», «El futuro de la dogmática de los derechos», en: *Revista catalana de dret públic*, Núm. 49, 2014, p. 64, DOI: 10.2436/20.8030.01.32. Con parecidos argumentos se manifiesta Gustavo ZAGREBELSKY, *La legge e la sua giustizia. Tre capitoli di giustizia costituzionale* Bologna, Il Mulino, 2008.

[124] Hermann HELLER, *Staatslehre*, 1934, Leiden, AN Sijthoff, pp. 289 y ss.

«De aquí en más», nos comentará, se va a revelar la complejidad propia de «la trama hermenéutica y la manipulación latente que posibilita». El texto constitucional puede, por ejemplo, «decir cosas muy distintas según la técnica exegética que se emplee para su esclarecimiento. El arsenal argumentativo es, a todas luces, casi infinito». A partir de este punto de vista, el autor aterriza en el aeropuerto constitucional colombiano, ciertamente imaginativo, rico en ensayos, experiencias y mutaciones. Muestra, a su respecto, de la suerte hacia las que ha de responder la supremacía y de la fuerza vinculante de la Constitución [a cuyos efectos reivindica y programa, en su condición estimada de auxiliar imprescindible, el fortalecimiento del Derecho procesal constitucional], que se anuda ahora imprescindiblemente, y cada vez en superior medida, con la esencial cuestión de la efectividad de los Derechos Fundamentales y las garantías para su protección[125]. En fin, un matiz de relevancia, y es que al hacer referencia a la estructura y función de las teorías *dogmáticas*, aplicando modelos teóricos de la filosofía de las ciencias, propone *Claus Wilhem Canaris* como criterios de evaluación respecto de esas teorías, definir sus funciones «en los siguientes términos: permite la clasificación conceptual y/o *dogmática* de la[s] correspondiente[s] solución[es] de los problemas, asegura su compatibilidad con el sistema del Derecho vigente, clarifica su contenido material de justicia, y aporta un marco para la solución de otros problemas. Al mismo tiempo, se hallan también aquí, consecuen-

[125] Hernán-Alejandro OLANO GARCÍA, *Interpretación y dogmática constitucional*, Bogotá, Ediciones Doctrina y Ley, 2005, para terminar por concebir al Derecho constitucional como la síntesis de conocimientos filosóficos, políticos, económicos e históricos acerca de la Constitución. De tal manera que, conforme sostiene, para llegar a analizar la norma superior del ordenamiento jurídico debemos seguir pertrechados de un imponente aparato político, histórico y sociológico, naturalmente, al servicio del análisis normativo. De ahí que sea merecedora de reconocimiento la visión del autor acerca de qué es o en qué consiste el Derecho constitucional, y su concepción de Constitución política muestra ser una exposición rigurosa, sistemática y bien perfilada del Derecho constitucional colombiano, presidida por un análisis dogmático abierto a las consideraciones metajurídicas que –si bien no le guste recordarlo a una parte de nuestra doctrina– deben ser consideradas para explicar y comprender la esencia de un instrumento normativo tan singular como es una Constitución normativa al servicio de la convivencia. Con parecidos argumentos, Luis Roberto BARROSO, *O direito constitucional ea efetividade de sus normas: limites e possibilidades da constituição brasileira,* 9ª ed., 2009, Río de Janeiro, Renovar, pp. 73 y ss.

temente, los más importantes *criterios* para valorar la eficacia de una teoría jurídica»[126].

VII.

Si reparamos en su función de control, esto es, qué controla y cómo controla jurídicamente la *Dogmática* del Derecho público, observamos de entrada que la relación entre la Ciencia jurídica alemana y una de sus partes, la *Dogmática*, es notablemente ambivalente. La *Dogmática jurídica* es vista como el corazón de la Ciencia jurídica, sí, pero al mismo tiempo también como una vía especial alemana que ya se insinuó, respecto de la cual *Bernd Grzeszick* formula tres preguntas cruciales: a] ¿La *Dogmática* a modo de control jurídico?; b] ¿Qué sentido tiene controlar por medio de la *Dogmática* del Derecho público?; c] ¿Existe una Ciencia de control jurídico más allá de la *Dogmática jurídica*?[127]. El control equivale aquí a un intento de prevención de la desviación de la conducta que proviene esencialmente [pero no exclusivamente] de una sola dirección: desde quien tiene mayor poder hacia quien tiene un poder menor, y desde quienes tienen mayor interés en mantener o reforzar el orden social existente, hacia quien discute su legitimidad[128]. El «*sistema sistémico*» [si se nos permite la expresión, por demás, tomada de *Niklas Luhmann*] se vislumbra como la clave para comprender y controlar el lenguaje y su aplicación consistente, pero también tiene un auto-empoderamiento la Ciencia y la Práctica frente a la legislación democrática teorizará *Gustavo Zagrebelsky*, para quien, en efecto, la naturaleza práctica «del Derecho significa también que el Derecho, respetuoso de su función, se preocupa de la propia aptitud para disciplinar efectivamente la realidad conforme al valor que los principios le otorgan a esta. Las consecuencias prácticas

---

[126] Claus Wilhem CANARIS, *Función, estructura y falsación de las teorías jurídicas,* Madrid, Cívitas, 1995, pp. 35 y ss.

[127] Bernd GRZESZICK, «Steuert die Dogmatik? Inwiefern steuert die Dogmatik des Öffentlichen Rechts? Gibt es eine rechtliche Steuerungswissenschaft jenseits der Rechtsdogmatik?», en: Gregor Kirchhof / Stefan Magen / Karsten Schneider [eds.], *Was weiß Dogmatik? Was leistet und wie steuert die Dogmatik des Öffentlichen Rechts*?, Tübingen, Mohr Siebeck, 2012, pp. 97-110.

[128] Vicenzo FERRARI, *Funciones del derecho*, Bogotá, Universidad Externado de Colombia, 2015, especialmente pp. 157 y ss.

derivadas no son pues para nada un aspecto posterior, independiente e ininfluyente en el Derecho mismo, sino que son un elemento calificativo de este»[129].

En este sentido, desde algunos sectores se critica a la *Dogmática* en cuanto constitutiva, se dice, de un obstáculo a la comunicación y el aislamiento frente a otras disciplinas jurídicas, mientras que otros –mayoritariamente– la ven como un punto de partida imprescindible para cualquier intercambio y diálogo. La *Dogmática* pareciera ser una peculiaridad del pensamiento jurídico alemán, hemos apuntado, pero también lo es, en mayor o menor intensidad, una característica de todos los sistemas jurídicos en funcionamiento bajo la égida del Estado constitucional de Derecho. En vista de esto, a partir de la misión y función de la *Dogmática*, del tipo de conocimiento que proporciona, tiene el carácter de que ha de ser una *Dogmática sólida* y ello supone la distinción que sobresale de la misma y el abandono de sus no tan infrecuentes desarrollos hipertróficos[130]. En el trabajo jurídico cotidiano, las cuestiones prácticas dejan por lo general en un segundo plano las dimensiones teóricas del Derecho. Una actitud bastante común es la de no discutir sobre teoría y método, simplemente aplicarlos en el trabajo práctico. Por el contrario, abundantes investigaciones últimas vemos que se centran en la también relevancia teórica de la Ciencia jurídica. Importantes en el foro para monografías, antologías y polémicas que tienen como objetivo reflejar Jurisprudencia sobre sí mismo en cuanto a pensamiento del autor o sobre otros[131]. Esto comprende

[129] Gustavo ZAGREBELSKY, *Il diritto mite. Legge, diritti, giustizia*, Torino, Einaudi, 1992, p. 166; el autor dice acercarse a una perspectiva principialista del Derecho, y ello mediante el empleo de una «*Dogmática constitucional flexible*», y la pertinente sistematización estricta a partir del método histórico-constitucional, así como a través de la comprensión de los fenómenos que han incidido en el mismo. De esta suerte, se encuentra a favor de una discrecionalidad judicial, pero sin pronunciarse sobre otras cuestiones como la indeterminación judicial o la existencia de casos difíciles.

[130] Señala Riccardo GUASTINI que los «*dogmáticos* no describen el Derecho, sino que participan ellos en su creación», «Un enfoque realista acerca del Derecho y el conocimiento jurídico», en: *Revus. Journal for Constitutional Theory and Philosophy of Law*, núm. 27, 2015, pp. 55-65.

[131] Matthias JESTAEDT y su sugerente título: *Das mag in der Theorie richtig sein... Vom Nutzen der Rechtstheorie für die Rechtspraxis* [*En teoría, esto puede ser correcto... Sobre los beneficios de la teoría jurídica para la práctica jurídica*]; Tübingen, Mohr Siebeck, 2006, pp. 77 y ss.; Rainer WAHL, *Herausforderungen und Antworten: Das*

tanto cuestiones de la división intralegal del trabajo entre las subáreas del Derecho y las instituciones involucradas en la elaboración de normas, como también la conectividad interdisciplinaria de la Ciencia jurídica con las disciplinas vecinas. Se trata del *proprium* de la Ciencia jurídica como Ciencia guiada teóricamente y no solo motivada en la práctica, es decir, de cuestiones fundamentales de la Ciencia jurídica que exigen puntos de vista diversos y desencadenan debates de trascendencia en los que la *Dogmática* ocupa un lugar destacado. La conexión entre conocimiento ordinario y conocimiento científico, bien puesto en evidencia por ejemplo a cargo de *Mario Jori*, marca una importante diferencia entre la Ciencia jurídica y las Ciencias naturales; permite comprender adicionalmente cuáles son los vínculos de la Ciencia jurídica. Si resulta cierto, de una parte, que la Ciencia jurídica tiene carácter interpretativo, en el sentido de proponer reconstrucciones alternativas y en conflicto del Derecho, de otro lado, la mera apreciación de sentido común permite distinguir entre determinaciones jurídicas admisibles y determinaciones inadmisibles, y, en consecuencia, el objeto de la Ciencia jurídica es la reflexión metódica, sistemática y crítica del Derecho[132]. Evidencia entonces una perspectiva inmediatamente práctica, toda vez proyecta y prepara la adopción de decisiones en el marco del sistema jurídico. Así las cosas, la Ciencia jurídica estudia e investiga tanto el contenido del Derecho vigente [*dogmática*(*s*)] como sus fundamentos históricos, políticos, económicos, filosóficos, sociales, etc. Y, de modo particular, la Ciencia jurídica alemana se caracteriza especialmente por un comprensivo desarrollo conceptual y sistemático[133]. La función de la Ciencia jurídica es, por lo tanto, investigar los requisitos, condiciones de validez y efectos del Derecho en cuanto mecanismo de control social, en el marco de las

---

öffentliche Recht der letzten fünf Jahrzehnte, Berlin, De Gruyter, 2006, pp. 12 y ss; Peter BADURA, «Rezension von Rainer Wahl: Herausforderungen und Antworten: Das Öffentliche Recht der letzten fünf Jahrzehnte», en: *JuristenZeitung*, 61. Jahrgang, Heft 17, 2006, pp. 868 y ss.

[132] Mario JORI, «Pragmatica, scienza giuridica e diritti», en: Paolo Comanducci / Riccardo Guastini [eds.], *Analisi e diritto 2002-2003. Ricerche di giurisprudenza analitica*, Torino, Giappichelli, 2004, pp. 377-411.

[133] Oliver LEPSIUS, *Die gegensatzaufhebende Begriffsbildung, Methodenentwicklungen in der Weimarer Republik und ihr Verhältnis zur Ideologisierung der Rechtswissenschaft im Nationalsozialismus*, München, C.H. Beck, 1994.

condiciones siempre cambiantes –cuando menos parcialmente– de la formación ordenada de sociedades modernas[134].

Si reparamos de modo concreto, por ejemplo en la *función dogmática* de la parte general del Derecho administrativo, vemos implica para la misma ordenar las especialidades recogidas en el Derecho administrativo sectorial y debe poner de relieve su conexión con las exigencias jurídicas generales principalmente de rango constitucional –*Staatsrechtslehre als Verwaltungsrechtslehre*? en las posiciones «más clásicas»[135]– relevantes en cada caso. Pero tenemos que tener en cuenta, como señala por ejemplo *Ferdinand Wollenschläger*, que uno de los problemas mayormente observado en el ámbito del Derecho administrativo contemporáneo se refleja en las dificultades para adaptar su *dogmática clásica a nuevos contextos caracterizados por la redefinición de las interacciones entre Estado y Sociedad*, algo que afecta a todas las instituciones de Derecho administrativo, que, por refracción, terminan entrando de manera más o menos renuente en un proceso que les hace adquirir un sentido nuevo[136].

---

[134] Vittorio VILLA, «Il problema della scienza giuridica», en: Giorgio Pino / Aldo Schiavello / Vittorio Villa [eds.], *Filosofia del diritto. Introduzione critica al pensiero giuridico e al diritto positivo*, Torino, Giappichelli, 2013, pp. 374-398; Aldo SCHIAVELLO, «Algunos argumentos a favor de una ciencia jurídica interpretativa», en: *DOXA, Cuadernos de Filosofía del Derecho*, Núm. 37, 2014, pp. 193-217. https://doi.org/10.14198/DOXA2014.37.

[135] Friedrich SCHOCH, «Gemeinsamkeiten und Unterschiede von Verwaltungsrechtslehre und Staatsrechtslehre», en: Helmuth Schulze-Fielitz [ed.], *Staatsrechtslehre als Wissenschaft, Die Verwaltung*, Beihefte [BH.WERW], Band 7, 2007, pp. 178-211.

[136] Ferdinand WOLLENSCHLÄGER, *Verteilungsverfahren. Die staatliche Verteilung knapper Güter: Verfassungs- und unionsrechtlicher Rahmen, Verfahren im Fachrecht, bereichsspezifische verwaltungsrechtliche Typen- und Systembildung*, Tübingen, Mohr Siebeck, 2010, quien recuerda que, según la Ley Fundamental de la República Federal de Alemania, el Estado no solo debe abstenerse de llevar a cabo injerencia alguna directamente en el ámbito de protección de los Derechos Fundamentales, pues asimismo está activamente obligado a proteger y a promover tales Derechos. E igualmente denota que otros muchos sistemas constitucionales de Europa continental también tienen obligaciones expresas de proteger a los Derechos Fundamentales. En cambio, según la creencia afirmada, por ejemplo la Constitución de los Estados Unidos de América juega un papel especial. En este contexto, el autor examina la figura de la obligación de proteger los Derechos Fundamentales desde una perspectiva constitucional comparada, y de ella resulta que no existe una explicación clara para las diferencias en la comprensión de los mismos. Más bien, se pueden identificar varias causas histórico-sociológicas y razones

De hecho, este proceso renovador facilita y orienta la creación, interpretación y aplicación del Derecho administrativo sectorial[137], pero al

normativo-dogmáticas que, combinadas, han impedido permanentemente el surgimiento de obligaciones de protección de los Derechos Fundamentales bajo la larga vigencia de la Constitución de los Estados Unidos de América. A este último respecto, si seguimos por ejemplo a un autor de la talla de Erwin CHEMERINSKY, en su *Constitutional Law: Principles and Policies,* 7ª ed., New York, Aspen Opco Llc, 2023, observamos su reconocimiento acerca de que una de las características más distintivas del sistema político norteamericano es el protagonismo, no solo jurídico sino también abiertamente político, desarrollado por los jueces, y, de modo particular, por el Tribunal Supremo. Un protagonismo que no está vinculado a coyunturas específicas, sino que puede afirmarse constituye una constante estructural del entramado jurídico-político norteamericano desde los primeros momentos de su existencia. No debemos olvidar que el Estado de Derecho norteamericano ha sido caracterizado como un Estado de Derecho judicial. En cuanto a una de las recensiones del importante libro precitado de Ferdinand Wollenschläger, como es la realizada por Klaus RENNERT, publicada en *Der Staat. Zeitschrift für Staatslehre und Verfassungsgeschichte, deutsches und europäisches öffentliches Recht,* Band 50, Heft 4, 2011, pp. 646-648, y centrada en otros aspectos tratados, destaca que, en una variada gama de áreas, la administración es responsable de distribuir el espacio en situaciones competitivas, incluidas por ejemplo plazas de estudios, contratos públicos o frecuencias de telecomunicaciones. A medida de la heterogeneidad del material, los procedimientos administrativos que cumplen esta función, pueden interpretarse como un nuevo tipo de procedimiento: un procedimiento de distribución. Según nos dice, Ferdinand Wollenschläger analizó en su libro el marco jurídico constitucional europeo y ordinario de las actividades estatales de distribución, elaborando las estructuras de procedimientos seleccionados en el Derecho especializado y, sobre esta base, desarrollaría el tipo de «procedimiento de distribución» correspondiente. Este desarrollo ulterior de la teoría procesal en el ámbito específico, que al mismo tiempo abre nuevas perspectivas para el Derecho procesal general, representa un logro normativo igualmente importante para la ciencia y la práctica. Además, la creación de pautas, permite evaluar los procedimientos de distribución estatal de bienes escasos existentes, y proporciona a la legislación los elementos básicos para el diseño de nuevos modelos de procedimientos en el derecho especializado, consejos de Derecho administrativo específicos y formación de sistemas.

[137] Eberhard SCHMIDT-AßMANN, *Verwaltungsrechtliche Dogmatik in der Entwicklung. Eine Zwischenbilanz zu Bestand, Reform und künftigen Aufgaben,* 2ª ed., Tübingen, Mohr Siebeck, 2023; la dogmática tiene como objetivo asegurar la previsibilidad de la aplicación de la ley y al mismo tiempo orientar los ajustes necesarios del ordenamiento jurídico. Con ambos, responde a exigencias constitucionales elementales de seguridad jurídica, eficacia de la ley y racionalidad. Eberhard Schmidt-Aßmann analiza esto con ejemplos en cuatro áreas centrales de la *dogmática* del Derecho administrativo: la doctrina de las fuentes jurídicas, las formas de acción, la protección jurídica y el Derecho organizacional administrativo. Se destacan las limitaciones del método tradicional de Derecho administrativo y se identifica la necesidad de una reforma. Hace también especial hincapié en la inclusión del Derecho de la Unión. Se trata del

mismo tiempo propicia la constante revisión de la parte general a la luz de las evoluciones y desarrollos presentes en las distintas normativas específicas, además de su relación con el Derecho privado dadas las tareas desempeñadas regidas por normas correspondiente a este ámbito[138], en un marco de tareas administrativas crecientes y además caracterizadas por un fuerte componente de complejidad, que al hacer aparecer problemas de capacidad de dirección despiertan de modo inequívoco, al mismo tiempo, necesidades de flexibilidad superadoras del conocimiento habitual[139].

Con frecuencia, la *función dogmática* de la figura de sistema se asocia a la capacidad de extracción inmediata de consecuencias normativas, resaltando el aspecto de autoridad formal de las razones *dogmáticas* como una realidad dinámica en cuanto son una garantía de la identidad experiencial y el futuro [revitalización y renovación del conocimiento aquí jurídico][140]. Sin embargo, y como se ha convenido, la complejidad y

---

concepto de un dogma contemporáneo que equilibra los requisitos de estabilidad y flexibilidad en sus estructuras.

[138] Un buen resumen en Alexander SOMEK – Julian KRÜPER, «Kategoriale Unterscheidung von Öffentlichem Recht und Privatrecht?», en: *Veröffentlichungen der Vereinigung der Deutschen Staatsrechtslehrer*, Band 79, Berlin, De Gruyter, 2020, pp. 7-42; también Klaus-Dieter DRÜEN – Sabine SCHLACKE, «Verschränkungen öffentlich-rechtlicher und privatrechtlicher Regime im Verwaltungsrecht», en: *Veröffentlichungen der Vereinigung der Deutschen Staatsrechtslehrer*, Band 79, Berlin, De Gruyter, 2020, pp.128. 216; Stefan MÜCKEL – Sophie SCHÖNBERGER, «Wandel des Verhältnisses von Staat und Gesellschaft – Folgen für Grundrechtstheorie und Grundrechtsdogmatik», en: *Veröffentlichungen der Vereinigung der Deutschen Staatsrechtslehrer*, Band 79, Berlin, De Gruyter, 2020, pp. 246-318; Christoph OHLER – Jochen VON BERNSTORFF, «Die Rolle nicht-staatlicher Akteure bei der Entwicklung und Implementierung des Völker- und Europarechts», en: *Veröffentlichungen der Vereinigung der Deutschen Staatsrechtslehrer*, Band 79, Berlin, De Gruyter, 2020, pp. 348-404.

[139] Udo DI FABIO, «Komplexes Verwaltungshandeln und juristische Dogmatik», en: Ralph Alexander Lorz / Ute Spies / Götz Wolfgang Deventer / Michaela Schmidt-Schlaeger [eds.], *Umwelt und Recht*, Stuttgart-München-Hannover-Berlin, 1991, pp. 9 y ss; Albert BLECKMANN, *Zur Dogmatik des Allgemeinen Verwaltungsrechts I. Die Handlungsmittel der Verwaltung in rechtsvergleichender Sicht*, Nomos, Baden-Baden, 1999, especialmente pp.127 y ss.

[140] En términos de Edmund HUSSERL, experiencia y juicio tienen una compartida responsabilidad común ante el desafío con el que ha de enfrentarse el mundo actual, frente a «las múltiples especies de fenómenos que abarca la amplia rúbrica de "conocimiento"». Solo debido al choque experiencial y desbordante que supone estar frente a la realidad,

diversidad de las relaciones jurídico-administrativas exige que su *corpus* teórico común o general esté dotado de un grado elevado de abstracción, lo que sin duda le resta capacidad *dogmática* en este nivel del sistema y pone de relieve frecuentemente deficiencias *dogmáticas* de la Ciencia administrativa[141]. No obstante, este escalón inicial de la construcción teórica resulta indispensable para ofrecer un marco común al desarrollo de los distintos tipos de relaciones jurídico-administrativas en un nivel de abstracción intermedio[142], en el que están llamadas a desplegar un *mayor potencial dogmático*. En el contexto de la gobernanza estatal, se preguntaba hace poco tiempo *David Roth-Isigkeit* acerca de cómo debía ser en el futuro la relación entre orden constitucional y organización administrativa, o, expresado de otra manera, respecto de la cuestión de cómo y quién debe organizar la gobernanza estatal afectante sin duda a elementos centrales del orden constitucional-administrativo. Desde la definición histórica del poder organizativo hasta la europeización actual del Derecho administrativo, la cuestión central es una y otra vez qué declaraciones sustanciales se pueden encontrar en la Constitución sobre la organización administrativa del momento. El autor desarrolla en su libro un panorama completo de qué actores del Estado constitucional tienen que decidir sobre la organización de la administración pública y a qué normas constitucionales están obligados al hacerlo. Esto muestra la omnipresente fuerza ordenadora de la relación especial entre Democracia

---

podemos decir que comienza en sentido propio la andadura para el conocimiento: los objetos son inconcebibles sin su referencia a las vivencias en las que se muestran, esto es, el postulado de una cosa en sí, independiente de la vida de la conciencia, es un absurdo, *Erfahrung und Urteil. Untersuchungen zur Genealogie der Logik* [1939], Hamburg, Claassen & Goverts, 1948.

[141] Luciano José PAREJO ALFONSO, referido a nuestro país, expone como síntesis de las deficiencias de la *Dogmática* administrativa las siguientes causas: el cerramiento a la evolución histórica, a los nuevos contextos europeos, a la influencia de otras dogmáticas y a la inexistencia de una retroalimentación desde sus sectores. También se recogen sintética y ordenadamente causas de ello a cargo de Santiago GONZÁLEZ-VARAS IBAÑEZ, «Presente, pasado y futuro del derecho comparado», en: *Revista chilena de derecho*, Vol. 26, Núm. 3, 1989, pp. 649-685, quien, entre otras cuestiones, centra la atención en aspectos como la Administración y el principio democrático, la Administración y Estado de Derecho, o el Principio de administración y sus dificultades actuales en el Estado de bienestar.

[142] Puede verse Antonio TRONCOSO REIGADA, «Dogmática administrativa y Derecho constitucional. El caso del servicio público», en: *Revista Española de Derecho Constitucional*, Núm. 57, 1999, pp. 87 y ss.

y Estado de Derecho en la *Dogmática* constitucional y administrativa alemanas[143]. Pero la *función dogmática* no se asocia ahora tanto a la teoría de la relación jurídico-administrativa en general, como a las teorías más individualizadas de la relación subvencional, de servicio público, funcionarial, tributaria, sancionadora, expropiatoria, etcétera[144], que

[143] David ROTH-ISIGKEIT, *Verfassungsordnung und Verwaltungsorganisation*, Tübingen, Mohr Siebeck, 2023; la tabla de contenidos del libro es la siguiente: § 1 La constitucionalización tardía del poder organizativo; § 2 Métodos de la jurisprudencia administrativa (organizativa) orientada constitucionalmente; § 3 El ámbito de obligación organizacional; § 4 Organización administrativa en el Estado federal; § 5 Organización administrativa según el orden de funciones; § 6 Directrices constitucionales para las decisiones organizativas; § 7 La decisión organizativa; § 8 Influencia y problemas de control; § 9 Desempeño de tareas dependientes y no instructivas; § 10 Desempeño independiente de tareas en forma jurídica pública; § 11 Desempeño de tareas en forma jurídica privada; § 12 Nivel de legitimidad y control en términos de Derecho constitucional; § 13 Compensación por niveles reducidos de legitimidad y control; § 14 Justificaciones de los problemas de influencia y control; § 15 La prueba de las tres etapas para la influencia y el control de los problemas.

[144] Eberhard SCHMIDT-ASSMANN, *Verwaltungsrechtliche Dogmatik in der Entwicklung. Eine Zwischenbilanz zu Bestand, Reform und künftigen Aufgaben*, 2ª ed., Tübingen, Mohr Siebeck, 2023. A medida que la administración se enfrenta a nuevas situaciones, la *Dogmática* del Derecho administrativo se tropieza constantemente también con renovados y novedosos desafíos. Las experiencias de la pandemia de coronavirus, según el ejemplo en la forma en que se ha llevado a cabo la gestión, subrayan las incertidumbres del conocimiento científico: las nuevas experiencias e impulsos del desarrollo científico también son absorbidos y procesados en un sistema. El autor del libro analiza esta situación por medio de ejemplos enmarcados en los ámbitos de áreas centrales de la *Dogmática administrativa*: los aspectos jurídicos, las formas jurídicas, la protección jurídica y la regulación organizativa. Pone de manifiesto las limitaciones del método tradicional subsuntivo del Derecho administrativo e identifica la necesidad de una importante reforma a llevar a cabo. Asimismo, dispensa una especial atención al grado de inclusión del Derecho internacional y de la Unión Europea, incluidos los parámetros del Derecho indicativo y sus inciertas pretensiones vinculantes. En general, esta nueva edición, significativamente mejorada, trata el concepto de *Dogmática*, que equilibra las exigencias de estabilidad y flexibilidad, Eberhard SCHMIDT-ASSMANN, «Einleitung. Besonderes Verwaltungsrecht und Allgemeines Verwaltungsrecht: Zusammenwirken und Lerneffekte» [Introducción. Derecho administrativo especial y Derecho administrativo general: efectos de interacción y aprendizaje], en: Friedrich Schoch / Martin Eifert [eds.], *Besonderes Verwaltungsrecht*, 2ª ed., München, CH. Beck, 2023, pp. 1-13, donde hace una presentación sistemática y fácil de entender de los temas esenciales del Derecho administrativo especial que son fundamentales para la formación y la práctica jurídica. En la misma obra Friedrich SCHOCH – Andrea KIEßLING ofrecen una visión clara y científicamente sólida de los complejos y diversos problemas jurídicos suscitados en el

seno de las distintas ramas de la administración. Y se repara asimismo en el hecho de existir una interacción diversa entre la administración general o las ramas específicas y el Derecho europeo, «Polizei- und Ordnungsrecht», en *op. cit.*, pp. 23-317. Puede verse también Andreas VOßKUHLE, «Sobre el método del Derecho administrativo», en: Javier Barnes Vázquez [ed.], *Innovación y Reforma en el Derecho Administrativo*, 2ª ed., Sevilla, Global Law Press-INAP, 2012, pp. 141-188. José ESTEVE PARDO, «La extensión del Derecho Público. Una reacción necesaria», en: *Revista de administración pública*, Núm. 189, 2012, pp.11-40. Javier BARNÉS VÁZQUEZ, «La transposición de valores públicos a los agentes privados por medio de elementos de organización y de procedimiento», en: Mercé Darnaculleta Gardella / José Estece Pardo / Indra Spiecker Gen. Döhmann [eds.], *Estrategias del Derecho ante la incertidumbre y la globalización*, Madrid, Marcial Pons, 2015, pp. 281-311, así, los sujetos privados desarrollan actividades estratégicas y de interés general –correos, energía, telecomunicaciones, agua, etc.– bajo la atenta mirada de la Administración. Mientras que otras organizaciones privadas, sea o no en régimen de autorregulación, establezcan estándares o reglas que disciplinan un sector o actividad [ejercicio de una profesión, elaboración de un producto, práctica de un cultivo, publicidad no engañosa...]; controlan, vigilan o verifican la observancia de esos u otros estándares [acreditación y certificación, evaluación o informe]; o contribuyente a su cumplimiento. Nada de ello es nuevo, como tampoco lo es la sujeción de la Administración al Derecho Privado. Lo que sí es nuevo, sin embargo, es el número e intensidad de esas actuaciones. Se ha producido una nueva redistribución de funciones y al sector privado y a la Sociedad les han sido asignadas o reconocidas nuevas tareas y responsabilidades. El Estado y la Sociedad se han hecho más permeables. En cuanto a Pascale GONOD, en su más que digno libro *Le Conseil d'Etat et la refondation de la justice administrative*, Paris, Dalloz, 2014, subraya que, con la creación por necesidad de los tribunales administrativos de apelación, la ley del 31 de diciembre de 1987 constituye un momento significativo en la evolución de la historia de la justicia administrativa francesa. Pero, aún más, refleja esencialmente una etapa fundacional del Consejo de Estado y de la jurisdicción administrativa, de conformidad con la ley del 24 de mayo de 1872 o las ordenanzas del 31 de diciembre de 1945. La reforma iniciada en 1987, de hecho, está diseñada como un «movimiento y no como un momento». En tanto respuesta a la «presión contenciosa», es el iniciador de reformas de una escala carente de precedentes. Durante los veinticinco años previos a la aparición del libro, las contribuciones legislativas, regulatorias y jurisprudenciales, habían traído avances notables a la justicia administrativa. Es más, el continuo movimiento de reformas estaba y está llevando a cabo una profunda renovación de la jurisdicción administrativa, asegurando su adaptación al entorno impuesto, en particular, por la intervención del *Conseil Constitutionnel* en el ámbito de la jurisdicción administrativa y la inclusión del ordenamiento jurídico *francés* en el *europeo*. El libro no pretende ofrecer un análisis profundo de las reformas de la justicia administrativa, que han sido ampliamente comentadas en otras obras doctrinales, pero, apoyándose en gran medida en los testimonios de los actores de la jurisdicción administrativa y las consecuencias de su reforma, ofrece un estudio global de la reforma de la justicia administrativa. De una justicia administrativa, considerada en su continuidad, su unidad y en la estrategia político-jurídica implementada para lograrla.

sin renunciar al postulado comprensivo común presentan perspectivas correspondientes a la respectiva identidad de cada una de estas ramas administrativas, por lo que será necesario establecer reglas apropiadas para el tráfico jurídico que permitan estructurar la transferencia de conocimiento entre una Ciencia administrativa de naturaleza *dogmática* y las ciencias afines, al objeto de articular una especie de metateoría de carácter transdisciplinar y su conexión constitutiva con la práctica[145]. En su teoría de la Sociedad según el Derecho público elaborada en perspectiva de historia administrativa, teoría organizacional y aspectos del Derecho de la organización administrativa, presenta *Stephan Kirste* un estudio de una teoría de la Sociedad de Derecho público como la forma de organización administrativa que se sustenta en las citadas teoría organizacional e historia administrativa. Las asociaciones de Derecho público se diferencian de otras personas jurídicas de Derecho público no por el tipo de tareas o la forma en que se llevan a cabo [autoadministración como ejecución autorresponsable de tareas], sino más bien por la diferenciación de sus estructuras organizativas [autoadministración a través de la participación de los miembros], debido a la inclusión del potencial social para la autoorganización en la administración pública. A partir de esta estructura básica, se pueden sistematizar tanto las posibilidades de activación ciudadana de la corporación como la diversidad de sus manifestaciones[146].

---

[145] Thomas VESTING, «Nachbarwissenschaftlich informierte und reflektierte Verwaltungsrechtswissenschaft – „Verkehrsregeln" und „Verkehrsströme"», en: Eberhard SchmidtAßmann / Wolfgang Hoffmann-Riem [ed.], *Methoden der Verwaltungsrechtswissenschaft*, Baden-Baden, Nomos, 2004, pp. 253 y ss; Matthias JESTAEDT, «„Öffentliches Recht" als wissenschaftliche Disziplin», en: Christoph Engel / Wolfgang Schön [eds.], *Das Proprium der Rechtswissenschaft*, Tübingen, Mohr Siebeck, 2007, pp 278 y ss; Christoph MÖLLERS, «Vorüberlegungen zu einer Wissenschaftstheorie des Öffentlichen Rechts» [Consideraciones preliminares sobre una teoría científica del Derecho público], en: Matthias Jestaedt / Oliver Lepsius [eds.], *Rechtswissenschaftstheorie*, Tübingen, Mohr Siebeck, 2008, pp. 151 y ss; Matthias JAHN, «Pluralität der Rechtsdiskurse – Sektoralisierung der Methodenlehre. Zum Verhältnis von Rechtswissenschaftstheorie und Rechtstheorie», en: Matthias Jestaedt / Oliver Lepsius [eds.], *Rechtswissenschaftstheorie*, Tübingen, Mohr Siebeck, 2008, pp. 175 y ss; Matthias JESTAEDT, «Perspektiven einer Rechtswissenschaftheorie», en: Matthias Jestaedt / Oliver Lepsius [eds.], *Rechtswissenschaftstheorie*, Tübingen, Mohr Siebeck, 2008, pp. 185 y ss.

[146] Stephan KIRSTE *Theorie der Körperschaft des öffentlichen Rechts Verwaltungshistorische, organisationstheoretische und verwaltungsorganisationsrechtliche*

Así las cosas, partiendo de estos ejemplos, podemos afirmar que el trabajo jurídico en Alemania significa, en primer lugar, *trabajo dogmático*, y en ello coincide por ejemplo *Paul Kirchhof*, lo cual no es precisamente mal acompañamiento, pues como se admite en Alemania, a modo ejemplo por *Ekkehart Reimer*, si la doctrina jurídica tiene allí un rostro y un gesto, uno de los principales del momento es el de *Paul Kirchhof*. Además, pocos autores como él, señala elogiosamente *Rudolf Mellinghoff*, saben la forma de sacar a relucir la «ley», hacer justicia en el momento pertinente sin dejarse perturbar por grandes resistencias o por una gran carga de trabajo por ejemplo[147]. En cuanto académico, juez constitucional y, en los últimos años, cada vez en mayor medida actuando de «intelectual público que compromete abiertamente sus opiniones», ha hecho de la universidad un centro de conocimiento científico y de brillante discurso público, resaltando la necesidad de una orientación interdisciplinaria de la Ciencia jurídica. Tal afianzamiento doctrinal describe como elección el «auto-entendimiento de los juristas alemanes»[148]. En esta afirmación, descriptiva y cuantitativamente interpretada, no hay «*brisance*» –ruptura–. La referencia a los *dogmas jurídicos* específicos del ámbito correspondiente y la penetración *dogmática* de los estándares jurídicos, en lo que tanto los críticos como los defensores están de acuer-

Aspekte, Osnabrück, H. Th. Wenner GmbH & Co. KG, 2017, construida como toda su obra entre la temporalidad del Derecho positivo y la necesidad de una orientación interdisciplinaria de la Ciencia jurídica, reconocida sea su innegable historicidad, véase el libro correspondiente a su tesis doctoral, *Die Zeitlichkeit des positiven Rechts und die Geschichtlichkeit des Rechtsbewußtseins*, Berlin, Duncker & Humblot, 1998.

[147] Manifestación del Prof. Dr. hc Rudolf MELLINGHOFF en el 70 cumpleaños de Paul Kirchhof, acto celebrado en Heidelberg en el año 2013, al que asistió el autor de este trabajo: «Die Leitgedanken des Rechts in der Diskussion», en: *Symposium aus Anlass des 70. Geburtstags von Paul Kirchhof*, Heidelberg, 2013; puede verse también Rudolf MELLINGHOFF, «Privataufwendungen», en: Hanno Kube / Rudolf Mellinghoff / Gerd Morgenthaler / Ulrich Palm / Thomas Puhl / Christian Seiler [eds.], *Leitgedankendes Rechts, Paul Kirchhof zum 70. Geburtstag*, Band I: *Staat und Verfassung*, Band II. *Staat und Bürger*, Heidelberg, C.F. Müller, 2013, pp. 1889-1902.

[148] Paul KIRCHHOF, «Verfassungsgerichtsbarkeit und Gesetzgebung», en: Peter Badura / Rupert Scholz [eds.], *Verfassungsgerichtsbarkeit und Gesetzgebung, Symposion aus Anlaß des 70. Geburtstages von Peter Lerche*, München, C.H. Beck, 1998, pp. 5 y ss; Rainer WAHL, «Rechtsdogmatik und Rechtspolitik im Öffentlichen Recht», en: Rolf Stürner [ed.], *Die Bedeutung der Rechtsdogmatik für die Rechtsentwicklung. Ein japanisch-deutsches Symposium*, Tübingen, Mohr Siebeck, 2010, pp. 121-136.

do, constituyen el signo distintivo del discurso jurídico alemán. Ahora bien, también es cierto que semejante circunstancia puede ser lamentada, alabada o tomada en cuenta de forma desproporcionada, no pudiéndose negar que tal riesgo existe. Por eso es decisivo, sobre la base de qué comprensión teórica del Derecho y de la aplicación del mismo se otorgan a los contornos de la *Dogmática jurídica*, determinar con qué se llenan estos contornos y cómo se entiende la posición y el significado de la *Dogmática* en la aplicación de la ley y su relación con el Derecho aplicable[149]. Solo estas concretizaciones permiten una evaluación positiva o negativa de los parámetros *dogmáticos* en los singulares casos. Conceptualmente, son posibles variaciones, porque en la línea concretizadora dicha, no existe un concepto unívoco de *Dogmática jurídica*.

Método y sistemas son en buena medida correlativos en el ámbito de lo jurídico[150], si bien ningún método ni combinación metódica garantiza la verdad o la solución óptima de lo descubierto o creado en el ámbito de lo científico social[151]. Quienes trabajan en la *Dogmática* son aquellos cuya actividad metódicamente orientada se dirige a la creación de sistemas *dogmático-jurídicos*; sistemas que son los producidos mediante el modo de pensar y del razonamiento *dogmático*[152]. La atención

---

[149] Matthias RUFFERT, «The Transformation of Administrative Law as a Transnational Methodological Project» [«*La transformación del Derecho administrativo como proyecto metodológico transnacional*»], en: Matthias Ruffert [ed.], *The Transformation of Administrative Law in Europe –La mutation du droit administrative en Europe*, München, Sellier: European Law Publishers, 2007, pp. 3-52.

[150] Joseph RAZ, *The Concept of a Legal System. An Introduction to the Theory of Legal System*, 2ª ed., Oxford, Clarendon, Oxford University Press, 1980. Desde el punto de vista etimológico, la palabra método significa «camino hacia una meta» y, en un sentido más amplio es el modo razonado de obrar, en cuanto manera de ordenar la actividad para alcanzar un objetivo. En sus rasgos generales, todo método se puede definir como un sistema de acciones sucesivas y conscientes empleadas por el ser humano que persiguen la finalidad de alcanzar un resultado, y se ha de corresponder con el objetivo trazado. Por eso se dice que el conocimiento científico --como el técnico-- es falible, rectificable, relativo o de carácter no definitivo.

[151] Talcott PARSONS, *The structure of social action*, 2ª ed., New York, Free Press, 1968.

[152] De este modo, explicará Christoph MÖLLERS, los conceptos –en clave metodológica– se vinculan a una *dogmática* jurídica renovada, entendida como un conjunto de elementos y de conexiones de sentido que se apoyan en el Derecho positivo, pero que no dependen de su existencia, «Methoden», en: Wolfgang Hoffmann-Riem / Eberhard

se centra en el nivel de actividad, así como en la semántica del método, por ejemplo, el discurso sobre «*pensamiento dogmático jurídico*» o la descripción de la *Dogmática jurídica* como «verificación científica», se conviene. Sin embargo, centrándonos en el nivel del producto, nos referimos –visto en detalle– a términos, figuras, instituciones, conceptos y conceptos *dogmático-jurídicos*. Sentencias vistas así –como de manera integral– sobre el sistema *dogmático jurídico*, la estructura, o el concepto de «aparato» *dogmático* jurídico. En los sistemas *dogmático-jurídicos* se describe no solo ilustraciones *dogmáticas* de subáreas completas de los sistemas jurídicos como la *Dogmática* del Derecho administrativo[153], la *Dogmática* de los Derechos Fundamentales[154], o

---

Schmidt-Aβmann / Andreas Voβkuhle [eds.], *Grundlagen des Verwaltungsrechts*, 1ª ed., Band I, München, C.H. Beck, 2006, pp. 121-175, aquí p. 154.

153 Eberhard SCHMIDT-AβMANN, «Methoden der Verwaltungsrechtswissenschaft – Perspektiven der Systembildung», en: Eberhard Schmidt-Aβmann / Wolfgang Hoffmann-Riem [eds.], *Methoden der Verwaltungsrechtswissenschaft*, Baden-Baden, Nomos, 2004, pp. 387 y ss. Johannes MASING, «Der Rechtsstatus des Einzelnen im Verwaltungsrecht», en Wolfgang Hoffmann-Riem / Eberhard Schmidt-Assmann / Andreas Vosskuhle [eds.], *Grundlagen des Verwaltungsrechts. Band I. Methoden. Masstässe. Aufgaben. Organisation*, 2.ª ed., München, C.H. Beck, 2012, pp. 437-542.

154 Matthias JESTAEDT, quien expuso la interdependencia de la *Dogmática de los Derechos Fundamentales y la teoría de la adquisición de Derechos* en el desarrollo iusfundamental, en su *Grundrechtsentfaltung im Gesetz. Studien zur Interdependenz von Grundrechtsdogmatik und Rechtsgewinnungstheorie*, Tübingen, Mohr Siebeck, 1999. La obra fue recensionada, entre otros por Matthias RUFFERT, en: *Archiv des öffentlichen Rechts*, Band 127, Heft 3, 2002, pp. 480-483. http:// www.jstor.org /stable/44316767, y destaca que para el autor del libro, debido a la implementación de los Derechos Fundamentales basada en las decisiones del Tribunal Constitucional Federal alemán y la *Dogmática* de los Derechos Fundamentales que la acompaña, la cuestión iusfundamental ha adquirido una enorme importancia. Sin embargo, el inconveniente de esta evolución es que en tal proceso las leyes ordinarias están perdiendo influencia. Todos los intentos actuales de preservar la independencia de la ley o salvaguardar el papel del Legislador frente al Tribunal Constitucional Federal, se han visto afectados por el hecho de que su enfoque era únicamente *dogmático* o, en el mejor de los casos, teórico. A través del tratamiento de los Derechos Fundamentales en la jurisprudencia del Tribunal Constitucional Federal y la *dogmática* empleada a tal efecto por este, los Derechos Fundamentales han adquirido una importancia considerablemente mayor. La desventaja de esta evolución, sin embargo, es la pérdida de importancia del Derecho ordinario. Los intentos actuales de preservar la independencia del Derecho y así asegurar el papel del Poder legislativo frente al Tribunal Constitucional Federal se basan en una corrección del rumbo, utilizando a tal fin la *Dogmática* o la teoría de los Derechos Fundamentales. Esto afecta tanto a

la interpretación de los Derechos Fundamentales como ley marco a modo de sistema de valores, como a la visión de los Derechos Fundamentales en cuanto «reglas» y «principios». Sin embargo, el inmenso «crecimiento de los Derechos Fundamentales» no es cierta y exclusivamente el resultado de la construcción *Dogmática* de los Derechos Fundamentales, sino que está determinado también de modo esencial por la elección del marco teórico y metodológico-jurídico. En este caso, el remedio asimismo tiene la condición de exigibilidad de los Derechos Fundamentales que es en su prioridad sobre todo lo demás, Derecho subconstitucional. Sin embargo, la prioridad exige que los niveles jurídicos, es decir, las normas constitucionales y las normas subconstitucionales, se mantengan estrictamente separados. Sin embargo, esto es exactamente lo que solo se logra de manera insuficiente según la interpretación actual de los Derechos Fundamentales. Por una parte, la clasificación y división del trabajo en el proceso de creación legal no se reflejan. De otro lado, los componentes del conocimiento jurídico no se separan de los componentes legislativos cuando se aplican normas jurídicas fundamentales; también Karl-Heinz LADEUR, «*Kritik der Abwägung in der Grundrechtsdogmatik. Plädoyer für eine Erneuerung der liberalen Grundrechtstheorie*», Tübingen, Mohr Siebeck, 2004, un libro importante que ha recibido diversas recensiones positivas, como son las escritas, entre otras, por Bodo PIEROTH, en: *Deutsches Verwaltungsblatt*, 120. Jahrgang, Heft 9, 2005, p. 560; o de Helmut GÖRLICH, en: *Comparativ. Zeitschrift für Globalgeschichte und vergleichende Gessellschaftsforschung*, 17, 2007, Heft 4, pp. 137-148, en fin, por Josef-F. LINDNER, en: *Der Staat*, Band 45, Heft.1, 2006, pp. 136-139, quienes estiman que para el autor la práctica y la *dogmática* de los Derechos Fundamentales están determinadas por el concepto de «equilibrio»[ponderación]. No hay razón para objetar que un juez sopese las cuestiones como medio a fin de hacer frente al conflicto de Derechos Fundamentales en casos límite. Lo que resulta cuestionable, sin embargo, es la falta de estándares y la generalización del «equilibrio multipolar» a lograr entre todos los tipos de intereses constitucionales. A su juicio, Karl-Heinz Ladeur ha formulado una *Dogmática* de los Derechos Fundamentales sutilmente diversificada que trasciende la clásica dicotomía «individuo *versus* Estado», para tomar en cuenta el aspecto colectivo de los Derechos Fundamentales como garantía de la autoorganización social de aquellos ámbitos de acción que han recibido protección constitucional del Estado, al objeto de hacer un llamamiento a la renovación de la teoría liberal de los Derechos Fundamentales. Del propio Josef-Franz LINDNER, ha de verse su *Theorie der Grundrechtsdogmatik*, Tübingen, Mohr Siebeck, 2005. DOI 10.1628/978-3-16-158034-5 E-Book-Ausgabe, de 2019. Siguen siendo apreciables sobre la estructura diversa de los distintos Derechos Fundamentales, las consideraciones de Alessandro PACE, «La heterogénea estructura de los derechos constitucionales», en *Cuadernos de Derecho Público*, núm. 3, 1998, pp. 9 y ss. Entre nosotros, pueden verse las apreciaciones de Francisco BASTIDA FREIJEDO, «El fundamento de los derechos fundamentales», en: *Revista electrónica de Derecho de la Universidad de La Rioja. REDUR*, Núm. 3, 2005, pp. 41 y ss; o las no distantes desde el punto de vista substancial y más cercanas en el tiempo de Ricardo Luis CHUECA RODRÍGUEZ, «Debilidades estructurales del derecho fundamental», en: Ricardo Luis Chueca Rodríguez [ed.], *Las fronteras de los derechos fundamentales en la Constitución normativa*, Madrid, CEPC, 2019, pp. 23-52. Clásica la propuesta de la *Dogmática* procesal, sino también declaraciones detalladas sobre sentencias jurídicas individuales o conceptos jurídicos de un sistema jurídico. A todos los productos *dogmáticos*, y están presentes en la generalidad, se les representan reglas de sugerencias *dogmáticas* contradictorias. Este sentido tiene para *Bernard Schlink* «la» *dogmática* de los Derechos Fundamentales desde las «diversas dogmáticas y jurisprudencia sobre los distintos Derechos». No existe ni la *Dogmática* de la doctrina del error discrecional ni la *Dogmática* del acto administrativo, sino varias, concurrentes y *dogmáticas* a veces contradictorias[155], y

---

Thorsten KINGREEN – Ralf POSCHER, *Grundrechte. Staatsrecht II*, 39ª ed., Heidelberg, C.F. Müller, 2023, quienes plantean el siguiente esquema para el análisis de la estructura de los Derechos Fundamentales en las páginas 78 y ss:

§ 6 *Struktur der Grundrechte* .... p. 78.
I. *Struktur des Abwehrrechts* .... p. 78.
1. Schutzbereich .... p. 79.
a) Sachlicher Schutzbereich .... p. 79.
b) Konkurrenzen .... p. 84.
2. Eingriff .... p. 86.
a) Klassischer Eingriffsbegriff .... p. 87.
b) Moderner Eingriffsbegriff .... p. 88.
c) Abgrenzung zur Ausgestaltung .... p. 92.
3. Verfassungsrechtliche Rechtfertigung .... p. 93.
a) Der Gesetzesvorbehalt .... p. 94.
b) Die sog Schranken-Schranken .... p. 101.
c) Besonderheiten bei der Ausgestaltung .... p. 113.
II. *Struktur grundrechtlicher Leistungsrechte* .... p. 115.
1. Schutzbereich .... p. 115.
2. Leistungspflicht .... p. 116.
3. Verletzung der Leistungspflicht .... p. 117.
Anhang: Aufbauschemata .... p. 120.

[155] Christian CALLIESS, *Rechtsstaat und Umweltstaat: Zugleich ein Beitrag zur Grundrechtsdogmatik im Rahmen mehrpoliger Verfassungsverhältnisse*, Tübingen, Mohr Siebeck, 2001, donde al hilo del examen de la tensión entre el principio constitutivo del Estado de Derecho y el principio del Estado de expresión ambiental, media en particular en el artículo 20a de la Ley Fundamental. El trasfondo es la «Sociedad del riesgo» identificada en las Ciencias sociales, en la que [por ejemplo en la biotecnología] lidiar con la incertidumbre y los riesgos científicos representan un desafío permanente para el Estado. En consecuencia, el Estado debe cumplir su función protectora derivada de su monopolio en el uso de la fuerza y ahora está obligado a brindar prevención ante nuevos riesgos además de la clásica defensa del peligro. Por lo tanto, desde una perspectiva jurídica, la atmósfera ambiental es un Estado de precaución que ha de construir la *Dogmática* aún con mayor solidez. El principio de precaución, que Christian Calliess

actualmente abiertas, más allá del ámbito subjetivo del Estado y de las Administraciones públicas nacionales, a la globalidad jurídica[156], algo que sucede con todo el Derecho público. En cuanto al Derecho procesal, está estrechamente vinculado a la estructura jurídica, pero al mismo tiempo tiende a aparecer siempre descuidada como área del Derecho porque, comparada con el Derecho sustantivo, tiene el supuesto estigma de ser secundaria, técnica «meramente formal». *Philipp Reimer* contrarresta esta impresión examinando primero, desde un punto de vista científico-teórico, qué diferentes cuestiones [pueden] plantearse en relación con el Derecho procesal: además de las relativas a la aplicación y las *dogmáticas*, también existen las teóricas observacionales de diversas indicaciones. Al fin y al cabo, los «teórico-procedimentales», adicionalmente a las relacionadas con la realidad, también identifican cuestiones normativas de investigación científica. Esta teoría del procedimiento judicial puede comprenderse e interpretarse respecto de las normas jurídicas propias de este contexto, en cuyo sentido funciona como una disciplina de reflexión y relevancia. El trabajo se basa en un sistema histórico y con muchas posibilidades reales y futuras[157].

---

inicialmente especifica y describe en detalle, puede implicar intervenciones de gran alcance en la libertad económica garantizada por los Derechos Fundamentales. La tensión así esbozada se resuelve en el Estado constitucional sustantivo a nivel de los Derechos Fundamentales, que, como Derechos defensivos por un lado y como Derechos de protección del otro, establecen una relación de Derecho constitucional de carácter multipolar. Sobre esta base, el autor desarrolla directrices *dogmáticas* de Derechos Fundamentales [por ejemplo, igualdad de Derechos con dimensiones defensivas y protectoras; necesidad de una prueba de proporcionalidad multipolar], que luego se aplican con miras a soluciones concretas discutidas en la Ciencia y la práctica. en el ámbito constitucional y en el administrativo.

[156] Jaime RODRÍGUEZ-ARANA MUÑOZ, «El Derecho Administrativo global: un derecho principal», en: *Administración de Andalucía*: *Revista Andaluza de Administración Pública,* Núm. 76, 2010, pp. 15-68. Justo J. REYNA, «Globalización, pluralidad sistémica y Derecho Administrativo: Apuntes para un Derecho Administrativo Multidimensional», en: A&C *Revista de Derecho Administrativo* & Constitucional, año 11, núm. 44, abr./jun. 2011, pp. 13-40.

[157] Matthias JESTAEDT, «§ 6 Verfassungsdogmatik», en: Uwe Kischel / Hanno Kube [eds], *Handbuch des Staatsrechts*, Band I. *Grundlagen, Wandel und Herausforderungen*, Heidelberg, C.F. Müller, 2023, pp. 265 y ss.

VIII.

El hecho de que el Derecho es una disciplina normativa lo recuerda *Matthias Jestaedt*, y esta, que parece una afirmación banal, es casi tautológica nos reconoce e indica[158]. Uno se inclinaría a plantear la contrapregunta: ¿qué otra cosa debería ser la Ciencia jurídica aparte de una *disciplina normativa* de carácter dialógico?[159] ¿Y qué información adicional y no redundante se ha obtenido realmente con esta clasificación? Sin embargo, esto no solo pasaría por alto la complejidad sino también las consecuencias inherentes a la predicación como disciplina normativa. En primer lugar, tanto el concepto como el punto de referencia de lo normativo son ambiguos. La *Dogmática jurídica*, recuerda *Ralf Poscher*, tradicionalmente la hallamos situada en la interfaz entre las exigencias académicas y las necesidades de la práctica jurídica o la realización práctica del Derecho. La evaluación de esta función de interfaz varía. En opinión de sus defensores, la *Dogmática jurídica* crea un foro de comunicación entre la reflexión científica teórica y la práctica, entrelazando la aplicación jurídica y la penetración jurídica metódicamente guiada. Esta interconexión, a su vez, tiene como pretensión garantizar el rigor y la legitimidad de la práctica, del mismo modo que persigue asegurar en la medida de lo posible la objetividad de la Ciencia jurídica, y, en tal sentido, los parámetros de valoración del grado de racionalidad del conocimiento teórico generado por la *Dogmática jurídica* deben adaptarse al ideal crítico, de tal modo que el carácter científico del razonamiento *dogmático* dependerá de que cada comunidad teórica satisfaga ciertos requisitos,

---

[158] Matthias JESTAEDT, «Rechtswissenschaft als normative Disziplin», en: Eric Hilgendorf / Jan C Joerden [eds], *Handbuch Rechtsilosofie*, Stuttgart, JB Metzler, 2021, pp. 254 y ss, https:// doi.org/10.1007/978-3-476-05639-9_39.

[159] Philip SOPER: la Ciencia jurídica es una Ciencia normativa de carácter dialógico, que tiene por correlatividad a la justicia en la toma de decisiones jurídicas responsables. Su postura epistemológica y científico-teórica viene determinada por las características del objeto de estudio. Entre las mismas destaca, en primer término, la mutabilidad del Derecho positivo y al tiempo del objeto científico a estudiar; por demás, la propia Ciencia jurídica contribuye con su trabajo a esa mutabilidad. En consecuencia, la Ciencia jurídica tiene por tarea la de reflexionar respecto de las específicas particularidades del Derecho en cuanto uno de los mecanismos esenciales de control social, *Una teoría del Derecho*, Madrid, Centro de Estudios Constitucionales, 1993.

como son: «el control racional de sus opiniones, la contrastación con principios comúnmente admitidos y el uso de un cierto procedimiento de justificación de sus resultados»[160]. En el lado de enfrente, los adscritos a corrientes diferentes, ven el posicionamiento igualitario de los participantes y el contenido en un discurso que reivindica el dominio cuantitativo sin especificar criterios cualitativos, como un peligro de brutalizar lo que en su conjunto pretende ser conocido como «Ciencia jurídica»[161].

A su vez, autores como es el caso por ejemplo del precitado *Ralf Poscher*, se pronuncian aseverando con total nitidez su entendimiento de la *Dogmática jurídica* como disciplina hermenéutica, esto es, puede y debe ser explicada desde la hermenéutica, y acepta el carácter interpretativo de la formación jurídica continuada. Idea, a nuestro juicio, que encontramos perfilada en *Gregory Leyh* respecto de que la hermenéutica jurídica implica confrontar las aporías que enfrentamos e intenta cuestionar, al menos de manera parcial, las pretendidamente tranquilas seguridades transmitidas por las opiniones y ortodoxias legales recibidas»[162]. Y, en tal contexto, la hermenéutica jurídica nos pone de relieve asimismo «la naturaleza política de todo acto de interpretación constitucional» en su concepción de la Constitución como tarea para la ciencia, la práctica y

---

160 Carlos PEÑA GONZÁLEZ, «El Valor Científico del Derecho», en: *Revista Derecho y Humanidades*, Santiago de Chile, núm. 6, 1998, p. 37; disponible en: https: // revistas.uchile.cl / index.php/ RDH/ article/view/ 25781/ 27109, autor que a propósito del significado de racionalidad científica propone un modelo que reúna determinadas virtudes «a fin de cuentas éticas», tales como: «tolerancia, respeto a las opiniones, disposición a escuchar, recurso a la persuasión antes que a la fuerza», resaltando el valor e intentando asimilar la labor de la *dogmática jurídica* respecto a este sentido de racionalidad, *ibidem*, p. 37.

161 Alejandro VERGARA BLANCO, «La *summa divisio iuris* público-privado de las disciplinas jurídicas», en: *Revista de Derecho Universidad Católica del Norte*, Chile, año 17, núm. 1, 2010, pp. 115-128.

162 Gregory LEYH, «Introduction», en: Gregory Leyh [ed.], *Legal, Hermeneutics: History and Practice*, Berkeley, University of California Press, 1992, pp. XI-XIX. En cuanto a Arthur KAUFMANN, nos presenta una definición de Hermenéutica entendida como «filosofía trascendental» orientada a la formulación de las condiciones que permiten «cualquier comprensión de sentido», y, como tal, «no describe método alguno; solo dice bajo qué presupuestos puede ser algo comprendido conforme a su sentido. Y puesto que nada de cuanto existe sería inaccesible al intelecto, la hermenéutica tiene carácter universal», *Hermenéutica y Derecho*, Granada, Comares, 2007, pp. 92- 93.

el público[163]. Si *Ralf Poscher* concibe la comprensión y la interpretación jurídica cual modo de intuición orientado a la práctica, va bastante más allá lógicamente de la letra de los textos positivos; le preocupa captar el sentido del latido profundo que habita en los textos dotados de positividad, porque no se queda ni en la mera letra ni en la sola historicidad. Por lo mismo, este tipo de estudio sigue siendo interpelante y enriquecedor para los estudiosos actuales de *lo dogmático*, porque son juristas que invitan a pensar con ellos y lanzan importantes preguntas de fondo a la Ciencia jurídica[164].

Concuerda con *Hans-Georg Gadamer* cuando nos habla de tratarse de un modo de intuición que tiene su propia racionalidad irreductible a

---

[163] Ralf POSCHER, «Rechtsdogmatik als hermeutische Disziplin. Zum interpretativen Charakter der Rechtsfortbildung», en: Jakob Nolte / Henner Wolter / Ralf Poscher [eds.], *Die Verfassung als Aufgabe von Wissenschaft, Praxis und Öffentlichkeit. Freundesgabe für Bernhard Schlink zum 70. Geburtstag*, Heidelberg, C.F. Müller, 2014, pp. 203-219. Asimismo, José Fernando VALENCIA GRAJALES – Mayda Soraya MARÍN GALEANO, que la entienden en cuanto herramienta de comprensión entre lo textual e intertextual, «buscando identificar sus significados desde lo textual, lógico, teleológico e histórico. Estas formas de investigar se pueden complementar desde la doctrina construida por los intérpretes oficiales de la norma, como el legislativo, los jueces o los operadores jurídicos que, en algún momento, deben aplicar y explicar las normas, creando para ello la jurisprudencia, los conceptos jurídicos o los textos interpretativos. Pero tanto, la *dogmática*, la hermenéutica y la doctrina requieren de confrontaciones con la realidad al momento de su aplicación, lo que nos lleva a la realidad empírica versus la aplicación normativa», «Investigación Teórica, Dogmática, Hemenéutica doctrinal y empírica de las Ciencias Jurídicas», en: *Ratio Juris*, Vol. 13, núm. 27, 2018, pp. 17-26, aquí especialmente p. 22. Marco Aurélio MARRAFON, *O caráter complexo da decisão em matéria constitucional: discursos sobre a verdade, radicalização hermenêutica e fundação ética na práxis jurisdicional*, Río de Janeiro, Lumen Juris, 2010: «Profundidad e *Gründlichkeit*» en «captar las cosas». Francesco VIOLA – Giuseppe. ZACCARIA, *Diritto e interpretazione. Lineamenti di teoria ermeneutica del diritto*, Roma-Bari, Laterza, 1999, p. 44: «en la perspectiva hermenéutica, no estamos ante un texto que tiene un significado, sino un significado que tienen uno o más textos. Esto significa que es el Derecho en cuanto sentido específico de la acción humana el que precede y confiere sentido a los textos, que por eso mismo son considerados "jurídicos". En consecuencia, la reconstrucción teórica del Derecho se caracteriza decisivamente por una fuerte concepción de la razón práctica, "que es inconciliable con una posición metaética relativista"».

[164] Ralf POSCHER, «Rechtsdogmatik als hermeutische Disziplin. Zum interpretativen Charakter der Rechtsfortbildung», en: Jakob Nolte / Henner Wolter / Ralf Poscher [eds.], *Die Verfassung als Aufgabe von Wissenschaft, Praxis und Öffentlichkeit. Freundesgabe für Bernhard Schlink zum 70. Geburtstag*, Heidelberg, C.F. Müller, 2014, pp. 203-219.

cualquier simple regla o conjunto de reglas formales, y que necesariamente implica una comprensión de la posición de uno mismo y de los demás, todo ello siempre orientado al caso particular que nos ocupa[165]. El concepto de *phronesis* que puede considerarse en sí mismo como una elaboración de la concepción dialógica de la comprensión es para *Hans-Georg Gadamer* altamente relevante, pues no solo actúa como medio al objeto de dar énfasis al componente práctico de «estar en el mundo» a lo largo de y contra la aprehensión teórica, sino que constituyente también un modo de comprensión de la propia situación concreta [tanto la inherente posición práctica y, más fundamentalmente, la correspondiente tesitura existencial], y, en definitiva, *phronesis* constituye un modo de

[165] El proyecto hermenéutico gadameriano, tal como queda definido en *Verdad y método*, fue elaborado en relación directa con la hermenéutica filosófica, proyecto iniciado, pero no terminado por Martin Heidegger. El objetivo de Hans-Georg GADAMER era descubrir la naturaleza de la comprensión humana. En el libro, Hans-Georg Gadamer sostuvo que la «verdad» y el «método» estaban habitualmente en desacuerdo el uno con el otro. Fue muy crítico con los dos enfoques metodológicos que se emplean en el estudio de las ciencias humanas [*Geisteswissenschaften*]. De un lado, criticaría los enfoques modernos que buscan modelar el método de las ciencias humanas al modo del método científico. Y, por otro, con el método tradicional de las humanidades cuyo enfoque se hace explícito en la obra de Wilhelm Dilthey, quien estimara que para lograr la interpretación correcta de un texto era necesario desentrañar la intención original que manejaba el autor cuando lo escribió. Hans-Georg Gadamer, en contraposición, creía que el significado de un texto no es reducible a las intenciones del autor, sino que ha de considerarse dependiente del contexto de interpretación, Gianni VATTIMO, *Oltre l'interpretazione*, Roma-Bari, Laterza, 1994; así lo interpreta también, básicamente, Martin G. WEIß, *Gianni Vattimo. Einführung. Mit einem Interview mit Gianni Vattimo*, Wien, Passagen Verlag, 2003. El italiano Gianteresio Vattimo, de sólida formación germana, ha sido, en efecto, uno de los pensadores más importantes de Europa durante los últimos decenios. En sus obras abogaba por un «cristianismo hermenéutico postontoteológico más allá de cualquier fundamentalismo». En este estudio, según el crítico en su breve reseña, se «traza minuciosamente y con absoluto rigor la trayectoria y la sistemática del pensamiento de Gianni Vattimo, de forma digamos «muy legible». La introducción se completa con una entrevista a Gianni Vattimo, por medio de la cual «profundiza y defiende» este sus tesis más actuales. Sin duda alguna, ayudan siempre mucho a la mejor comprensión del pensador italiano, entre otras, las publicaciones chispeantes de Teresa OÑATE Y ZUBÍA, a modo de ejemplo, «Al final de la modernidad», en: *Los Cuadernos del norte. Revista cultural de la Caja de Ahorros de Asturias*, Año 8, Núm. 43, 1987, pp. 40-47; también puede verse el delicioso libro de Teresa OÑATE Y ZUBÍA - Daniel LEIRO - Amanda NUÑEZ - Óscar CUBO, *El compromiso del espíritu actual: con Gianni Vattimo en Turín*, Cuenca, Alderabán, 2013.

autoconocimiento, el cual, junto con la comprensión, tiene la idiosincrasia de hallazgo constantemente nuevo[166]. Nos situamos ante un punto de partida en el que ambos elementos clave, *phronesis* y *diálogo*, alcanzan a considerarse fundados juntos, además de ser los elaboradores de la idea de situación hermenéutica o situacionalidad. Una idea de procedencia inicialmente heideggeriana[167], pero que asimismo *Hans-Georg Gadamer* desarrolla en sus propios términos, intramuros de un contexto en el que lo más importante para la comprensión es la subjetividad dependiente del entorno y de la historia[168]. Pero si, como es demasiado frecuente, la exégesis actual se encadena al historicismo, no podrá explicar por qué los textos antiguos con los modernos forman una unidad, ni cómo se articulan en el desarrollo del proceso de concretización[169].

Mantuvo como propósito *Hans-Georg Gadamer* llegar a la demostración de la experiencia de las Ciencias del espíritu a través de la concepción «participativa de la comprensión»[170], que es integrante de lo que llama el «problema hermenéutico»[171]. Y, a tal propósito, sugeri-

---

[166] Klaus GÜNTHER, «Universalische», en: Maximilian Herberger / Ulfrid Neumann / Helmut Rüssmann [eds.], *Generalisierung und Individualisierung im Rechtsdenken*, Stuttgart, Franz Steiner, 1992, pp. 36-75.

[167] Luiz ROHDEN, «A Ontologia Hermenèutica de Gadamer», en: *Revista portuguesa de filosofía,* Vol, 56, Nº 3-4, pp. 543-557, donde justifica y fundamenta que la Ontología hermenéutica de Hans-Georg Gadamer, a la que considera, además de diferente, más auténtica que la Ontoteología aristotélica, e incluso superior a la Ontología fundamental de Martin Heidegger de la que propiamente arranca.

[168] Hans-Georg GADAMER, *Verdad y método*, I. *Fundamentos de una hermenéutica filosófica*, 7ª ed., Salamanca, Sígueme, 1997, p. 302.

[169] Hans KUDLICH - Ralph CRISTENSEN, «Die Kanones der Auslegung als Hilfsmittel für die Entscheidung von Bedeutungskonflikten», en: *Juristische Arbeitsblätter*, Band 36, Heft 1, 2004, pp. 74-82.

[170] Paul RICOEUR postula que la dicotomía entre explicación del alemán «*erklären*», y comprensión [del alemán «*verstehen*»], se encuentra en la propuesta formulada por Wilhelm Dilthey al efecto de «dotar a las Ciencias del espíritu de una metodología y de una epistemología tan respetables como las propias de las Ciencias naturales», *Del texto a la acción*, Buenos Aires, Fondo de Cultura Económica, 2001, p. 77.

[171] Miguel GRANDE YÁNEZ, *Filosofía del Derecho Herméneutica*, Madrid, Tecnos, 2018, pp. 50 y ss; el autor no persigue establecer una relación entre la Hermenéutica como interpretación y el pensamiento jurídico, trascendiendo, pretende asentar toda una epistemología y ontología jurídicas. Siguiendo las huellas de los grandes de la Hermenéutica filosófica, expone sus ideas propias que le conducen al enaltecimiento existencial de aquel sujeto jurídico que reflexiona interpretativamente el acto jurídico,

ría que la hermenéutica filosófica proporciona un marco útil desde el cual ver, y tal vez reformar, el desorden y la incompetencia filosófica que actualmente domina el discurso constitucional[172]. Sostiene que la hermenéutica de la reforma en la continuidad emerge como una voz prominente en las disputas contemporáneas sobre la naturaleza y justificación de la razón, la verdad y el significado, y viene a ser en términos gadamerianos «la condición para hacerse las preguntas y las cuestiones acerca del conocimiento y la verdad». La hermenéutica, como gran parte de la filosofía moderna, emplaza un fuerte énfasis en el discernimiento del papel del lenguaje dado su carácter constitutivo de la realidad moral, social y política[173]. En consonancia con esta afirmación, cabe destacar

los hechos jurídicos y las soluciones jurídicas. Previo a buscar en la norma, en el método o en la argumentación, quien entiende ofrece respuesta es la propia filosofía del sujeto jurídico, convencido en la plenitud de su sentido de la construcción jurídica. Frente a la tradicional pugna de la corriente iuspositivista y la doctrina iusnaturalista, el libro plantea nuevamente su propio criterio hermenéutico en el momento de abordar el problema de la presencia ética en el Derecho, desarrollando a través de esta Filosofía del Derecho Hermenéutica la idea de la autocomprensión por la alteridad.

[172] Theodor VIEHWEG, «Zur Geisteswissenschaftlichkeit der Rechtsdisziplin» [La disciplina del Derecho como Ciencia del Espíritu], en: *Studium Generale*, núm. 11, 1958, pp. 334 y ss; más ampliamente en *Rechtsphilosophie und Rhetorische Rechtstheorie Gesammelte kleine Schriften mit einer Einleitung*, Heino Garrn [ed.], Baden-Baden, Nomos, 1995, https://d-nb.info/945125429/04; y también previamente en *Tópica y filosofía del derecho*, Barcelona, Gedisa, 1990.

[173] Friedrich MÜLLER, *Sytagma. Verfasstes Recht, Verfasste Gesellschaft, Verfasste Sprache Im Horizont von Zeit*, o *Syntagma. Derecho constituido, sociedad constituida, lenguaje constituido en el horizonte del tiempo*, Berlin, Duncker & Humblot, 2012. Friedemann VOGEL recensiona esta última obra en: *Das Argument 305. Zeitschrift für Philosphie und Sozialwissenschaften;* 55. Jahrgang, Heft 6, 2013, pp. 924-925, para decirnos que gran parte de los expertos jurídicos y lingüísticos no tienen hoy conocimiento suficiente sobre el funcionamiento de la lengua. Para una mejor comprensión del lenguaje, particularmente en contextos legales, este volumen se expresa específicamente acerca del carácter performativo del lenguaje en contextos legales. La contribución del volumen incluye el abanico de posibilidades con las que se puede abordar el fenómeno de la acción lingüística en contextos jurídicos. De un lado, por ejemplo, se descubren patrones, tradiciones y estructuras en el lenguaje jurídico y, por tanto, se muestra el carácter performativo de este campo de actividad. En otras palabras, el lenguaje performativo también será discutido en relación con el análisis de la escritura. En la obra se puede encontrar que existen aportes a la filosofía del derecho, como lo es el análisis del discurso que debe crear el Derecho de manera performativa. El volumen ofrece una excelente visión general para profundizar en la comprensión de las acciones del lenguaje

preformativo de los textos legales. Estas páginas documentan una obra para la filosofía y teoría del derecho, a fin de la reflexión sobre la Sociedad moderna, la teoría del lenguaje y una aproximación al enigma del vínculo entre el ser y el lenguaje. En el Capítulo uno de *Syntagma* se nos presenta una teoría del concepto jurídico y del texto jurídico, de una decisión razonada en lugar de una decisión sin más. En el capítulo segundo del libro, aparece una teoría de la Sociedad moderna, de las luchas que la impregnan, el Estado de la Europa moderna y su Constitución con el patrocinio de división y contradicción. El capítulo tercero contiene una discusión sobre el idioma y también incluye las páginas sobre el idioma del Derecho. El cuarto capítulo de la obra concluye a modo de metateoría de lo que inmanentemente impulsa la reflexión de los tres primeros, con una fenomenología del *tiempo* que se desarrolla en una tríada de conceptos de tiempo. El Derecho aparece como la lengua y se le da este empaque. En términos simples, se *basa en el Derecho y la Constitución, se basa en el juego que le es inmanente: significa una teoría real que reside de modo radical precisamente en este estado de inmanencia.* Tiempo de la ley, tiempo de la sociedad, tiempo del lenguaje. tiempo del pueblo. Al orbitar estos centros de gravedad, se resuelven una gran cantidad de problemas nuevos y antiguos, cada uno con ejemplos históricos y actuales. Por ejemplo, los formatos y roles de las precomprensiones, los eventos y situaciones, el derecho y el lenguaje como acciones. Luego, contiene la reivindicación de un Estado constitucional material y una democracia material en una república sustantiva y analiza el papel vital de los Derechos Humanos y civiles [trans]nacionales bajo el gobierno de oligarquías realmente existentes. Además, examina el problema central de la justicia y la necesidad elemental del Derecho natural, que actualmente puede satisfacerse a través de la concretización del Derecho positivo. La [vieja visión de "es *versus* debería"], la acción es teórica, lingüística y prácticamente insostenible, es realmente disuelta. Esta fórmula constituye un imperativo legal y se destaca como crucial la ética laboral de los trabajadores legales. En cuanto a la también recensión de Michael DROEGE, en: *Fachbuch Journal*, 6. Jahrgang, Heft, 4, 2014, destaca que el centro de todo análisis es el lenguaje original de la violencia, el lenguaje social, jurídico y lingüístico: la violencia en el lenguaje y las traducciones del lenguaje, incluidos los medios de comunicación, el lenguaje público, las diversas ideologías, las de diferencias de status de opiniones, argumentos y texto normativo al motivo de formulario. Esto incluye también el artículo intelectual y la posición científica. A través de las sucesivas reducciones de la democracia, por medio de una guerra civil latente en forma de lucha social desde arriba, junto con el dominio oligárquico, los límites de desempeño del Estado constitucional se vuelven tangibles. La guerra de los pocos contra el «*alcalde*» en el Estado de Derecho se resume en el contexto de un análisis de la guerra *omnium* contra *todo lo anterior al Estado de Derecho*. Junto con la *Dogmática jurídica* y la *lingüística jurídica* surge el conjunto de la teoría jurídica-política material, de la que también da testimonio. Razón de un camino científico y de un compromiso –«político»– en el sentido de: *relacionado con la polis*. En *la polis*, por cuya Constitución [«*Syntagma*»] sus miembros deberían luchar como lo hicieron por la baliza de la ciudad. No existe nada que no se haya deducido. Pero en cada punto se trata *del todo* en el sentido de una conciencia integral de los problemas de cómo seguir trabajando juntos que requiere *un trabajo en progreso*. Los textos legales también están escritos en sugerentes, divertidos que la imagen del Derecho como integridad de la fenomenología del razonamiento jurídico, obviamente guarda un gran parecido con la hermenéutica filosófica de la reforma, porque la hermenéutica promueve la afirmación ontológica de que toda comprensión humana está histórica y temporalmente condicionada[174], de modo tal que las interpretaciones textuales son siempre reconstrucciones del pasado comprendidas a la luz de las prácticas, intereses y problemas contemporáneos[175].

Si la verdad [«*veritas*] supone la verificabilidad –de uno u otro modo–, el criterio que mide el conocimiento ya no es tanto su carácter de verdad y sí ahora el de su certeza[176]. En consecuencia, el auténtico *ethos*

y misteriosos contenidos, y esto hace que la lectura sea un placer intelectual y te anima a pensar por ti mismo. Según el testimonio, el volumen de Friedrich Müller es algo más que el empleo de «una gran cantidad de tiempo». En la antigüedad hubiéramos podido hablar de «confesión». Este libro no es necesario leerlo «correctamente» si se nos permite decir, porque enlaza y avanza con respecto a otros varios escritos por el mismo autor, pero no está precisamente vacío de nuevos contenidos: «El título del núcleo de la Teoría jurídica Estructurante desarrollada por Friedrich Müller desde los años 1960, tiene por objeto transformar la violencia en un constituyente lingüístico. Lo que es inmediatamente obvio para la lingüística jurídica moderna, todavía hoy conmociona a la corriente tradicional principal. El concepto de tiempo impregna el enfoque estructurante, dinamiza sus conceptos –a diferencia de la tradición doctrinal reinante– y convierte la teoría en un "trabajo en progresivo". [...] Cualquiera que se atreva a examinar conceptos tradicionales en teoría jurídica, metodología y Derecho constitucional, y al mismo tiempo practicar la interdisciplinariedad práctica, encontrará aquí la clave».

[174] Thiago PENIDO / Rodolfo BARRETO / Jamile BERGAMASCHINE MATA DIZ, «Hermenéutica Constitucional: la contribución de la aplicabilidad del Derecho fundamental al libre desarrollo de la personalidad en el ordenamiento jurídico brasileño», en: *Revista general de Derecho Constitucional,* núm. 19, 2014.

[175] Hans-Georg GADAMER, «Die Universalität des hermeneutischen Problems», en: *Philosophisches Jahrbuch* 73, Heft 2, 1966, pp. 215-225.

[176] Hans-Georg GADAMER, «Was ist Wahrheit?» [1957], ahora en: *Kleine Schriften: Philosophie. Hermeneutik,* Vol. I, Tübingen, Mohr Siebeck, 1967, pp. 46-58. Entre nosotros, centrado en el mundo jurídico regido por la Constitución, Ignacio VILLAVERDE MENÉNDEZ estima que el carácter legítimo y «la validez derivada de la Constitución son ajenas a la verdad como concepto», «Verdad y constitución. Una incipiente dogmática de las ficciones constitucionales», en: *Revista Española de Derecho Constitucional,* núm. 106, 2016, pp. 149-201, aquí p. 163. http: // dx.doi.org/ 10.18042/ cepc / redc.106.04; en la Constitución democrática y en su Derecho no hay espacio para la verdad como categoría ontológica, dirá el autor. A su juicio, no cabe negar la relevancia que la verdad tiene para el Derecho, en particular, respecto de la práctica de la prueba de hechos o desde una perspectiva epistemológica: condiciones de validez

de la Ciencia moderna viene constituido por las reglas de certeza, de modo que solo admite para satisfacer las condiciones de verdad aquello que satisface el ideal de certeza, la tendencia a[177]. Vale decir, el objetivo es reflexionar sobre aquello que hace posible la comprensión misma en cuanto *tendencia* y *pertenencia* [«*Zugehörigkeit*»]...*a* una sensibilidad como experiencia de sentido[178]. Por demás, la comprensión se cumple en el medio del lenguaje, pero no entendido este como vehículo del conocimiento, sino en el sentido de que la realización del lenguaje obtiene su cumplimiento en la conversación, y el mundo siempre va a ser interpretado a partir de esta articulación del lenguaje; dicho de otro modo, el lenguaje viene a ser la primera interpretación global del mundo y tiene su verdadera existencia en cuanto en él aparece representada la realidad de las cosas[179]. Con relación al sentido, se resuelve entonces siempre

del razonamiento y decisión jurídicas. Ahora bien, hallar la verdad no es el objeto de los procesos judiciales, ni del debate libre de ideas, en el cual ningún mensaje puede arrogarse privilegio alguno apelando a su condición de verdadero.

[177] Hans-Georg GADAMER, *Le probleme de la conscience historique,* Louvain, Publications Universtaires de Louvain, 1963, p. 54. El texto reúne las conferencias que bajo el título: *Das Problem des historischen Bewußtseins, impartió el autor en la universidad de* Louvaina en el año 1957. En alemán *Das Problem des historischen Bewusstseins*, Tübingen, Mohr Siebeck, 2001. En castellano *El problema de la conciencia histórica*, Madrid, Tecnos, 1963, Considérese la diferencia con el consensualismo de Karl Otto APEL, *Teoría de la verdad y ética del discurso*, Barcelona, Paidós, 1991, para quien la idea de «consenso» ocupa una posición central, lo cual desvirtúa en parte la cuestión, pues renuncia a la posibilidad de penetrar en la esencia del tema hasta donde sea posible, y que, por el contrario, Hans-Georg Gadamer, entre otros, formula como la necesidad del hallazgo de la «base histórica y contingente de consenso».

[178] Señala Manuel GRANELL MUÑIZ que, en realidad, fue Franz Brentano quien supo definir todos los fenómenos psíquicos por la intencionalidad [de *intentio*, a su vez de *tendere*, tender]: la actividad intelectual y la volitiva son muy claramente intencionales, «tienden-a», se «refieren-a», y en su virtud está la conciencia abierta al mundo, *La vecindad humana. Fundamentación de la Ethología*, Madrid, Revista de Occidente, 1969.

[179] Friedrich MÜLLER – Ralph CHRISTENSEN – Michael SOKOLOWSKI, *Rechtstext und Textarbeit*, Berlin, Duncker & Humblot, 1997; Friedrich MÜLLER / Isolde BURR [eds.]: *Rechtssprache Europas. Reflexion der Praxis von Sprache und Mehrsprachigkeit im supranationalen Recht*, Berlin, Duncker & Humblot, 2004; de otra parte, las publicaciones recopiladas brindan una descripción general de estas controversias metodológicas en curso. El estado actual del Derecho de la Unión Europea puede verse como un lugar ejemplar para reflexionar sobre la metodología jurídica y, de manera más general, sobre los momentos de reestructuración de su campo disciplinario. Esto abre nuevas perspectivas para los desafíos que enfrenta este Derecho –y su erudición– en el

direccionalmente como interrogación y nunca como presencia[180]. En esta línea, a juicio de *Paul Ricoeur*, el significado y la comprensión se obtienen a través de la cultura y la narrativa de la naturaleza que sean, ya que estas tienen lugar en el tiempo. La experiencia hermenéutica de la verdad viene regida, por ende, a cargo del «principio de la historia efectual»[181]. *Hans-Georg Gadamer* sostiene que el individuo tiene una conciencia históricamente moldeada, esto es, que la conciencia trae consigo efectos de la historia y que estamos insertos plenamente en la cultura e historia de nuestro tiempo y lugar, y, por ello, plenamente formados por ellas: «autoconciencia histórica». Esto supone que nuestros intentos de entender se guían siempre más por la tradición [aunque no se queden ni mucho menos atrapados en ella], y, consiguientemente, por los prejuicios o juicios previos, de todo aquello que estamos en condiciones de hacernos explícitos a nosotros mismos[182]. *Hans-Georg Gadamer* criticó el relegamiento de la tradición originado por del romanticismo. Según sostuvo, el romanticismo consideraba que la tradición aparece como la contrapartida abstracta de la libre autodeterminación, puesto que no necesita fundamentos racionales para ser aceptada. Precisamente, esta idea del romanticismo es la que intenta rebatir cuando nos expone que la tradición, realmente, es también siempre un momento de «la libertad y de la historia». Aun la tradición más auténtica y venerable no se realiza, naturalmente, en virtud de la capacidad de permanencia de lo que de algún modo ya está dado, sino que necesita ser afirmada, asumida y cultivada[183]. La tradición es esencialmente conservación, y como tal nunca deja de estar presente en los cambios históricos[184]. Sin embargo, la

---

siglo XXI, desde la mejor protección de los Derechos Fundamentales hasta la defensa jurídica frente a las presiones externas.

[180] Hans-Georg GADAMER, *Verdad y método* II, Salamanca, Sígueme, 1998, pp. 147-148.

[181] Paul RICOEUR, *Del texto a la acción. Ensayos de hermenéutica II*, Buenos Aires, F.C.E., 2001.

[182] Hans-Georg GADAMER, *Verdad y Método*, II., Salamanca, Sígueme, 1998, pp. 195 y ss.

[183] Coincidencia en ello de Ralf POSCHER, «Hermeneutics, Jurisprudence and Law», en: Jeff Malpas / Hans-Helmuth Gander [eds.], *The Routledge Companion to Hermeneutics*, London, Routledge, 2015, pp. 451-465.

[184] Thomas WÜRTENBERG, «Grundgesetz und Verfassungstradition», en: Nikolaos Alibizatos [ed.], *Essays in Honour of Georgios* I. *Kassimatis*, Athen-Berlin-Brüssel, BWV Berliner Wissenshafts Bruylant, 2004, pp. 323-342.

conservación es un acto de la razón, «aunque caracterizado por el hecho de no atraer la atención sobre sí»[185]. Si se rompe la normatividad de la interpretación a favor de su cientificidad, como si fueran incompatibles o, al menos, como si lo primero estorbara a lo segundo, la tradición se convierte automáticamente en un elemento superfluo[186].

En la hermenéutica, proseguirá *Hans-Georg Gadamer*, la experiencia de la verdad, condicionada por la tradición, por lo tanto, es también una cuestión de prejuicio. Y aclara el significado de «prejuicio» en referencia al primer *Martin Heidegger*. Coincide con este último en que la existencia humana se caracteriza por la facticidad, de modo que la comprensión, o nuestra proyección de posibilidades, está orientada por «preestructuras» que son una cuestión de arrojamiento. Sin embargo, estas «preestructuras» se describen mejor como «prejuicios», porque conciernen «a más» que las situaciones individuales, en cuanto componentes de nuestra existencia. Las «preestructuras» están moldeadas por el contexto más amplio de significados heredados históricamente que permanecen operativos o, de hecho, en tales situaciones de nuestra existencia individual actúan en primer lugar[187]. Juzgada negativamente como prejuicio en el campo de la teoría del conocimiento, la «precomprensión» es, en el terreno de la ontología fundamental, un juicio previo positivo y comprensible, por mor de la estructura anticipativa del comprender[188]. Según expresamente señala *Hans-Georg Gadamer*: «En verdad, radica en la historicidad de nuestra

[185] Hans-Georg GADAMER, *Verdad y Método*, I. *Fundamentos de una hermenéutica filosófica*, 7ª ed., Salamanca, Sígueme, 1997, p. 349.

[186] Ralph CRISTENSEN – Hans KUDLICH, «Die Auslegungslehre als implizite Sprachtheorie der Juristen», en: *Archiv für Rechts- und Sozialphilosophie* [*ARSP*], Vol. 88, Nr. 2, 2002, pp. 230-246; Ralph CRISTENSEN, «Sprache und Normativität oder wie man eine Fiktion wirklich macht», en: Julian Krüper / Heike Merten / Martin Morlok [eds.], *An den Grenzen der Rechtsdogmatik*, Tübingen, Mohr Siebeck, 2010, pp.128-138; Martin MORLOK, «Neue Erkenntnisse und Entwicklungen aus sprach- und rechtswissenschaftlicher Sicht», en: Bernhard Ehrenzeller / Peter Gomez / Markus Kotzur / Daniel Thürer / Klaus A. Vallender [eds.], *Präjudiz und Sprache*, Zürich-St. Gallen, DIQUE-Nomos, 2008, pp. 27 y ss.

[187] Para el mundo jurídico, el acertado artículo de Ralf POSCHER, «Hermeneutics and Law», en: Michael N. Forster / Kristin Gjesdal [eds.], *The Cambridge Companion to Hermeneutics*, Cambridge, Cambridge University Press, 2019, pp. 326-353.

[188] Otto PÖGGELER, *Heidegger und die hermeneutische Philosophie*, München, Karl Alber, 1983, pp. 272-277, y pp. 312 y ss.

existencia el que los prejuicios, en el sentido literal de la palabra, constituyan la orientación previa a toda nuestra capacidad de experienciar. Son preconcepciones de nuestra apertura al mundo y, por ello precisamente, las condiciones de que podamos experienciar algo, de que aquello con lo que nos encontramos nos diga algo»[189].

Este previo postulado, como sostiene el mismo *Hans-Georg Gadamer*, tiene implicaciones normativas importantes para la experiencia jurídica interpretativa[190]. Tales implicaciones se derivan del hecho de que es imposible volverse completamente consciente de los prejuicios operativos en nuestros intentos de comprender. La tradición y el prejuicio son elementos fundamentales del conocimiento y de la interpretación de los datos. Pero caer en la cuenta de la existencia de presupuestos y prejuicios hermenéuticos supone una gran ganancia: denota honestidad y brinda la posibilidad de explicitar los presupuestos y criterios hermenéuticos e indagar hasta las profundidades últimas del momento en el examen concretizador de los casos[191]. Para *Hans-Georg Gadamer* una buena parte de los prejuicios son falaces, toda vez, según nos dice, existen prejuicios correctos y prejuicios falsos, esto es, *doxas a priori*

---

189 Hans-Georg GADAMER, *Gesammelte Werke*, Band 2, Tübingen, Mohr-Siebeck, 1999, p. 224.

190 Josef ESSER dejaría sentado que «hacer fructífera la Hermenéutica para la metodología jurídica, podría contribuir decisivamente a introducir la racionalidad en el proceso de hallazgo del Derecho aplicable». En su estima, la Hermenéutica podría ser de mucha utilidad, toda vez que mediante el proceso de comprensión hermenéutico se contribuiría a dar cuenta de los elementos subjetivos que intervienen en la interpretación, lo que sería un primer paso para deshacerse de estos, y con ello racionalizar la elección del Derecho aplicable, «Interpretación», en: *Anuario de Filosofía del Derecho*, núm. 3, 198, pp. 67-90; también del autor *Grundsatz und Norm in der richterlichen Fortbildung des Privatrechts*, Tübingen, Mohr, 1956; *Vorverständnis und Methodenwahl in der Rechtsfindung, Rationalitätsgrundlagen richterlicher Entscheidungspraxis*, 2ª ed., Frankfurt am Main, Athenaum, 1972; y «Bemerkungen zur Unentbehrlichkeit des juristischen Handwerkszeugs», en: *JuristenZeitung*, 30. Jahrgang, Heft 18, 19 de septiembre de 1975, pp. 555-558.

191 Joseph RATZINGER, «La relación entre magisterio de la Iglesia y exégesis», en: Joseph Ratzinger / Paul Beauchamp / Bruna Costacurta / Ignace de la Potterie / Klemens Stock / Albert Vanhoye [eds.], *Escritura e interpretación*, Madrid, Palabra, 2003, pp. 175-187, especialmente aquí p. 181; también de este autor y en la misma obra, «La interpretación bíblica en conflicto. Sobre el problema de los fundamentos y la orientación de la exégesis hoy», pp. 19-54.

que son verdaderas y otras que son falsas, siendo preciso tener muy en cuenta esto cuando se habla de prejuicios. Como sigue señalando, en un registro ontológico «*ser históricamente significa que el conocimiento de uno mismo nunca puede ser completo*»[192]. De conformidad con lo expresado, la experiencia de la verdad no conduce a la certeza de uno mismo, sino a la comprensión de que debemos proceder siempre con un autoconocimiento délfico de nuestros límites. Para el autor, las derivas normativas del «principio de historia efectual», implican que en nuestra experiencia interpretativa debemos intentar siempre proceder a una ampliación de horizontes. Por horizonte, *Hans-Georg Gadamer* tiene en mente el «rango» de nuestra capacidad de comprensión[193], la cual resulta posible y está limitada por la amplitud y profundidad de lo que ya hemos llegado a comprender en nuestras vidas. En este concepto de horizonte, no es difícil escuchar el eco de la visión humanista o sensibilidad de que la experiencia interpretativa lo es de naturaleza «*educativa*». Nuestro horizonte es la formación que hemos logrado a través de la interpretación de la experiencia adquirida, tanto de la educación formal recibida como de la experiencia que hemos vivido. Así, la demanda normativa de la experiencia interpretativa es siempre «un ser más educado» formal y experiencialmente. *Hans-Georg Gadamer* describe la expansión de nuestros horizontes como una «fusión de horizontes», en la cual pretende descubrir hitos en el camino eterno del tiempo, a la espera de que no resten preguntas carentes de respuesta como condición de posibilidades a extraer en el seno del círculo hermenéutico [«*hermeneutische Zirkel*»], aunque siempre aparecerán nuevos horizontes[194]. Por lo que atañe a *Paul Ricoeur*, estima que una prueba importante de la universalidad de la hermenéutica es la extensión de las consideraciones hermenéuticas al ámbito práctico y aclara cómo la experiencia interpretativa, especialmente la experiencia interpretativa de la narrativa, juega un papel importante no menos en agencia prácti-

---

[192] Hans-Georg GADAMER, *Verdad y Método*, I. *Fundamentos de una hermenéutica filosófica*, 7ª ed., Salamanca, Sígueme, 1997, p. 302.

[193] Hans-Georg GADAMER, *Verdad y Método*, I. *Fundamentos de una hermenéutica filosófica*, 7ª ed., Salamanca, Sígueme,1997, p. 302.

[194] Hans-Georg GADAMER, *Verdad y Método*, I. *Fundamentos de una hermenéutica filosófica*, 7ª ed., Salamanca, Sígueme,1997, p. 306.

ca que en crítica política[195], en tanto *Günter Figal* pondrá de especial relieve el realismo de la preocupación de *Hans-Georg Gadamer* por la sustantividad [«*Sachlichkeit*»] de la experiencia interpretativa, en su obra «*Gegenstandlichkeit*». El libro, según las recensiones que se han hecho del mismo, se fundamenta en una hermenéutica filosófica en la que se redefine la comprensión y a partir de ahí la interpretación resultante que comprende como la referencia original a una cosa; se refiere a algo que se opone y desafía, lo que constituye una base de filosofía hermenéutica en la que aparecen redefinidas la interpretación y la comprensión. Aunque la interpretación es realizada según sus posibilidades individuales obviamente del intérprete, lo que se ha de interpretar no es absorbido por esas posibilidades, y la comprensión logrará alcanzar todas sus verdaderas expectativas cuando las opiniones previas con las que se inicia el proceso no son arbitrarias. Para *Günter Figal* también es como si se tratara de oposición y desafío: la probabilidad hermenéutica es experiencia de finalidades, es mezcla de hermenéutica de continuidad y reforma gadameriana con la hermenéutica de la discontinuidad y de la ruptura a la que este autor se abre o adopta también, de manera que obviémos todo obstáculo al diálogo horizontal a sostener. A partir de ahí, el objeto se sitúa en el centro de la hermenéutica filosófica. En la rehabilitación del objeto se opone a la crítica de la «objetivación» o «cosificación», tan extendida en los tiempos modernos, de la reflexión filosófica. Esta crítica, que se fundamenta en el carácter de la vida humana, no ignora la referencia a las cosas y hechos que orientan la expresión de una vida más completa: la vida determinada por una referencia fáctica que sustenta las actividades vitales. La experiencia hermenéutica es así intensiva y una réplica de la vida humana en general. Desarrolla esta idea que tiene un propósito comprensivo de la vida humana en general. Así, describe fenomenológicamente el comportamiento en el mundo desde sus dimensiones hermenéuticas, y esta referencia fáctica es posible en una existencia precisamente con dimensiones hermenéuticas. Como tales, la libertad, el lenguaje y el tiempo se discuten

---

[195] Paul RICOEUR, *Del texto a la acción. Ensayos de Hermenéutica II*, Buenos Aires, Fondo de Cultura Económica, 2001.

fenomenológicamente[196]. Por eso va también en contra de la crítica a la «objetivación», hoy con perfiles muy renovados frente la superada y defendida, así como aceptada durante decenios, por *Max Weber*[197]. El autor muestra que la experiencia hermenéutica de la interpretación solo intensifica lo que se aplica a la vida humana en general[198]. Una vez

---

[196] Günter FIGAL, *Gegenständlichkeit. Das Hermeneutische und die Philosophie*, Tübingen, Mohr Siebeck [2ª ed., 2010]. En su recepción del libro aparecida en el *Süddeutsche Zeitung* de 12 de abril del año 2007, Núm. 84, p. 16: «Las cosas no son triviales. El filósofo Günter Figal y el ámbito de la comprensión», el crítico Ralf KONERSMANN dice estar impresionado por la redefinición de la Hermenéutica a cargo de Günter Figal como epítome de lo objetivo. En su opinión, el autor sigue la definición hermenéutica clásica del problema sin adoptar por completo su solución. Establece cierta diferencia con Hans-Georg Gadamer, quien pensara que la interpretación surge de la lectura, pues Günter Figal se centra más en la independencia e incluso la objetividad de los textos. En este contexto, Ralf Konersmann habla de una rehabilitación del mundo de las cosas. Las cosas, cita al autor, «por su naturaleza, se sostienen por sí mismas; esta es la única razón por la que se puede uno apropiar de ellas». Elogia el libro de Günter Figal como «extremadamente denso y disciplinado» y da fe de su «considerable potencial de provocación». En su crítica ve, además de los estudios culturales, que solo conocen «construcciones», la Hermenéutica clásica y, finalmente, la filosofía moderna. Está particularmente convencido de que la tesis básica de Günter Figal era que solo una filosofía orientada teoréticamente puede abrir paso a la comprensión: «No estoy dispuesto a renunciar a la "lógica humanista de la fenomenología", siempre que esta lógica signifique incluir la indispensabilidad de las perspectivas humanas. La fenomenología abre una objetividad que no puede ser reducida a su formación ni postulada como un hecho. Es objetividad fenoménica, esto es, objetividad que se muestra a sí misma como tal en la experiencia, y no menos en las diferentes perspectivas de la experiencia. La objetividad en este sentido es objetividad primordial; es anterior a la producción o la determinación conceptual, en la medida en que permite y activa el acceso productivo o determinativo. En la experiencia estética esta objetividad primordial es reflexivamente descubierta y se le permite volverse aparición explícita». La entrevista fue realizada en inglés y publicada parcialmente en el portal Figure/Ground: http://figureground.org/interview-with-gunter-figal/

[197] Puede verse Max WEBER, «Die „Objektivität" sozialwissenschaftlicher und sozialpolitischer Erkenntnis», en: *Archiv für Sozialwissenschaft und Sozialpolitik*, 19, 1904, pp. 22-87.

[198] Günter FIGAL, *Gegenständlichkeit. Das Hermeneutische und die Philosophie*, Tübingen, Mohr Siebeck, 2006; este libro se nos dice en una de sus recensiones, caso de Christian SOMMER, en: *Les Etudes Philosophiques*, 95, 2010, pp. 169-184, constituye un fundamento de la Hermenéutica filosófica, en la que se redefinen la interpretación y la comprensión. La interpretación resulta ser una referencia original a una cosa: se relaciona con algo que se opone y desafía. El objetivo está de ese modo en el corazón de la Hermenéutica filosófica. A consecuencia de tal razón, también se opone a la crítica de la «cosificación» que hallamos muy extendida en la modernidad. El autor nos muestra que

la experiencia hermenéutica de la interpretación no hace más que intensificar lo que es verdad de la vida humana en general: la vida está determinada por una referencia fáctica que sostiene los logros que vivimos. Esta referencia fáctica es posible en un mundo con dimensiones hermenéuticas. Como tal, la libertad, el lenguaje y el tiempo, se discuten fenomenológicamente. Más aún nos dirá: «Recordemos, a través de estas críticas, que el proyecto de Günter Figal aparece, por así decirlo, como una "rehabilitación de la filosofía teórica" basada en la fuerte conceptualización de una noción de distancia no objetivista, una distancia que exige otra forma de comprensión que permita llevar a cabo la *epoché* en el primer sentido". Es por esto que la empresa de Günter Figal aboga por un cierto retorno a Edmund Husserl [§ 14] y por una Hermenéutica *fenomenológica.* Si Martin Heidegger podía decir que la fenomenología solo es posible como Hermenéutica, Günter Figal invierte o completa esta proposición al afirmar que la Hermenéutica solo se ilumina a la luz de la fenomenología. Esta «fenomenologización» de la Hermenéutica opera a través del concepto central de objetividad [«*Gegenständlichkeit*»], una noción fácilmente criticada tanto en la tradición hermenéutica como en la fenomenológica, porque se identifica con la objetivación científica. Estaremos de acuerdo en que la «reinversión de la noción « de „*Gegenständlichkeit*" no deja de chocar con el uso habitual; pero esto es exactamente lo que busca Günter Figal cuando caracteriza la "filosofía moderna" como una vasta empresa de "desobjetivación", que culmina con el programa nietzscheano de una fluidificación dionisíaca de la realidad, una tendencia antiobjetivista retomada en las filosofías de la vida, pero también en Edmund Husserl, en su regreso a una conciencia pura, y por Martin Heidegger en su retorno a una realización no objetiva de la vida factual o del *Dasein*", siendo ambos incapaces de captar la exterioridad („*Äusserlichkeit*") de la conciencia más que como un modo de datidad (p. 132) (...) Y entonces podríamos preguntarnos, para terminar, dónde se encontraría, en una hermenéutica fenomenológica de la „*Gegenständlichkeit*" y de la relación consigo mismo, el lugar de un *alter ipse*, es decir de un *alter* que no estaría subordinado al *ipse* del movimiento *dialéctico* inherente a la hermenéutica fenomenológica concebida como pensamiento escrito y textual („*schriftliches Denken*, § 28") esencialmente no responsivo. Si la "exterioridad intensiva" de „*Gegenständlichkeit*" es la "escena primitiva del pensamiento hermenéutico" (p. 74), ¿puede concebirse el texto a través del cual pasa la exterioridad como un "diálogo abierto" („*offenes Gespräch*") en el sentido de Gadamer, y el objeto ¿Quién viene a objetar al interpretante como figura de alteridad procedente de esta exterioridad?. O, por el contrario, el otro, como lector u oyente del texto, solo puede ser reabsorbido, dialécticamente, en la „*Gegenständlichkeit*", que exige, como prioridad, la comprensión de los "objetos" y su lenguaje (p. 478), comprender: ¿Asegurado por la auto-relación del ser humano que implica una forma de separación de los demás? Este último caso rompería con una concepción de la hermenéutica como "el arte de comprender correctamente el discurso de los demás", es decir, con Schleiermacher y Dilthey, donde la cuestión de la comprensión implica siempre la cuestión del acceso a los demás, pero también con Edmund Husserl y el problema de la intersubjetividad, concepto que todavía hace eco de la hermenéutica ricoeuriana del "uno mismo como otro". Es esta dimensión de la intersubjetividad y la comprensión de la alteridad la que está en juego en el poderoso y riguroso desarrollo de una hermenéutica fenomenológica de la „*Gegenständlichkeit*". Podríamos entonces, en cierto modo, redireccionar. la pregunta que una vez le hicieron a Heidegger después de la publicación de *Ser y tiempo*: "¿Cuándo escribirá una ética?"».

revelados los aspectos precedentes es importante reseñar las propuestas que promueven formas contemporáneas de realismo fenomenológico y hermenéutico, en vinculación productiva con el realismo ontológico de campos de sentido de *Markus Gabriel*[199]. La primera de ellas es la enunciada por *Günter Figal*, quien pese a reconocer que «*Die Phänomenologie ist nicht gerade berühmt oder berüchtigt dafür, ein Beitrag zum philosophischen Realismus zu sein*» [«la fenomenología no es precisamente famosa o notoria por ser una contribución al realismo filosófico»][200], fue orientando sus trabajos de los últimos años hacia una forma de realismo fenomenológico-hermenéutico, en el marco de lo que identifica como giro objetivo producido en la Hermenéutica[201].

Consecuentemente con lo anterior, la afirmación de que la experiencia hermenéutica de la verdad está condicionada por la tradición no es reducible al historicismo o al proyecto historicista de determinar, digamos, lo que un artista o un autor *consideraba true* a través de una reconstrucción del contexto histórico de la obra de arte o texto bajo consideración. Muy por el contrario, la experiencia hermenéutica de la verdad se refiere a algo que es verdadero para nuestra propia existencia. Más bien, entonces, la experiencia hermenéutica de «la verdad» está condicionada por la tradición en el sentido de que es limitada y posible gracias a la transmisión histórica de significado. En la reclamación de

---

[199] El problema del nexo entre realismo y fenomenología hermenéutica se concentra en un ámbito específico: el diálogo entre el nuevo realismo de un Markus GABRIEL [con su ontología de campos de sentido, puede verse *Sentido y existencia. Una ontología realista*, Barcelona, Herder, 2017], y algunas propuestas hermenéutico-fenomenológicas [caso de las de Günter FIGAL, o de Tobias KEILING] que se autocomprenden en términos realistas, y han entrado en diálogo directo con el planteamiento realista de Markus GABRIEL. Asimismo, apuntemos que la hipótesis acerca de la posibilidad del diálogo productivo entre estas formas filosóficas se fundamenta en una determinación específica del realismo como base filosófica viable, dice Tobias KEILING en su «mundo, espacio y el problema del infinito»: «Welt und Raum. Zum Problem des Unendlichen im Anschluss an Günter Figal», en: Antonia Egel / David Espinet / Tobias Keiling / Bernhard Zimmermann [eds.], *Die Gegenständlichkeit der Welt. Festschrift für* Günter Figal zum 70. Geburtstag, Tübingen, Mohr Siebeck, 2019, pp. 283-315. DOI: 10.1628 / 978-3-16-157683-6.

[200] Günter FIGAL, *Freiräume, Phänomenologie und Hermeneutik* [Espacios libres, Fenomenología y Hermenéutica], Tübingen, Mohr Siebeck, 2017, p. 27.

[201] Günter FIGAL, *Unscheinbarkeit. Der Raum der Phänomenologie* [Inapariencialidad. El espacio de la fenomenología], Tübingen, Mohr Siebeck, 2015.

que la experiencia hermenéutica de la verdad está condicionada por la tradición, se subraya el sentido del origen etimológico de la palabra «tradición», en latín «*trāditiōn*» -[raíz de «*trāditiō*»]-: aquí una entrega o transmisión de conocimiento. Esta afirmación también subraya el sentido de la idea de *Hans-Georg Gadamer*. Estamos ante el término alemán usado para tradición, «*Überlieferung*» que, traducido literalmente, significa «entregar». La experiencia hermenéutica de la verdad implica así pertenecer a una tradición histórica. Pero, contrariamente a una idea errónea común sobre la teoría gadameriana, las tradiciones no son algo monolítico. Las tradiciones tienen mayor parecido con la dinámica propia de los procesos: idiomáticos, dinámicos y evolucionados, que «contienen multitudes»[202]. En consecuencia, pertenecer a una tradición no es primero poseer una identidad derivada de una herencia

---

[202] Carsten Bäcker / Matthias Klatt / Sabrina Zucca-Soest [eds.], *Sprache – Recht – Gesellschaft*, Tübingen, Mohr Siebeck, 2012: «*Sprache ist ein soziales Phänomen, und formt das Recht als Sollensordnung*». Las aportaciones debaten las conexiones entre la Hermenéutica y el Derecho en cuanto institución social, y asimismo se aborda la relación entre el lenguaje y la argumentación jurídica, como también las interconexiones del derecho, la lengua y la cultura. Las diversas contribuciones se fundamentan en el planteamiento de preguntas clave comunes que son respondidas desde la perspectiva de la disciplina respectiva, con la cual, el volumen también ofrece testimonio de un formato particularmente innovador de colaboración investigadora.

El índice de esta novedosa obra es el siguiente:

«*Vorwort*».

Parte 1: *Zur Hermeneutik von Recht als gesellschaftlicher Institution.*

– Sabrina Zucca-Soest: «Zur Hermeneutik von Recht als gesellschaftlicher Institution».

– Bernhard Herrlich: «Recht normativ und pragmatisch».

– Jens Olesen: «Von Deutungsmacht und wie Deutung Macht mach»t.

– Roland Lhotta: «Die konstitutive Wirkung des Rechts und seiner Sprache: Judizielle Governance als diskursiver Wettbewerb um Deutungshoheit».

– Christian Thein: «Zur Dialektik von Sprache, Recht und kritischer Vernunft».

– Julia Hänni: «Juristische Hermeneutik: Die Sinnermittlung der Juristen».

– Sergio Dellavalle: «Das Recht als positiv-formalisierte Sprache des gesellschaftlich verbindlichen Sollens».

Parte 2: «*Sprache und juristische Argumentation*».

– Matthias Klatt: «Die Bedeutung von Normen».

– Ulfrid Neumann: «Sprache und juristische Argumentation».

– Ekkehard Felder: «Unendliche Semiose im Recht als Garant der Rechtssicherheit».

– Tobias Herbst: «Das Besondere der juristischen Interpretation».

– Erasmus Mayr: «Juristische Normen, Interpretation und Bedeutungsskepsis».

– Christian Barth: «Sprachliche Bedeutung im juristischen Diskurs».

cultural o étnica; más bien, resulta de ser partícipe de un movimiento de transmisión y entrega de resultados o conocimientos adquiridos y dispuestos en favor de la comprensión. También para *Günter Figal* el ser humano en tanto que existe comprende, tiene capacidad comprensora[203]. Somos comprensores afirma, en el fondo vital de la existencia, recordando el punto de vista de *Bernhardt Welte*, y ese fondo íntimo viene dado por el hecho de existir[204]: el fondo de toda comprensión, íntimo a la mismidad del ser humano, es que este es en sí mismo comprensión.

– Matthias Kiesselbach: «Was sagt das Gesetz? Zur Rede vom „wörtlicher Bedeutung" in Bezug auf Rechtstexte».

Parte 3: «*Recht, Sprache und Kultur Carsten Bäcker: Recht, Sprache und Kultur*».

– Hilmar Schmiedl-Neuburg: «Kultur, Sprache und Recht zwischen Relativismus und Universalismus».

– Jörn Reinhardt: «Reiterativer Universalismus. Sprache – Kultur – Menschenrechte».

– Martin Morlok: «Recht, Sprache und Kultur».

– Petra Braselmann: «Sprache des Rechts und Recht der Sprache».

– Doris Liebwald: «Rechtsetzung im Spannungsfeld von politischem Willen und sprachlicher Divergenz».

203 El entronque es aquí con Martin HEIDEGGER, para quien la existencia humana se caracteriza por el hecho de que el hombre tiene una relación de ser [«*Seinsverhältnis*»] con su propio ser, y esta relación es definida como una forma de comprensión del propio ser: al ser humano le importa su propia vida, está vitalmente interesado fuertemente en su ser.

204 La determinación filosófica que Bernhardt WELTE hace de la comprensión toma su punto de arranque en planteamientos de Martin Heidegger [Respecto a la relación mantenida por Bernhard Welte y Martin Heidegger véase la correspondencia entre ambos publicada en Martin HEIDEGGER – Bernhard WELTE, *Briefe und Begegnungen,* Alfred Denker / Holger Zaborowski [eds.], Stuttgart, Klett-Cotta, 2003, 191 págs.], y esboza una doble condición de aquella: 1ª Se comprende lo que la palabra significa, vale decir, el sentido de lo expresado. A esto el pensador alemán lo denomina expresión [«*Ausspruch*»]; 2ª Enlazado con lo anterior, se comprende la manera de cómo la palabra interpela al que la escucha. A esta dimensión la llama interpelación [«*Anspruch*»]. Esencial es aquí que ambas dimensiones se co-pertenecen. Además, la comprensión antes de la comprensión abarca una capacidad respecto de todo lo que podemos co-realizar comprensoramente, véase su obra clásica, *Heilsverständnis. Philosophische Untersuchungen einiger Voraussetzungen zum Verständnis des Christentums* [en español *Comprensión de salvación. Investigaciones filosóficas sobre algunos presupuestos para la comprensión del cristianismo*], Freibug-Basel-Wien, Herder, 1966.

IX.

La contribución de *Matthias Jestaedt* que reproducimos, proporciona una línea de orientación clara, que naturalmente demanda de nuevos desarrollos, y crea seguridad en uno mismo al reflexionar sobre la *Dogmática jurídica*, la consideración del *Derecho* como *Ciencia de realidad*[205], y el *sistema jurídico* como parte de la Sociedad afectante a sus diversas dimensiones. Puede decirse con entera confianza que la aportación ofrece una visión general de la Ciencia del Derecho constitucional y de la *Dogmática jurídica* alemana contemporánea del Derecho público. Exponiendo sintéticamente el fundamento detrás del cual examina los conceptos y argumentos como propugnara *Ernst Wolfgang Böckenförde* también a la luz de las crisis contemporáneas de la democracia incluida la jurídica, la *Dogmática* sirve como clave histórico-jurídica para conducir el desbloqueo de las condiciones permisivas del avance de lo democrático-constitucional en cuanto proyecto de renovación permanente que necesita ser registrado, confirmado e informado por principios jurídicos confiables y consistentes en orden a la construcción comunitaria de la Sociedad. Porque, considerando los enormes desafíos que enfrentan las democracias hoy en día, ¿cómo se debe juzgar la visión optimista del propio *Ernst-Wolfgang Böckenförde* sobre las capacidades regulatorias del Estado?[206], lo cual no es precisamente irrelevante, dado el poder de facto

---

[205] Coincide en ello con los argumentos ofrecidos por autores como por ejemplo Franz BYDLINSKI, «Die Suche nach der Mitte als Daueraufgabe der Privatrechtswissenschaft», en: *Archiv für die civilistische Praxis*, Band 204, Heft 3-4, 2004, pp. 309-395. O las precisiones certeras en tal sentido del privatista Horst EIDENMÜLLER, «Rechtswissenschaft als Realwissenschaft», en: *JuristenZeitung*, 54. Jahrgang, 1999, pp. 53-61; también del autor, «Die Dogmatik der Zession vor dem Hintergrund der internationalen Entwicklung», en *Archiv für die civilistische Praxis*, Band 204, Heft 3-4, 2004, pp. 457-501; y en el mismo sentido Vernon Valentine PALMER, «From Lerotholi to Lando: Some Examples of Comparative Law Methodology», en: *Global Jurist Frontiers*, Vol. 4, Issue 2, 2004, pp. 6 y ss.

[206] Puede verse Ernst-Wolfgang BÖCKENFÖRDE, *Staat, Gesellschaft, Freiheit. Studien zur Syaaytstheorie und zum Verfassungsrecht*, 2ª ed., Frankfurt am Main, Suhrkamp, 1992, pp. 60 y ss. Josef ISENSEE, *Recht auf Sicherheit: zu den Schutzpflichten des freiheitlichen Verfassungsstaates* [texto reelaborado de la conferencia pronunciada en la *Berliner Juristischen Gesellschaft* el 24 de noviembre de 1982], Berlin, De Gruyter, 1983.

adquirido por actores tanto supraestatales como no estatales, por lo que las «tendencias de apertura» fuera del ámbito estatal son irrenunciables, algo que también refleja *Matthias Jestaedt*[207].

A pesar de tratarse de un artículo muy condensado, estamos en presencia de un trabajo bien construido e informado, mientras la cohesión entre los epígrafes está garantizada, escrito además con tanta confianza y elegancia que resulta altamente esclarecedor y agradable de leer, como es habitual en las aportaciones del autor. Incluso apreciaciones y conexiones complicadas son presentadas de manera sencilla a la comprensión, sin excesivas pretensiones, pero sin perder claridad de pensamiento o precisión. Estamos frente a un *hibridismo genérico meditado*, a través de una cierta mezcla de Ciencia y ensayo jurídico. Con el empleo muy medido del lenguaje, huyendo de modernismos metaficcionales a fin de garantizar la comprensibilidad de la normatividad[208], constituye una

---

[207] Véanse las oportunas y sólidas consideraciones al efecto, por lo referido en relación al ámbito del Derecho de la Unión Europea y su marco esencial de valores, a cargo de Christian CALLIESS, «EUV Art 2», en: Christian Calliess / Matthias Ruffert [eds.], *Verfassung der Europäischen Union – Kommentar der Grundlagenbestimmungen-EUV/ AEUV: Kommentar*, 6ª ed., C.H. Beck, München, 2022, pp. 34 y ss. Con carácter previo se recogían algunos de los argumentos reiterados en el anterior artículo de forma también muy rigurosa en Matthias RUFFERT, «Die Methodik der Verwaltungsrechtswissenschaft in anderen Ländern der Europäischen Union», en: Wolfgang Hoffmann-Riem / Eberhard Schmidt-Aßmann [eds.], *Methoden der Verwaltungsrechtswissenschaft*, Baden-Baden Nomos, 2004. pp. 165-207. Asimismo, puede verse con notorio aprovechamiento Claus Dieter CLASSEN, *Nationales Verfassungsrecht in der Europäischen Union. Eine integrierte Darstellung von 27. Verfassungsordnungen*, Baden-Baden, Nomos, 2013. Entre nosotros, es útil la consulta de Guillermo ESCOBAR ROCA, «Elementos de teoría de los derechos fundamentales de la Unión Europea», en: *Anuario de derecho europeo*, núm. 5, 2008, pp. 67-100.

[208] Friedemann VOGEL – Stephan PÖTTERS – Ralph CHRISTENSEN, *Richterrecht der Arbeit- empirisch untersucht. Möglichkeiten und Grenzen computergestützter. Textanalyse am Beispiel des Arbeitnehmerbegriffs*, Berlin, Duncker & Humblot, 2015: los métodos de la lingüística explican lo que los juristas siempre han hecho, pero también proporcionan una base empírica para la comprensión y evaluación de la acción legal, y estiman que la vinculación a la ley no reside en el hecho de que las sentencias judiciales puedan derivarse del texto, sino en el hecho de que se le atribuyen. Con la «*Korpuslinguistik*» –rama de la lingüística aplicada–, los autores aportan al debate un método nuevo, de elevado interés y respaldado empíricamente. El estudio lleva a cabo una defensa sutilmente justificada y al mismo tiempo un mayor desarrollo de la formación del concepto tipológico. Utilizando la «*Korpuslinguistik*», los autores del libro combinan de

buena lección magistral para todos los escritos relacionados con y de *Metódica jurídica*, y, por demás, no olvidemos que la manera cómo se comprenda el Derecho por cada jurista significa también una representación acerca de «cómo lo entiende, cómo lo percibe y cómo lo ejerce». Todo ello, compartiendo la conclusión de que la Ciencia del Derecho moderna solo puede entenderse y desarrollarse postmodernamente en un contexto transnacional de manera interdisciplinaria y pluralista[209]. El trabajo contrarresta así el peligro de perderse en los detalles de áreas específicas del Derecho y muestra con señera profundidad intelectual el famoso «hilo de conducción jurídica», lo cual significa también que la estructura de la representación de la Ciencia jurídica es compatible –y necesitada de relacionarse– con las vecinas Ciencias sociales. Al lector de la narrativa jurídica expuesta, seguro que le habrá interesado esa visión simbolista, realista y expresionista de la realidad que refleja aquello en que consiste la *Dogmática jurídica* alemana, y, en particular, la afectante a los ámbitos constitucional y administrativo. No en último lugar, logra *Matthias Jestaedt* sintetizar investigaciones conocidas e importantes sobre la materia, de tal manera que en interconexión con las mismas emergen una serie de perspectivas estimulantes y dignas de discusión, capaces de brindar impulsos para el debate denso e inteligente necesariamente a proseguir sobre la *Dogmática jurídica*. Comparte así las posiciones sensatas acerca de que lo primario es la narración alejada de la inconmensurabilidad, pues si algo caracteriza a nuestro pensamiento es precisamente este diálogo interminable consigo mismo que nunca lleva a algo definitivo, dado que cualquier tipo de conocimiento, el jurídico obvia y señaladamente incluido y desde estas perspectivas situado en las primeras posiciones, no es algo fijado de una vez por todas, pues su avance constituye «una progresión infinita hacia una meta en constante

manera impresionante métodos cuantitativos y cualitativos para hacer visibles los patrones lingüísticos del discurso jurídico, al modo de una contribución a la «*methodologischen Metakritik des Rechts*» –metacrítica metodológica del Derecho–.

[209] Martin EIFERT, «Zum Verhältnis von Dogmatik und pluralisierter Rechtswissenschaft», en: Gregor Kirchhof / Stefan Magen / Karsten Schneider, *Was weiß Dogmatik? Was leistet und wie steuert die Dogmatik des Öffentlichen Rechts*?, Tübingen, Mohr Siebeck, 2012, pp. 79-96.

movimiento»[210]. Es también *Matthias Jestaedt* un autor que intenta forjar formas a integrar en el orden jurídico que favorezcan la libertad ciudadana y permitan la variación social, y en ello se alinea entre otros, por ejemplo, con *Christoph Möllers*[211]. En ambos casos, así equipados en sus aportaciones sobre *Dogmática jurídica*, no prometen respuestas definitivas con su quehacer «siempre renovado», sino más bien apertura constante de nuevas perspectivas sobre diversos fenómenos jurídicos que analizan en sus investigaciones: también aluden y reflexionan sobre la función que ejercen las fronteras territoriales acerca de los contenidos jurídicos. En todo caso, según *Christoph Möllers*, más bien esta libertad de investigación es una práctica de apertura de resultados que permite procesos en los que no siempre debe estar necesariamente claro de inicio hacia dónde conducen, pero él propone correr un cierto riesgo[212].

En definitiva, resulta la renovada contribución de *Matthias Jestaedt* coyunturalmente muy oportuna y atinada al servicio de abogados y juristas de cualquier profesión, en particular dirigida a los especializados en Derecho constitucional y Derecho administrativo, tribunales administrativos, autoridades y profesores universitarios de los Derechos constitucional y administrativo, así como de Ciencias administrativas. El lector encontrará una aportación de importante seriedad reflexiva, pero sobre todo de una densa *profundidad dogmática*, y el lenguaje empleado es tan magnético como afortunado y estimulante –en línea con el resto de la obra del autor–, todo lo cual da en la clave de cómo ha de ir cambiando la mentalidad *dogmática* desde el último tercio del siglo XX, y acabar por definir más actualizadamente nuestra occidental cultura jurídica apropiada al tiempo, lo que motivará al profesional del Derecho

---

[210] Por todos, James George FRAZER, *La rama dorada: magia y religión*, 2ª ed., Madrid, Fondo de Cultura Económica, 1993, p. 79, entre otros momentos.

[211] En tal sentido, Christoph MÖLLERS, *Freiheitsgrade Elemente einer liberalen politischen Mechanik*, Berlin, Suhrkamp, 2020; obra de la que Dirk KURBJUWEIT sostuviera: «este libro es tan denso, intenso e inteligente como ningún otro», en: *Der Spiegel*, publicado el 26 de noviembre de 2021. Christoph Möllers por este su *Grados de libertad-. Elementos de una mecánica política liberal*, recibió el «*Premio Tractatus* de 2021» [el «Premio *Tractatus* fue fundado por el *Philosophicum Lech* por sugerencia del escritor *Michael Köhlmeier* y se concede anualmente desde 2009].

[212] Christoph MÖLLERS, *Freiheitsgrade Elemente einer liberalen politischen Mechanik*, Berlin, Suhrkamp, 2020.

que se dedique a la investigación en estas materias a realizar una obra de parecidas connotaciones en diferentes ordenamientos. La *Dogmática constitucional* está en auge, como disciplina de reflexión en el Derecho Constitucional y como proyecto conjunto en la Ciencia constitucional. Las preguntas sobre la cuestión constitucional se formulan por su *Dogmática* desde una perspectiva jurídica, histórica, sociológica y filosófica, pero también desde una perspectiva de ciencias políticas y económicas. Esta óptica tiene como objetivo dar a estas y muchas otras preguntas de la *Dogmática constitucional* un lugar y la oportunidad de brindar respuestas.

Deviene tarea de la concretización constitucional leer continuamente la Constitución de maneras nuevas y diferentes. Especialmente en tiempos y casos en los que se supone la inexistencia de alternativa, es importante presentar argumentos constitucionales concretos para su búsqueda. De lo contrario, no podremos afrontar los desafíos sociales y políticos, ecológicos y económicos, técnicos y de comunicación que enfrentamos hoy. Una teoría constitucional no *dogmática* e interdisciplinaria, por la fuerza de los tiempos[213], es incapaz de entender la Constitución como un

---

[213] Luis-Quintín VILLACORTA MANCEBO ha hecho referencia a la fuerza normativa del tiempo, que, a través del lenguaje, se transforma junto con este en fenómeno social, resultando ambos fundamentales para la Sociedad y el Derecho *La solidez de la alternativa Metódica estructurante para una Ciencia constitucional aplicada*, Madrid, Dykinson, 2014: el lenguaje da forma a la norma como un orden estructurado de naturaleza concretizante de derechos-deberes. El Derecho moderno se ha adaptado a estas temporalidades y fundamenta en paradigmas tanto previos como en los similares surgidos. Al mismo tiempo, la comprensión intersubjetiva y el orden político se basan en esta relación ambivalente entre lenguaje y derecho. Para la fuerza temporal de lo normativo, indispensable Friedrich MÜLLER, *Syntagma. -Verfasstes Recht, verfasste Gesellschaft, verfasste Sprache im Horizont von Zeit*, Berlin, Duncker & Humblot, 2012, libro que tiene, hemos apuntado, como una de sus pretensiones, investigar la compleja relación entre lengua, derecho y sociedad, que traen constantes cambios en los paradigmas legales y profundizan en el papel que el Derecho podría desempeñar en la reparación del régimen político moderno. El Derecho moderno se ha adaptado también a estas temporalidades, actualmente virulentas de modo particular. Fundamentándose en paradigmas similares, consideran ambos autores precitados que el régimen político de la época moderna estaba sustentado en la creencia común en un futuro abierto promisorio de progreso y crecimiento económico. Así las cosas, reproduzcamos que el Derecho se encuentra sometido a permanentes cambios y evolución, así como legitimado tan solo por la voluntad y proporción humanas. Ahora bien, el régimen político-social moderno estuvo en numerosas ocasiones fuera de lugar, a consecuencia de las varias crisis sufridas. Sin embargo, las diversas sociedades tienden por lo general a esperar un futuro tan solo

conjunto de regulaciones heterogéneas y complejos regulatorios diversos que desafían interpretaciones y explicaciones puntuales. La *Dogmática jurídica* no se conforma como algo accesorio a la Teoría constitucional. ¡No hay, por tanto, teoría constitucional sin propiedades potenciales![214]. Esto es lo que pretenden mostrar el ensamblaje de las discusiones teóricas constitucionales sobre la naturaleza de la Constitución, la estética constitucional, la defensa del orden constitucional democrático contra las teorías y políticas autoritarias y la exacerbación de lo relativo, así como la defensa de una Sociedad pluralista de representaciones. Los desafíos del «constitucionalismo global» nos hacen mirar hacia afuera y preguntarnos sobre la exportabilidad de la Constitución y las ideas constitucionales en el siglo XXI[215]. Las reflexiones sobre el poder normativo de los textos constitucionales en una comunidad fragmentada de múltiples normatividades miran lógicamente también hacia adentro[216]. Desde una perspectiva institucional, siempre ha sido necesario determinar quién es el guardián de la Constitución y cómo se pueden equilibrar entendidas en profundidad la estática y la dinámica en el futuro desarrollo del orden constitucional, y en esas continuamos, porque una exclusiva postura no es suficiente para nuestro mundo jurídico, y hablamos ya de vivir con

---

limitado, e incluso se teme por algunos posibles escenarios más negativos, poco menos que apocalípticos, exagerándose en ciertos casos. Semejante variación en cuanto a las expectativas de futuro, ha traído consigo giros culturales que impactarían plenamente en el fenómeno jurídico. Ciertamente, por ejemplo, en el supuesto de la digitalización, emergen debates jurídicos respecto de cómo realizar predicciones futuras y acerca de hasta qué punto pueden almacenarse datos referidos al pasado, y cuándo se han de olvidar. Una vez que el futuro parece no ofrecer ya promesa alguna substancial con un cierto grado de credibilidad, resulta frecuente la vuelta de la mirada a aspectos de su pasado que resultaron fértiles. Suponen asimismo que la ley resuelve aún importantes conflictos que traen consecuencia de injusticias pretéritas.

[214] Jens KERSTEN, *Die Notwendigkeit der Zuspitzung. Anmerkungen zur Verfassungstheorie*, Berlin, Duncker & Humblot, 2020.

[215] Johannes MASING, «Verfassung im internationalen Mehrebenensystem». en: Matthias Herdegen / Johannes Masing / Ralf. Poscher / Klaus Ferdinand Gärditz [eds.], *Handbuch des Verfassungsrechts. Darstellung in transnationaler Perspektive*, München, C.H. Beck, 2021, pp. 61-149.

[216] Thomas VESTING, «Recensione von Jens Kersten: *Die Notwendigkeit der Zuspitzung. Anmerkungen zur Verfassungstheorie*, Berlin, Duncker & Humblot, 2020», quien destaca que estamos ante un libro fuertemente innovador y sólidamente argumentado, en: *Archiv des öffentlichen Rechts*, Band 147, Heft 4, pp. 648-652.

alternativas en el mismo, algo acentuado desde la modernidad, pero siempre existente.

Asiduo concurrente *Matthias Jestaedt* a numerosos congresos, simposios, ciclos de conferencias etc, de Derecho público nacionales e internacionales, sobresale en ellos como expositor de gran valía, así como «debatidor de relieve, y de fino trato con los oponentes», o, dicho de otro modo, suave pero acerado polemista, que debate desde el rigor de la teoría y la *Dogmática* jurídicas. Sus ponencias despiertan siempre expectación, interés y reflexión. En un mundo en el que todo es rápido y superficial, ser concienzudo y profundo constituye en cierta medida la excepción. La honestidad intelectual y exquisitez académico-investigadora de juristas integrales como *Matthias Jestaedt* así lo evidencian, poniendo en práctica la locución latina *intus legere* –leer dentro de las cosas–, como punto de partida del razonamiento jurídico. De hecho, es algo constitutivo de una exhortación directa imprescindible para comenzar todo proceso de abstracción jurídica, que nos enseña de paso sobre las posibilidades de conocimiento de la naturaleza humana y las leyes sobre sus limitaciones. De manera inseparable a un sólido contenido, nos regala el autor su teorización mediante una escritura diáfana, que fluye con maestría analítica, sutileza y transparencia.

BIBLIOGRAFÍA

ACHTERBERG, Norbert: *Theorie und Dogmatik des Öffentlichen Rechts. Ausgewählte Abhandlungen 1960 - 1980*, Berlin, Duncker & Humblot, 1980.

ACKERMAN, Bruce: «Dignity Is a Constitutional Principle», en *New York Times*, 29 de marzo de 2014.

ACKERMAN, Bruce: *We the People: The Civil Rights Revolution*, Volumen 3, Cambridge, Harvard University Press, 2014.

ALZAGA VILLAAMIL, Óscar: *Sociedad democrática y constitución* [*estudios y cabos sueltos*], Madrid, Marcial Pons, 2018.

ANSCHÜTZ, Gerhard: *Die Verfassung des Deutschen Reichs vom 11. August 1919. Ein Kommentar für Wissenschaft und Praxis,* 10ª ed., Berlin, G. Stilke, 1928.

APEL, Karl Otto: *Teoría de la verdad y ética del discurso*, Barcelona, Paidós, 1991.

ARAGÓN REYES, Manuel: «Cuarenta años de Tribunal Constitucional», en *Anuario Iberoamericano de Justicia Constitucional*, 2021. doi: https://doi.org/ 10. 18042/cepc/aijc.25.02.

ARAGÓN REYES, Manuel: «¿Constructivismo Jurídico?», en *Diario El Mundo*, de 20 de septiembre de 2023.

ARZOZ SANTISTEBAN, Xabier: «Aproximación a la Interpretación conforme como técnica de coordinación normativa», en Juan Alfonso Santamaría Pastor [ed.], *Los principios jurídicos del Derecho administrativo*, Madrid, La Ley, 2010.

ASCARELLI, Tullio: «Scienza e professione», en *Il Foro italiano*, Vol. 79, Parte IV, 1956.

ASCARELLI, Tullio: «In tema di interpretazione ed applicazione della legge [con risposta di F. Carnelutti]», en *Rivista di diritto processuale*, Anno XIII, 1958.

ASCARELLI, Tullio: *Problemi Giuridici*, Tomo I, Milano, A. Giuffrè, 1959.

ASENSI SABATER, José: «El derecho de las lenguas (a propósito de las lenguas de la Unión Europea)», en Miguel Ángel García Herrera [ed.], *El constitucionalismo en la crisis del Estado social*, Leiola, Universidad del País Vasco-Servicio de Publicaciones, 1997.

AUGSBERG, Steffen: «Die aktuelle Methodendiskussion: eine wissenschaftstheoretische Renaissance?», en Andreas Funke / Jörn Lüdemann [eds.], *Öffentliches Recht und Wissenschaftstheorie*, Tübingen, Mohr Siebeck, 2009.

BÄCKER, Carsten / KLATT, Matthias / ZUCA-SOEST, Sabrina [eds.], *Sprache – Recht – Gesellschaft,* Tübingen, Mohr Siebeck, 2012.

BADURA, Peter: «Recension von Rainer Wahl; Herausforderungen und Antworten: Das Öffentliche Recht der letzten fünf Jahrzehnte», en *JuristenZeitung*, 61. Jahrgang, Heft 17, 2006.

BAECHLER, Jean: «Individualité, personnalité et identité», en Edgardo D. Carosella / Ttomas Pradeu / Bertrand Saint-Sermin / Claude Debru [eds.], *L'identité? Soi et non-soi, individu et personne*, Paris, PUF, 2006.

BALAGUER CALLEJÓN, Francisco: «La contribución de Peter Häberle a la construcción del Derecho constitucional europeo», en *Revista de Derecho Constitucional europeo*, Núm 13, 2010.

BALAGUER CALLEJÓN, María Luisa: *La interpretación de la Constitución por la jurisdicción ordinaria*, Madrid, Cívitas, 1990.

BALDUS, Christian: «„Metasprache“ und unhistorische Interdisziplinarität», en *Zeitschrift für Neuere Rechtsgeschichte* (*ZNR*), Band 27, Heft 3-4, 2005.

BALDUS, Manfred: «Menschenwürdergarantie und Absolutheitsthese Zwischenbericht zu einer zukunftsweisenden Debatte», en *Archiv des öffentlichen Rechts*, Band 136, Heft 4, 2011.

BARBER, Sotirios A. – FLEMING, James E.: *Constitutional Interpretation: The Basic Questions*, New York, Oxford University Press, 2007.

BARNÉS VÁZQUEZ, Javier: «La transposición de valores públicos a los agentes privados por medio de elementos de organización y de procedimiento», en Mercé Darnaculleta Gardella / José Esteve Pardo

/ Indra Spiecker Gen. Döhmann [eds.], *Estrategias del Derecho ante la incertidumbre y la globalización*, Madrid, Marcial Pons, 2015.

BARROSO, Luis Roberto: *O direito constitucional ea efetividade de sus normas: limites e possibilidades da constituição brasileira*, 9ª ed., Río de Janeiro, Renovar, 2009.

BARROSO, Luis Roberto: *La dignidad de la persona humana en el Derecho constitucional contemporáneo. La construcción de un concepto jurídico a la luz de la jurisprudencia mundial*, Bogotá, Universidad Externado de Colombia, 2015.

BASTIDA FREIJEDO, Francisco J.: «Soberanía popular y Constitución sin soberano», en *Revista del Centro de Estudios Constitucionales*, Núm. 8, 1991.

BASTIDA FREIJEDO, Francisco J.: «El fundamento de los derechos fundamentales», en *Revista electrónica de Derecho de la Universidad de La Rioja. REDUR*, Núm. 3, 2005.

BECKERS, Anna – GUNTHER, Teubner: «Die digitale Verantwortungslücke: Vorschläge zur Haftung für algorithmisches Fehlverhalten», en 10.1007/978-3-658-43521-9_7 [2024].

BENDA, Ernst: «Dignidad humana y derechos de la personalidad», en Ernst Benda / Wener Maihofer / Hans- Jochen Vogel / Konrad Hesse / Wolfgang Heyde [eds.], *Manual de Derecho Constitucional*, 1ª ed., Madrid-Barcelona, Marcial Pons, 1996.

BENDA, Ernst: «Verständigungsversuche über die Würde des Menschen», en *Neue Juristische Wochenschrift*, 54. Jahrgang, Heft 30, 2001.

BENEDICTO XVI: *Discurso pronunciado por el Papa Benedicto XVI en el Castillo de Bellevue de Berlín*, el jueves 22 de septiembre de 2011.

BETTERMANN, Karl-August: *Die verfassungskonforme Auslegung. Grenzen und Gefahren*, Heidelberg, C.F. Müller, 1986.

BLANCO VALDÉS, Roberto Luis: «Il tribunale costituzionale spagnolo: disegno giuridico e pratica politica», en Silvio Gambino [ed.], *Diritti fondamentali e giustizia costituzionale. Esperienze europee e nord-americana*, Milano, Giuffrè, 2012.

BLECKMANN, Albert: *Zur Dogmatik des Allgemeinen Verwaltungsrechts I. Die Handlungsmittel der Verwaltung in rechtsvergleichender Sicht*, Baden-Baden, Nomos, 1999.

BOBBIO, Norberto: *Giusnaturalismo e positivismo giuridico*, Milano, Edizioni di Comunità, 1965.

BÖCKENFÖRDE, Ernst-Wolfgang: *Staat, Gesellschaft, Freiheit. Studien zur Syaaytstheorie und zum Verfassungsrecht*, 2ª ed., Frankfurt am Main, Suhrkamp, 1992.

BÖCKENFÖRDE, Ernst-Wolfgang: *Escritos sobre Derechos Fundamentales*, Baden-Baden, Nomos, 1993.

BÖCKENFÖRDE, Ernst-Wolfgang: *Wandel des Menschenbildes im Recht, Münster*, Publicado por la comisión conjunta de la Academia de Ciencias de Renania del Norte-Westfalia y la Fundación Gerda Henkel, 2001.

BÖCKENFÖRDE, Ernst Wolfgang: «Streit über Menschenwürde im Grundgesetz», en *Frankfurter Allgemeine Zeitung*, 3 de septiembre de 2003.

BÖCKENFÖRDE, Ernst-Wolfgang: «Menschenwürde als normatives Prinzip: Die Grundrechte in der bioethischen Debatte», en *JuristenZeitung*, 58. Jahrgang, Heft 17, 5 de septiembre de 2003.

BÖCKENFÖRDE, Ernst-Wolfgang: «Bleibt die Menschenwürde unantastbar?», en *Blätter für deutsche und internationale Politik* 10, 2004.

BÖCKENFÖRDE, Ernst-Wolfgang: «§ 34 Demokratische Willensbildung und Repräsentation», en: Josef Isensee / Paul Kirchhof [eds.], *Handbuch des Staatsrechts der Bundesrepublik Deutschland*, Bd. III. *Demokratie - Bundesorgane*, 3ª ed., Heidelberg, C.F. Müller, 2005.

BÖCKENFÖRDE, Ernst-Wolfgang: «Die Würde des Menschen war unantastbar. Zur Neukommentierung der Menschenwürdegarantie des Grundgesetzes», en Ernst-Wolfgang Böckenförde [autor.], *Recht, Staat, Freiheit. Erweiterte* Ausgabe, Frankfurt am Main, Suhrkamp, 2006.

BÖCKENFÖRDE, Ernst-Wolfgang – SPAEMANN, Robert [eds.]: *Menschenrechte und Menschenwürde. Historische Voraussetzungen – säkulare Gestalt – christliches Verständnis*, Stuttgart, Klett-Cotta, 1987.

BOGDANDY, Armin von: «La science juridique dans l'espace juridique européen, une réflexion à partir de l'exemple allemand», en *Recueil Dalloz*, núm. 41, 2011.

BRAUN, Oliver: *Konservative Existenz in der Moderne: das politische Weltbild Alois Hundhammers* (1900 - 1974), München, Hanns-Seidel-Stiftung, 2006.

BRENNER, Michael: «Das Prinzip Parlamentarismus», en Josef Isensee / Paul Kirchhof [eds.], *Handbuch des Staatsrechts der Bundesrepublik Deutschland*, Bd. III. *Demokratie - Bundesorgane*, 3ª ed., Heidelberg, C.F. Müller, 2005.

BRUGGER, Winfried: «Zum Verhältnis von Menschenbild und Menschenrechten», en Wilfried Härle / Bernhard Vogel [eds.], *Vom Rechte, das mit uns geboren ist. Aktuelle Probleme des Naturrechts*, Freiburg im Breisgau, Herder, 2007. http: // www. kas.de/wf/de /33.12304.

BRUGGER, Winfried: «Dignity, rights, and legal philosophy within the anthropological cross of decision-making», en *Archiv für Rechts und Sozialphilosophie, ARSP, Beihelf*, Nr. 137, 2013.

BUCKEL, Sonja – CHRISTENSEN, Ralph – FISCHER-LESCANO, Andreas [eds.]: *Neue Theorien des Rechts*, 3ª ed., Stuttgart, Lucius & Lucius, 2020.

BUMKE, Christian: «Rechtsdogmatik: Überlegungen zur Entwicklung und zu den Formen einer Denk- und Arbeitsweise der deutschen Rechtswissenschaft», en *JuristenZeitung*, 69. Jahrgang, Heft 13, 2014.

BUMKE, Christian: *Verfassungsstaat und Verfassung. Studie zur Verfassungstheorie des liberalen demokratischen Verfassungsstaates mit unabhängiger Verfassungsgerichtsbarkeit*, Berlin, Duncker & Humblot, 2023.

BYDLINSKI, Franz: «Die Suche nach der Mitte als Daueraufgabe der Privatrechtswissenschaft», en *Archiv für die civilistische Praxis*, Band 204, Heft 3-4, 2004.

BYDLINSKI, Franz: *Juristische Methodenlehre und Rechtsbegriff*, 2ª ed, reimpr., Wien, Verlag Österreich, 2020.

CALLIESS, Christian: *Rechtsstaat und Umweltstaat: Zugleich ein Beitrag zur Grundrechtsdogmatik im Rahmen mehrpoliger Verfassungsverhältnisse*, Tübingen, Mohr Siebeck, 2001.

CALLIESS, Christian: «Europa als Wertegemeinschaft – Integration und Identität durch europäisches Verfassungsrecht?», en *JuristenZeitung*, 59. Jahrgang, Heft 21, 2004. http: // www. jstor.org/ stable/20827519.

CALLIESS, Christian: «EUV Art 2», en Christian Calliess / Matthias Ruffert [eds.], *Verfassung der Europäischen Union – Kommentar der Grundlagenbestimmungen-EUV/AEUV: Kommentar*, 4ª ed., München, C.H. Beck, 2011.

CANARIS, Claus Wilhem: *Función, estructura y falsación de las teorías jurídicas,* Madrid, Cívitas, 1995.

CANARIS, Claus Wilhem: «Die richtlinienkonforme Auslegung und Rechtsfortbildung im System der juristischen Methodenlehre», en Helmut Koziol / Peter Rummel [eds.], *Im Dienste der Gerechtigkeit-Festschrift für Franz Bydlinski*, Wien, Springer, 2002.

CANARIS, Claus Wilhem: «Gesamkeiten zwischen verfassungs-und richtlinienkonformer Auslegung», en Claus-Wilhelm Canaris [ed.], *Wirtschaft in offene Verwaltung, Festschrift für Reiner Schmidt zum 70. Geburtstag*, München, C.H. Beck, 2006.

CARRINO, Agostino: *Eugen Ehrlich e Hans Kelsen: una controversia sulla sociologia del diritto*, Barcelona, Working Paper nún.79, 1993.

CASTILLA URBANO, Francisco: *El pensamiento de Francisco de Vitoria. Filosofía política e indio americano*, Barcelona, Anthropos, 1992.

CASTILLO CÓRDOVA, Luis: *El Tribunal Constitucional y su dinámica jurisprudencial*, Lima, Palestra, 2008.

CERVATI, Angelo Antonio: «El Derecho constitucional entre método comparado y Ciencia de la cultura [el pensamiento de Peter Häberle y la exigencia de modificar el método de estudio del Derecho constitucional]», en *Revista de Derecho Constitucional europeo,* Núm. 5, 2006.

CHEMERINSKY, Erwin: *Constitutional Law: Principles and Policies,* 7ª ed., New York, Aspen Opco Llc, 2023.

CHUECA RODRÍGUEZ, Ricardo Luis: «Debilidades estructurales del derecho fundamental», en Ricardo Luis Chueca Rodríguez [ed.], *Las fronteras de los derechos fundamentales en la Constitución normativa*, Madrid, CEPC, 2019.

CICERÓN, Marco Tulio: *Sobre los deberes*, Madrid, Tecnos, 1999.

CLASSEN, Claus Dieter: *Nationales Verfassungsrecht in der Europäischen Union. Eine integrierte Darstellung von 27. Verfassungsordnungen*, Baden-Baden, Nomos, 2013.

CRISTENSEN, Ralph: «Sprache und Normativität oder wie man eine Fiktion wirklich macht», en Julian Krüper / Heike Merten / Martin Morlok [eds.], *An den Grenzen der Rechtsdogmatik*, Tübingen, Mohr Siebeck, 2010.

CRISTENSEN, Ralph – KUDLICH, Hans: «Die Auslegungslehre als implizite Sprachtheorie der Juristen», en *Archiv für Rechts- und Sozialphilosophie (ARSP)*, Vol. 88, Nr. 2, 2002.

CROCE, Benedetto: *La storia come pensiero e come azione*, Bari, Laterza, 1938.

CRUZ VILLALÓN, Pedro: *Tribunal Constitucional. Discursos de sus presidentes* (1980-2005). 25 Aniversario, Madrid, BOE, 2006.

DE CABO MARTÍN, Carlos: «Constitucionalismo del Estado social y Unión Europea en el contexto globalizador», en *Revista de Derecho constitucional europeo*, núm. 11, 2009.

DE CABO MARTÍN, Carlos: *La «situación constitucional» actual desde el constitucionalismo crítico* [*Estudios*], Madrid, Aranzadi-Cívitas, 2023.

DE CLUNY (o de Morlaix), Bernardo: *De contemptu mundi* (*Sobre el desprecio por el mundo*), 1144, editado en Basel en 1557.

DENNINGER. Erhard: «Das soziale Staatsziel - zwischen Recht und Politik», en Friedhelm Hufen [ed.], In Verbindung mit Uwe Berlit und Horst Dreier, *Verfassungen. Zwischen Recht und Politik. Festschrift zum 70. Geburtstag für Hans-Peter Schneider*, Baden-Baden, Nomos, 2008.

DE SEGNI, Lotario: (posteriormente Papa Inocencio III). *De contemptu Mundi sive de miseria conditionis humanae* (https://www. cervantesvirtual.com/ obra/de-contemptu-mundi-sive-de-miseria-conditionis-humanae-2; "Del desprecio del mundo o la miseria del hombre"), aparecida el año 1195.

DE VALERA, Éamon: «Deceived into Aiding Communism – These Will be Its First Victims, Says the Supreme Pontiff», en *Irish Press*, 19 de marzo 1937.

DE VEGA GARCÍA, Pedro: *Apuntes para una historia de las doctrinas constitucionales del siglo XX*, México, Instituto de Investigaciones Jurídicas-Universidad Nacional Autónoma de México, 1998.

DIEZ-PICAZO JIMÉNEZ, Luis María: *Sistema de Derechos Fundamentales*, 4ª ed., Valencia, Tirant Lo Blanch, 2021.

DI FABIO, Udo: «Komplexes Verwaltungshandeln und juristische Dogmatik», en Ralph Alexander Lorz / Ute Spies / Götz Wolfgang Deventer / Michaela Schmidt-Schlaeger [eds.], *Umwelt und Recht*, Stuttgart-München-Hannover-Berlin, Boorberg, 1991.

DI FABIO, Udo: «Grundrechte als Werteordnung», en *JuristenZeitung*, 59. Jahrgang, Heft 1, 2004. http:/ www.jstor.org/stable/20827102.

DI FABIO, Udo: «Systemtheorie und Rechtsdogmatik», en Gregor Kirchhof / Stefan Magen / Karsten Schneider [eds.], *Was weiß Dogmatik? Was leistet und wie steuert die Dogmatik des Öffentlichen Rechts?*, Tübingen, Mohr Siebeck, 2012.

DISANT, Mathieu: *L`autorité de la chose interprétée par le Conseil Constitutionnel*, Paris, L.G.D.J., 2010.

DOGLIANI, Mario: *Introduzione al diritto costituzionale*, Bologna, Il Mulino, 1994.

DOMÉNECH PASCUAL, Gabriel: «¿Puede el Estado abatir un avión? Con inocentes a bordo para prevenir ¿un atentado kamikaze? Comentario a la Sentencia del Tribunal Constitucional Federal alemán sobre la Ley de Seguridad Aérea», en *Revista de Administración Pública*, núm. 170, 2006.

DREIER, Horst: «Kommentierung von Art. 1. Abs. 1 GG, Rdn. 57», en Horst Dreier [ed.], *Grundgesetz-Kommentar in 3 Bänden*, Band 1, *Präambel, art. 1 – 19* , 2ª ed., Tübingen, Mohr Siebeck, 2004.

DREIER, Horst: «Der freiheitliche Verfassungsstaat als riskante Ordnung», en *Rechtswissenschaft*, Heft 1, 2010.

DREIER, Horst: «Verbindungsweg: Würde und Freiheit», en Rolf Gröschner / Stephan Kirste / Oliver W. Lembcke [eds.], *Wege der Würde. Philosophenwege - Rechtswege - Auswege*, Tübingen, Mohr Siebeck, 2023.

DREIER, Horst: *Metamorphosen der Demokratie*, Basel, Schwabe, 2023.

DROEGE, Michael: «Recensione von Müller, Friedrich, Syntagma. Verfasstes Recht, verfasste Gesellschaft, verfasste Sprache im Horizont von Zeit», en *Fachbuch Journal*, 8. Jahrgang, Heft, 4, 2014.

DRÜEN, Klaus-Dieter – SCHLACKE, Sabine: «Verschränkungen öffentlich-rechtlicher und privatrechtlicher Regime im Verwaltungsrecht», en *Veröffentlichungen der Vereinigung der Deutschen Staatsrechtslehrer*, Band 79, Berlin, De Gruyter, 2020.

DÜRIG, Günter: «Die Menschenauffassung des Grundgesetzes», en *Zeitschrift Juristische Rundschau*, Heft 7, Jahrgang 1952.
DÜRIG, Günter: «Grudrechte und Zivilrechtsprechung», en Theodor Maunz [ed.], *Vom Bonner Grundgesetz zur gesamtdeutschen Verfassung. Festschrift zum 75. Geburtstag von Hans Nawiasky*, München, Isar, 1956.
DÜRIG, Günter: «Der Grundrechtssatz von Der Menschenwürde: Entwurf Eines Praktikablen Wertsystems. Der Grundrechte Aus Art. 1 Abs. I in Verbindung Mit Art. 19 Abs. II Des Grundgesetzes», en *Archiv Des Öffentlichen Rechts*, Band 81 [N.F. 42], Heft 2, 1956.
DÜRIG, Günter: «Kommentierung der Artikel 1 und 2 Grundgesetz», inicialmente en Theodor Maunz / Günther Dürig [eds.], *Grundgesetz-Kommentar*, Sonderdruck, München, C.H. Beck, 1958.
DÜRIG, Günter: *Escritos reunidos, 1952-1983*, São Paulo, Editorial Saraiva, 2016.
ECO, Umberto: *Los límites de la interpretación,* Barcelona, Debolsillo, 2013.
EHMKE, Horst: «Prinzipien der Verfassungsinterpretation», en *Veröffentlichungen der Vereinigung der Deutschen Staatsrechtslehrer*, Band 20, Berlin, De Gruyter, 1963.
EHRLICH, Eugen: *Grundlegung der Soziologie des Rechts*, Duncker & Humblot, München-Leipzig, 1913.
EHRLICH, Eugen: «Replik», en *Archiv für Sozialwissenschaft und Sozialpolitik,* [41], 1916.
EHRLICH, Eugen: «Replik», en *Archiv für Sozialwissenschaft und Sozialpolitik*, [42], T. XLII, 1916-1917.
EHRLICH, Eugen: *Die juristische Logik*, Tübingen, Mohr, 1925.
EHRLICH, Eugen: *Escritos sobre Sociología y Jurisprudencia*, Madrid-Barcelona, Marcial Pons, 2005.
EIDENMÜLLER, Horst: «Rechtswissenschaft als Realwissenschaft», en *JuristenZeitung,* 54. Jahrgang, Heft 2, 1999.
EIDENMÜLLER, Horst: «Die Dogmatik der Zession vor dem Hintergrund der internationalen Entwicklung», en *Archiv für die civilistische Praxis*, Band 204, Heft 3-4, 2004.
EIFERT, Martin: «Zum Verhältnis von Dogmatik und pluralisierter Rechtswissenschaft», en Gregor Kirchhof / Stefan Magen / Karsten

Schneider, *Was weiß Dogmatik? Was leistet und wie steuert die Dogmatik des Öffentlichen Rechts?*, Tübingen, Mohr Siebeck, 2012.

EIFERT, Martin: «Transformation der Verwaltungsrechtswissenschaft – Neue Verwaltungsrechtswissenschaft», en *Jahrbuch des öffentlichen Rechts der Gegenwart* [*JöR*], Neue Folge, Band 65, 2017.

ENDERS, Christoph: *Die Menschenwürde in der Verfassungsordnung Zur Dogmatik des Art. 1 GG*, Tübingen, Mohr Siebeck, 1997.

ENGELHARDT, Tristram H. – SACHßE, Christop: *Sicherheit und Freiheit. Zur Ethik des Wohlfahrtsstaates,* Frankfurt am Main, Suhrkamp, 1990.

ESCOBAR ROCA, Guillermo: «Elementos de teoría de los derechos fundamentales de la Unión Europea», en *Anuario de derecho europeo*, núm. 5, 2008.

ESCOBAR ROCA, Guillermo: «El futuro de la dogmática de los derechos», en *Revista catalana de dret públic*, Núm. 49, 2014. DOI: 10.2436/20.8030.01.32.

ESCOBAR ROCA, Guillermo: *El Derecho, entre el Poder y la Justicia. Una introducción crítica al sistema jurídico español*, 2ª ed., Valencia, Tirant lo Blanch, 2022.

ESSER, Josef: *Grundsatz und Norm in der richterlichen Fortbildung des Privatrechts*, Tübingen, Mohr, 1956.

ESSER, Josef: *Vorverständnis und Methodenwahl in der Rechtsfindung, Rationalitätsgrundlagen richterlicher Entscheidungspraxis*, 2ª ed., Frankfurt am Main, Athenäum, 1972.

ESSER, Josef: «Bemerkungen zur Unentbehrlichkeit des juristischen Handwerkszeugs», en *JuristenZeitung*, 30. Jahrgang, Heft 18, 1975.

ESSER, Josef: «Interpretación», en *Anuario de Filosofía del Derecho*, Tomo III. *Metodología jurídica*, 1986.

ESTEVE PARDO, José: «La extensión del Derecho Público. Una reacción necesaria», en *Revista de administración pública*, Núm. 189, 2012.

ESTEVE PARDO, José: *La nueva relación entre Estado y sociedad. Aproximación al trasfondo de la crisis*, Madrid, Marcial Pons, 2013.

FATIN-ROUGE, Stéfanin: «Le Conseil Constitutionnel dans la révision constitutionnelle du 23 juillet 2008 sur la modernisation des institutions», en *Revue française de droit constitutionnel,* Número fuera de serie, 2009.

FAUGHNAN, Seán: *The Jesuits and the Drafting of the Irish Constitution of 1937*», en *Irish Historical Studies*, núm. 26, 1988.

FAZIO, Bartolommeo: *De excellentia ac praestantia hominis*, 1450.

FERNÁNDEZ SEGADO, Francisco: «La dimensión axiológica del Derecho Constitucional», en *Cuadernos constitucionales de la Cátedra Fadrique Furió Ceriol*, Núm. 1, 1992.

FERNÁNDEZ SEGADO, Francisco: «La dignité de la personne en tant que valeur suprême de l`ordre juridique espagnol et en tant que source de tous les droits», en *Revue française de droit constitutionnel*, N° 67, 2006.

FERRARI, Vicenzo: *Funciones del derecho*, Bogotá, Universidad Externado de Colombia, 2015.

FERRAZ JÜNIOR, Tércio Sampaio: *Función social de la dogmática jurídica*, São Paulo, Revista dos Tribunais, 1998.

FERRER MAC-GREGOR, Eduardo: «La Ciencia del Derecho Procesal Constitucional», en *Díkaion*, Año 22, Núm.17, Colombia, Universidad de la Sabana, 2008.

FIGAL, Günter: *Gegenständlichkeit. Das Hermeneutische und die Philosophie*, Tübingen, Mohr Siebeck, 2006.

FIGAL, Günter: *Unscheinbarkeit. Der Raum der Phänomenologie*, Tübingen, Mohr Siebeck, 2015.

FIGAL, Günter: *Freiräume, Phänomenologie und Hermeneutik*, Tübingen, Mohr Siebeck, 2017.

FIGUERUELO BURRIEZA, Ángela – VILLACORTA MANCEBO, Luis-Quintín: «La relación entre el Legislador y el Tribunal Constitucional: una panorámica sobre la cooperación y el control a desarrollar», en *Asamblea. Revista parlamentaria de la Asamblea de Madrid*, Núm. 38, 2018.

FOLKE SCHUPPERT, Gunnar: *Governance und Rechtsetzung. Grundfragen einer modernen Regelungswissenschaft*, Baden-Baden, Nomos, 2011.

FORST, Rainer: «Die Würde des Menschen und das Recht auf Rechtfertigung», en *Deutsche Zeitschrift für Philosophie*, Vol. 53, Heft 4, 2005.

FORSTHOFF, Ernst: «Begriff uns Weswen des sozialen Rechtsstaates», en *Veröffentlichungen der Vereinigung der Deutschen Staatsrechtslehrer*, Berlin, De Gruyter, Band 12, 1954.

FORSTHOFF, Ernst: «Die Umbildung des Verfassungsgesetzes», en Hans Barion / Ernst Forsthoff / Werner Weber [eds.], *Festschrift für Carl Schmitt zum 70. Geburtstag, dargebracht von Freunden und Schülern*, Berlin, Duncker & Humblot, 1959.

FRAZER, James George: *La rama dorada: magia y religión*, 2ª ed., Madrid, Fondo de Cultura Económica, 1993.

GABRIEL, Markus: *Sentido y existencia. Una ontología realista*, Barcelona, Herder, 2017.

GADAMER, Hans-Georg: *Le probleme de la conscience historique*, Louvain, Publications Universtaires de Louvain, 1963. En alemán *Das Problem des historischen Bewusstseins*, Tübingen, Mohr Siebeck, 2001. En castellano *El problema de la conciencia histórica*, Madrid, Tecnos, 1963.

GADAMER, Hans-Georg: «Die Universalität des hermeneutischen Problems», en *Philosophisches Jahrbuch* 73, 2, 1966.

GADAMER, Hans-Georg: «Was ist Wahrheit?» [1957], ahora en *Kleine Schriften: Philosophie. Hermeneutik*, Vol. I, Tübingen, Mohr Siebeck, 1967.

GADAMER, Hans-Georg: *Verdad y método*, I. *Fundamentos de una hermenéutica filosófica*, 7ª ed., Salamanca, Sígueme, 1997.

GADAMER, Hans-Georg: *Verdad y método* II, Salamanca, Sígueme, 1998.

GADAMER, Hans-Georg: *Gesammelte Werke*, Vol. 2, Tübingen, Mohr-Siebeck, 1999.

GARCÍA SELGAS, Fernando José: «Bosquejo de una teoría de la fluidez social», en *Política y Sociedad*, Vol. 43, núm. 2, 2006.

GÄRDITZ, Klaus Ferdinand: «Verfassungsentwicklung und Verfassungsrechtswissenschaft», en Matthias Herdegen / Johannes Masing / Ralf Poscher / Klaus Ferdinand Gärditz [eds.], *Handbuch des Verfassungsrechts. Darstellung in transnationaler Perspektive*, München, C.H. Beck, 2021.

GOERLICH, Helmut: «Rezension von Karl Heinz Ladeur, Negative Freiheitsrechte und gesellschaftliche Selbstorganisation, Die Erzeugung von Sozialkapital durch Institutionen, Tübingen 2000», en *Comparativ. Zeitschrift für Globalgeschichte und vergleichende Gessellschaftsforschung*, 11, Heft 1, 2001.

GOERLICH, Helmut: «Rezension von Christoph Möllers, Gewaltengliederung. Legitimation und Dogmatik im nationalen und internationalen Rechtsvergleich, en: *Jus Publicum*, Band 141, [Beiträge zum Öffentlichen Recht], Tübingen 2005», en *Der Staat*, Band 45, Heft 4, 2006. https: // www.jstor. org / stable/ 43643681.

GOERLICH, Helmut: «Grundrechte und Wissenschaft vom Öffentlichen Recht in Deutschland», en *Comparativ. Zeitschrift für Globalgeschichte und vergleichende Gessellschaftsforschung*, Vol. 17, Heft 4, 2007. https:// doi.org/ 10.26014/ j. comp.2007.04.08.

GOMES CANOTILHO, José Joaquim: «Ernst Forsthoff y la distopía del Estado», en el libro del primero *Estado de Derecho en mutación. Trabajos constitucionales 1954-1973*, Madrid, Tecnos, 2015.

GONOD, Pascale: *Le Conseil d'Etat et la refondation de la justice administrative*, Paris, Dalloz, 2014.

GONZÁLEZ PÉREZ, Jesús: *La dignidad de la persona*, 3ª edición. Madrid, Cívitas, Thomson Reuters, 2017.

GONZÁLEZ-VARAS IBAÑEZ, Santiago: «Presente, pasado y futuro del derecho comparado», en *Revista chilena de derecho*, Vol. 26, Núm. 3, 1989.

GRANDE YÁNEZ, Miguel: *Filosofía del Derecho Hermenéutica*, Madrid, Tecnos, 2018.

GRIMM, Dieter: *Constitucionalismo. Presente, Pasado, Futuro*, Bogotá, Universidad Externado de Colombia, 2020.

GRIMM, Dieter – KEMMERER, Alexandra – MÖLLERS, Christoph: «Human Dignity in Context. An Introduction», en Dieter Grimm / Alexandra Kemmerer / Christoph Möllers [eds.], *Human Dignity in Context. Explorations of a Contested Concep*t, Baden- Baden / Oxford, Hart Publishing, Nomos, 2018.

GRZESZICK, Bernd: «Steuert die Dogmatik? Inwiefern steuert die Dogmatik des Öffentlichen Rechts? Gibt es eine rechtliche Steuerungswissenschaft jenseits der Rechtsdogmatik?», en Gregor Kirchhof / Stefan Magen / Karsten Schneider [eds.], *Was weiß Dogmatik? Was leistet und wie steuert die Dogmatik des Öffentlichen Rechts*?, Tübingen, Mohr Siebeck, 2012.

GUASTINI, Riccardo: «Un enfoque realista acerca del derecho y el conocimiento jurídico», en *Revus. Journal for Constitutional Theory and Philosophy of Law*, No. 27, 2015.

GÜNTHER, Klaus: «Universalische», en Maximilian Herberger / Ulfrid Neumann / Helmut Rüssmann [eds.], *Generalisierung und Individualisierung im Rechtsdenken*, Stuttgart, Franz Steiner, 1992.

GÜNTHER, Klaus: «Un concepto normativo de coherencia para una teoría de la argumentación jurídica», en *Doxa: Cuadernos de Filosofía del Derecho*, Núm. 17-18, 1995.

HÄBERLE, Peter: *Constitución como cultura*, Bogotá, Universidad del Externado de Colombia, 2002.

HÄBERLE, Peter: *El Estado constitucional*, México, IIJ UNAM, 2003.

HABERMAS, Jürgen: «The concept of Human Dignity and the Realistic Utopia of Human Rights», en *Metaphilosophy*, Vol. 41, No. 4, 2010.

HAIN, Karl-E.: «Menschenwürde als Rechtsprinzip», en Hans Jörg Sandkühler [ed.], *Menschenwürde, Philosophische, theologische und juristische Analysen*, Frankfurt am Main, Peter Lang, 2007.

HASSEMER, Winfried: «Juristische Methodenlehre und Richterliche Pragmatik», en *Rechtstheorie*, Vol. 39, Núm. 1, 2008.

HEIDEGGER, Martin: *Sein und Zeit*, Tübingen, Max Niemayer, 1927.

HEIDEGGER, Martin – WELTE, Bernhard: *Briefe und Begegnungen*, Alfred Denker / Holger Zaborowski [eds.], Stuttgart, Klett-Cotta, 2003.

HELLER, Hermann: «Bemerkungen zur staats un rechtstheoretischen Problematik der Gegenwart», en *Archiv des öffentlichen Rechts*, Band 55, Heft 3, 1929.

HELLER, Hermann: *Staatslehre* [1934], 4ª ed., Leiden, AN Sijthoff, 1970.

HENNIS, Wilhelm: «Integration durch Verfassung? Rudolf Smend und die Zugange zum Verfassungsproblem nach 50 Jahren unter dem Grundgesetz», en Hans Vorländer [ed.], *Integration durch Verfassung*, Wiesbaden, Westdeutscher, 2002.

HERDEGEN, Matthias: «Kommentierung von Art. 1 Abs. 1 GG», en Theodor Maunz / Günther Dürig / Roman Herzog / Rupert Scholz [eds.], *Kommentar zum Grundgesetz* [42. Ergänzungslieferung], München, C.H. Beck, 2003 [la última actualización es la núm. 103 de 5 de enero de 2024, en Günther Dürig / Roman Herzog / Rupert Scholz (eds.), *Kommentar zum Grundgesetz*, München, C.H. Beck, 2024].

HERDEGEN, Matthias: «Verfassungsinterpretation als metododische Disziplin», en *JuristenZeitung*, 59. Jahrgang, Heft 18 [17 de septiembre], 2004.

HERDEGEN, Matthias: «Kommentierung von Art. 1. Abs. 1 GG [Achtung und Schutz der Menschenwürde]», en Theodor Maunz / Günther Dürig / Roman Herzog / Matthias Herdegen/ Hans Hugo Klein / Rupert Scholz [eds.], *Kommentar zum Grundgesetz*, 42. Ergänzungslieferung 2003, Aktualisierung, 44. Ergänzungslieferung 2005, München, C.H. Beck, 2005.

HERDEGEN, Matthias: «Deutung der Menschenwürde im Staatsrecht», en Gerd Brudermüller / Kurt Seelmann [eds.], en *Menschenwürde Bregründung, Konturen, Geschichte*, Würzburg, Königshausen & Neumann, 2008.

HERTOGH, Marc: *Living Law*: *Reconsidering Eugen Ehrlich*, Oxford, Hart, 2008.

HESSE, Konrad: *Grundzüge des Verfassungsrechts der Bundesrepublik Deutschland*, 20ª ed., Heidelberg, C.F. Müller, 1999.

HILL, Hermann: *Verwaltungshandeln durch Verträge und Absprachen*, Baden-Baden, Nomos, 1990.

HOFMANN, Hasso: «Die versprochene Menschenwürde», en *Archiv des Öffentlichen Rechts*, Band 118, 1993.

HOFFMANN-RIEM, Wolfgang: «Verwaltungsorganisation und Verwaltungsorganisationsrecht als Steuerungsfaktoren», en Wolfgang Hoffmann-Riem / Eberhard Schmidt-Assmann / Andreas Vosskuhle [eds.], *Grundlagen des Verwaltungsrechts*, Band I. *Methoden Maßstäbe Aufgaben Organisation*, 2ª ed., München, C.H. Beck, 2012.

HOFFMANN-RIEM, Wolfgang: *Innovation und Recht– Recht und Innovation. Recht im Ensemble seiner Kontexte*, Tübingen, Mohr Siebeck, 2016.

HOFFMANN-RIEM, Wolfgang – NUßBERGER, Angelika: «Recht in seinen Kontexten – ein persönlicher Rückblick», en *Jahrbuch des öffentlichen Rechts der Gegenwart*, Neue Folge, 71. Jahrgang, Heft 1, 2023.

HOLLERBACH, Alexander: «Auflösung der rechtsstaatlichen Verfassung? Zu Ernst Forsthoffs Abhandlung „Die Umbildung des

Verfassungsgesetzes“ in der Festschrift für Carl Schmitt», en *Archiv des öffentlichen Rechts*, Band 85, Heft 3, 1969.

HOLLERBACH, Alexander: «Selbstbestimmung im Recht: vorgetragen am 11. November 1995, Nr. 2», en *Schriften der philosophisch-historischen Klasse der Heidelberger Akademie der Wissenschaften,* Heidelberg, Universitätsverlag, 1996.

HÖPFNER, Clemens: *Die systemkonforme Auslegung- Zur Auflösung einfachgesetzlicher, verfassungsrechtlicher und europarechtlicher Widersprüche im Recht*, Tübingen, Mohr Siebeck, 2008.

HUBER, Peter M.: «Europäisches und nationales Verfassungsrecht», en *Veröffentlichungen der Vereinigung der Deutschen Staatsrechtslehrer*, Band 60, Berlin, De Gruyter, 2001.

HUBER, Peter M.: «Die Integrationsverantwortung von Bundestag und Bundesregierung», en *Zeitschrift für Staats- und Europawissenschaften* [*ZSE*] / *Journal for Comparative Government and European Policy*, Vol. 15, Nr. 2-3, 2017.

HUBER, Peter M.: «Rechtsstaat», en Matthias Herdegen / Johannes Masing / Ralf Poscher / Klaus Ferdinand Gärditz [eds.], *Handbuch des Verfassungsrechts. Darstellung in transnationaler Perspektive*, München, C.H. Beck, 2021.

HUBER, Ulrich: «Savignys Lehre von der Auslegung der Gesetze in heutiger Sicht», en *JuristenZeitung*, 58. Jahrgang, Heft 1, 2003.

HUFEN, Friedhelm: «Erosion der Menschenwürde?», en 59. *JuristenZeitung*, Heft 7, 2004.

HUSSERL, Edmund: *Erfahrung und Urteil. Untersuchungen zur Genealogie der Logik* [1939], Hamburg, Claassen & Goverts, 1948.

HUSTER, Stefan: *Rechte und Ziele. Zur Dogmatik des allgemeinen Gleichheitssatzes*, Berlin, Duncker & Humblot, 1993.

HÛTHER, Paul: *Wissenschaft und Praxis im Verwaltungsrecht* [*1949–2020*], Tübingen, Mohr Siebeck, 2023.

ISENSEE, Josef: *Das Grundrecht auf Sicherheit. Zu den Schutzpflichten des freiheitlichen Verfassungsstaates* [texto reelaborado de la conferencia pronunciada en la *Berliner Juristischen Gesellschaft* el 24 de noviembre de 1982], Berlin-New York, De Gruyter, 1983 [en castellano: *El derecho constitucional a la seguridad. Sobre los deberes de protección del estado constitucional liberal*, Buenos Aires-Santa Fe, Rubinzal-Culzoni editores, 2014].

ISENSEE, Josef: «Staat im Wort – Sprache als Element des Verfassungsstaates», en Jörn Ipsen / Hans-Werner Rengeling / Jörg Manfred Mössner / Albrecht Weber [eds.], *Verfassungsrecht im Wandel. Zum 180 jährigen Bestehen der Carl Heymanns Verlag KG*, Köln-Berlin-Bonn-München, 1995.

ISENSEE, Josef: «Staat und Verfassung», en Josef Isensee / Paul Kirchhof [eds.], *Handbuch des Staatsrechts der Bundesrepublik Deutschland*. Bd. II. *Verfassungsstaat*, 3ª ed., Heidelberg, C.F. Müller, 2004.

ISENSEE, Josef: «Zur Begrifflichkeit und Wechselbeziehungen von Normativ- und Realverfassung – Staat und Verfassung», en Josef Isensee / Paul Kirchoff [eds.], *Handbuch des Staatsrechts der Bundesrepublick Deustschland*, Band II. *Verfassungsstaat*, 3ª ed., Heidelberg, C.F. Müller, 2004.

ISENSEE, Josef: *Salus publica - suprema lex? Das Problem des Gemeinwohls in der freiheitlichen Demokratie*, Paderborn-München-Wien-Zürich, Brill Schöningh, 2006.

ISENSEE, Josef: «Leben gegen Leben. Das grundrechtliche Dilemma des Terrorangriffs mit gekapertem Passagierflugzeug», en Michael Pawlik / Rainer Zaczyk [eds.], *Festschrift für Günther Jakobs zum 70. Geburtstag,* Köln, Carl Heymanns, 2007.

ISENSEE, Josef: «Staatsrechtslehre als Wissenschaft», en *JuristenZeitung*, 64. Jahrgang, Heft 19, 2009.

ISENSEE, Josef [ed.]: con aportaciones de Bardo FASSBENDER, Christian WALDOHFF y Otto DEPENHEUER, y presentación del mismo Josef ISENSEE: *Menschenrechte als weltmission*, Berlin, Duncker & Humbolt, 2009. *Menschenrechte Als Weltmission.* [Edition unavailable]. Duncker & Humblot. https:// www.perlego.com/book/2792439/ menschenrechte-als-weltmission-pdf.

JAHN, Matthias: «Pluralität der Rechtsdiskurse – Sektoralisierung der Methodenlehre. Zum Verhältnis von Rechtswissenschaftstheorie und Rechtstheorie», en Matthias Jestaedt / Oliver Lepsius [eds.], *Rechtswissenschaftstheorie*, Tübingen, Mohr Siebeck, 2008.

JELLINEK, Georg: *Allgemeine Staatslehre*, 3ª ed., *unter Verwertung des handschriftlichen Nachlasses durchgesehen und ergänzt von Dr. Walter Jellinek, professor der Rechte an der Universität Kiel*, Berlin, Julius Springer, 1929.

JESTAEDT, Matthias: *Grundrechtsentfaltung im Gesetz. Studien zur Interdependenz von Grundrechtsdogmatik und Rechtsgewinnungstheorie*, Tübingen, Mohr Siebeck, 1999.

JESTAEDT, Matthias: *Das mag in der Theorie richtig sein... Vom Nutzen der Rechtstheorie für die Rechtspraxis*, Tübingen, Mohr Siebeck, 2006.

JESTAEDT, Matthias: «„Öffentliches Recht" als wissenschaftliche Disziplin», en Christoph Engel / Wolfgang Schön [eds.], *Das Proprium der Rechtswissenschaft*, Tübingen, Mohr Siebeck, 2007.

JESTAEDT, Matthias: «Perspektiven einer Rechtswissenschaftheorie», en Matthias Jestaedt / Oliver Lepsius [eds.], *Rechtswissenschaftstheorie*, Tübingen, Mohr Siebeck, 2008.

JESTAEDT, Matthias: «Braucht die Wissenschaft vom Öffentlichen Recht eine fachspezische Wissenschaftstheorie?», en Andreas Funke / Jörn Lüdemann [eds.], *Öffentliches Recht und Wissenschaftstheorie*, Tübingen, Mohr Siebeck, 2009.

JESTAEDT, Matthias: «Verfassungsinterpretation in Deutschland», en Georg Lienbacher [ed.], *Verfassungsinterpretation in Europa, Heinz Schäffer Gedächtnissymposion*, Wien, Jan Sramek, 2011.

JESTAEDT, Matthias: «Phänomen Bundesverfassungsgericht. Was das Gericht zu dem macht, was es ist», en Matthias Jestaedt / Oliver Lepsius / Christoph Möllers / Christoph Schönberger [eds.], *Das entgrenzte Gericht. Eine kritische Bilanz nach sechzig Jahren Bundesverfassungsgericht*, Berlin, Suhrkamp, 2011.

JESTAEDT, Matthias: «Wissenschaftliches Recht. Rechtsdogmatik als gemeinsames Kommunikationsformat von Rechtswissenschaft und Rechtspraxis», en Gregor Kirchhof / Stefan Magen / Karsten. Schneider [eds.], *Was weiß Dogmatik? Was leistet und wie steuert die Dogmatik des Öffentlichen Rechts*?, Tübingen, Mohr Siebeck, 2012.

JESTAEDT, Matthias: «Die deutsche Staatsrechtslehre im europäisierten Rechtswissenschaftsdiskurs – Kennzeichen, Kernkompetenzen und Rezeptionshindernisse», en *JuristenZeitung*, 67. Jahrgang, Heft 1, 2012.

JESTAEDT, Matthias: «Wissenschft im Recht Rechtsdogmatik im Wissenschaftsvergleicht», en *JuristenZeitung*, 69. Jahrgang, Heft 1, 2014.

JESTAEDT, Matthias: «Rechtswissenschaft als normative Disziplin», en Eric Hilgendorf / Jan C. Jörden [eds.], *Handbuch Rechtsphilosophie*, Stuttgart, JB Metzler, 2017. https:// doi.org/10.1007/978-3-476-05639-9_39, 2021.

JESTAEDT, Matthias: «§ 6 Verfassungsdogmatik», Uwe Kischel / Hanno Kube [eds], *Handbuch des Staatsrechts, Band I: Grundlagen, Wandel und Herausforderungen*, Heidelberg, C.F. Müller, 2023.

JHERING, Rudolf von: *Der Zweck im Recht*, 2 Bände [Leipzig 1877 und 1883.], ahora consideramos la 4ª ed., Leipzig, Breitkopf, Härtel, 1905.

JHERING, Rudolf von: *Ist die Jurisprudenz eine Wissenschaft? Jherings Wiener Antrittsvorlesung vom 16. Oktober 1868. 2., durchgesehene*, Okko Behrends [ed.], Göttingen, Wallstein, 2009.

JORI, Mario: «Pragmatica, scienza giuridica e diritti», en Paolo. Comanducci / Riccardo Guastini [eds.], *Analisi e diritto 2002-2003. Ricerche di giurisprudenza analitica*, Torino, Giappichelli, 2004.

KANT, Immanuel: *Fundamentación de la metafísica de las costumbres*, 10ª ed., Luis Martínez de Velasco [ed.], Madrid, Espasa Calpe, 1994. Barcelona, Ariel, 1999.

KANT, Immanuel: *Metafísica de las costumbres*, 4ª ed., Madrid, Tecnos, 2008.

KAUFMANN, Arthur: *Hermenéutica y Derecho*, Granada, Comares, 2007.

KEILING, Tobias: «Welt und Raum. Zum Problem des Unendlichen im Anschluss an Günter Figal», en Antonia Egel / David Espinet / Tobias Keiling / Bernhard Zimmermann [eds.], *Die Gegenständlichkeit der Welt. Festschrift für Günter Figal zum 70. Geburtstag*, Tübingen, Mohr Siebeck, 2019. DOI: 10.1628 / 978-3-16-157683-6.

KELLY, John Maurice: *Fundamental Rights in the Irish Law and Constitution*, Dublin, Allen Figgis and Co, 1961.

KELSEN, Hans: «Eine Grundlegung der Rechtssoziologie», en *Archiv für Sozialwissenschaft und Sozialpolitik,* T. XXXIX, 39, 1915.

KELSEN, Hans: «Replik [zu: „Eine Grundlegung der Rechtssoziologie"]», en *Archiv für Sozialwissenschaft und Sozialpolitik*, T. XLI, 41, 1916.

KELSEN, Hans: «Schlusswort [zu: „Eine Grundlegung der Rechtssoziologie"]», en *Archiv für Sozialwissenschaft und Sozialpolitik*, T. XLII, 42, 1916-1917.

KELSEN, Hans: *Reine Rechtslehre. Einleitung in die rechtswissenschaftliche Problematik*, 1ª ed., Leipzig und Wien, Franz Deuticke, 1934.

KENEDY, Duncan: *The Rise & Fall of Classical Legal Thought*, Whasinton, Beard Books, 2006.

KERSTEN, Jens: *Notwendigkeit der Zuspitzung. Anmerkungen zur Verfassungstheorie*, Berlin, Duncker & Humblot, 2020.

KINGREEN, Thorsten: «§ 263 Vorrang und Vorbehaltder Verfassung», en Josef Isensee / Paul Kirchhof [eds.], *Handbuch des Staatsrechts*. Band XII. *Normativität und Schutz der Verfassung*, 3ª ed., Heidelberg, C.F. Müller, 2014.

KINGREEN, Thorsten – POSCHER, Ralf: *Grundrechte. Staatsrecht II*, 39ª ed., Heidelberg, C.F. Müller, 2023.

KIRCHHOF, Gregor – MAGEN, Stefan: «Dogmatik: Rechtliche Notwendigkeit und Grundlage fächerübergreifenden Dialogs – eine systematisierende Übersicht», en Gregor Kirchhof / Stefan Magen / Karsten Schneider [eds.], *Was weiß Dogmatik? Was leistet und wie steuert die Dogmatik des Öffentlichen Rechts*?, Tübingen, Mohr Siebeck, 2012.

KIRCHHOF, Paul: «Verfassungsgerichtsbarkeit und Gesetzgebung», en Peter Badura / Rupert Scholz [eds.], *Verfassungsgerichtsbarkeit und Gesetzgebung, Symposion aus Anlaß des 70. Geburtstages von Peter Lerche*, München, C.H. Beck, 1998.

KIRCHHOF, Paul: «Die Zukunft der Demokratie im Verfassungsstaat», en 59. *JuristenZeitung*, Heft 20, 2004, http://www .jstor.org/stable/20827497.

KIRCHHOF, Paul: «§ 273 Verfassung, Theorie und Dogmatik», en Josef Isensee / Paul Kirchhof [eds.], *Handbuch des Staatsrechts*. Band XII. *Normativität und Schutz der Verfassung*, 3ª ed., Heidelberg, C.F. Müller, 2014.

KIRCHMANN, Julius von: *Die Wertlosigkeit der Jurisprudenz als Wissenschaft*, Darmstadt, Wissenschaftliche Buchgesellschaft, 1973, publicado por primera vez en Berlin, Julius Springer, 1848.

KIRSTE, Stephan: *Die Zeitlichkeit des positiven Rechts und die Geschichtlichkeit des Rechtsbewußtseins*, Berlin, Duncker & Humblot, 1998.

KIRSTE, Stephan: *Theorie der Körperschaft des öffentlichen Rechts Verwaltungshistorische, organisationstheoretische und verwaltungsorganisationsrechtliche Aspekte,* Osnabrück, H. Th. Wenner GmbH & Co. KG, 2017.

KÖBL, Ursula: «Die Bedeutung der Dogmatik im Sozialrecht», en Rolf Stürner [ed.], *Die Bedeutung der Rechtsdogmatik für die Rechtsentwicklung Ein japanisch-deutsches Symposium*, Tübingen, Mohr Siebeck, 2010.

KONERSMANN, Ralf: «Las cosas no son triviales. El filósofo Günter Figal y el ámbito de la comprensión», recensión del libro aparecida en el *Süddeutsche Zeitung* de 12 de abril del año 2007, Núm. 84. La entrevista fue realizada en inglés y publicada parcialmente en el portal Figure/Ground: http:// figureground. org/interview-with-gunter-figal/.

KRIELE, Martin: *Grundprobleme der Rechtsphilosophie*, 2ª ed., Münster, Lit, 2003.

KRÜGER, Herbert: *Allgemeine Staatslehre*, 2ª ed., Stuttgart, W. Kohlhammer, 1964.

KRÜGER, Herbert: «Subkonstitutionelle Verfassungen», en *Die Öffentliche Verwaltung. Zeitschrift für öffentliches Recht und Verwaltungswissenschaft*, 29. Jahrgang, 1976.

KUDLICH, Hans – CRISTENSEN, Ralph: «Die Kanones der Auslegung als Hilfsmittel für die Entscheidung von Bedeutungskonflikten», en *Juristische Arbeitsblätter*, Band 36, Heft 1, 2004.

KUNIG, Philip: *Das Rechtsstaatsprinzip: Überlegungen zu seiner Bedeutung für das Verfassungsrecht der Bundesrepublik Deutschland*, Tübingen, Mohr Siebeck, 1986.

KURBJUWEIT, Dirk: «Recension von Christoph Möllers: *Freiheitsgrade Elemente einer liberalen politischen Mechanik*», Berlin, Suhrkamp, 2020», en *Der Spiegel*, publicado el 26 de noviembre de 2021.

LABAND, Paul: *Das Staatsrecht des deutschen Reich*, Band I., 4ª ed., Tübingen-Leipzig, Mohr, 1901.

LADEUR, Karl-Heinz: «*Kritik der Abwägung in der Grundrechtsdogmatik. Plädoyer für eine Erneuerung der liberalen Grundrechtstheorie*», Tübingen, Mohr Siebeck, 2004.

LADEUR, Karl-Heinz – AUGSBERG, Ino: «Auslegungsparadoxien. Zu Theorie und Praxis juristischer Interpretation», en *Rechtstheorie*, Vol. 36, Nr. 2, 2005.

LEMBCKE, Oliver W.: «Die Würde des Menschen, frei zu sein. Zum Vermächtnis der *Oratio de hominis dignitate Picos della Mirandola*», en Rolf Gröschner / Stephan Kirste / Oliver W. Lembcke [eds.], *Des Menschen Würde – entdeckt und erfunden im Humanismus der italienischen Renaissance*?, Tübingen, Mohr Siebeck, 2008.

LEMBCKE, Oliver W.: «Human dignity- a constituent and constitutional principle some perspectives of a german discourse», en *Archiv für Rechts und Sozialphilosophie*, *ARSP*, *Beihelf*, Nr. 137, 2013.

LEPSIUS, Oliver: *Die gegensatzaufhebende Begriffsbildung, Methodenentwicklungen in der Weimarer Republik und ihr Verhältnis zur Ideologisierung der Rechtswissenschaft im Nationalsozialismus*, München, C.H. Beck, 1994.

LEPSIUS, Oliver: «Braucht das Verfassungsrecht eine Theorie des Staates? Eine deutsche Perspektive: Von der Staatstheorie zur Theorie der Herrschaftsformen», en *Europäische Grundrechte-Zeitschrift*, Vol. 31, Heft 13-15, 2004.

LEPSIUS, Oliver: «Kritik der Dogmatik», en Gregor Kirchhof / Stefan Magen / Karsten. Schneider [eds.], *Was weiß Dogmatik*? *Was leistet und wie steuert die Dogmatik des Öffentlichen Rechts*?, Tübingen, Mohr Siebeck, 2012.

LEYH, Gregory: «Preface – Introduction», en Gregory Leyh [ed.], *Legal Hermeneutics: History and Practice*, Berkeley, University of California Press, 1992.

LIMBACH, Jutta: «Papel y poder del Tribunal Constitucional», en *Teoría y realidad Constitucional*, núm 4, 1999.

LINDNER, Josef-Franz: *Theorie der Grundrechtsdogmatik*; Tübingen, Mohr Siebeck, 2005. DOI 10.1628/978-3-16-158034-5 E-Book-Ausgabe 2019.

LINDNER, Josef-Franz: «Kritische Rechtswissenschaft», en Stefan Lorenzmeier / Hans-Peter Folz [eds.], *Recht und Realität Festschrift für Christoph Vedder*, Baden-Baden, Nomos, 2017.

LINDNER, Josef-Franz: «Recension von Karl-Heinz Ladeur: *Kritik der Abwägung in der Grundrechtsdogmatik. Plädoyer für eine*

Erneuerung der liberalen Grundrechtstheorie», en *Der Staat*, Band 45, Heft.1, 2006.

LÜBBE-WOLFF, Gertrude: *Demophobie. Muss man die direkte Demokratie fürchten*?, Frankfurt am Main, Klostermann, 2023.

LUCIANI, Massimo: «Interpretazione costituzionale e testo della Costituzione. Osservazioni liminari», en Gaetano Azzariti [ed.], *Interpretazione costituzionale*, Torino, Giappichelli, 2007.

LUHMANN, Niklas: *Rechtssystem und Rechtsdogmatik*, Stuttgart-Berlin-Köln-Mainz, Kohlhammer, 1974.

LUHMANN, Niklas: *Soziale Systeme. Grundriß einer allgemeinen Theorie*, Frankfurt am Main, Suhrkamp, 1984.

LUHMANN, Niklas: «„Kausalität im Süden"», en *Soziale Systeme. Zeitschrift für soziologische Theorie* 1, Heft 1, 1995.

LUHMANN, Niklas: *Das Recht der Gesellschaft*, 8ª ed., Frankfurt am Main, Suhrkamp, 2020.

MAIHOFER, Wener: *Estado de Derecho y Dignidad humana*, Montevideo & Buenos Aires, Editorial «B de F», Julio César Faira-Editor, 2008.

MANETTI, Giannozzo: *De dignitate et excellentia hominis* [1452], *Dignità ed eccellenza dell'uomo*, Firenze, Bompiani-Giunti Editore, 2018.

MARMOR, Andrei: *Interpretation and Legal Theory*, 2ª ed., Oxford, Hart, 2005.

MARRAFON, Marco Aurélio: *O caráter complexo da decisão em matéria constitucional: discursos sobre a verdade, radicalização hermenêutica e fundação ética na práxis jurisdicional*, Río de Janeiro, Lumen Juris, 2010.

MARTÍNEZ ZEPEDA, Jean-Paul: «La Dignidad de la persona humana en Santo Tomás de Aquino. Una lectura moral acerca de la ancianidad», en *Intus-Legere Filosofía*, Vol. 6, Nº 1, 2012.

MASING, Johannes: *Die Mobilisierung des Bürgers für die Durchsetzung des Rechts*, Berlin, Duncker & Humblot, 1997. https: // doi.org/ 10.3790/978-3-428-48928-2.

MASING, Johannes: «Der Rechtsstatus des Einzelnen im Verwaltungsrecht», en Wolfgang Hoffmann-Riem / Eberhard Schmidt-Assmann / Andreas Vosskuhle [eds.], *Grundlagen des*

Verwaltungsrechts. Band I. *Methoden. Masstässe. Aufgaben. Organisation*, 2ª ed., München, C.H. Beck, 2012.

MASING, Johannes: «Das Bundesverfassungsgericht», en Matthias Herdegen / Johannes Masing / Ralf Poscher / Klaus Ferdinand Gärditz [eds.], *Handbuch des Verfassungsrechts. Darstellung in transnationaler Perspektive*, München, C.H. Beck, 2021.

MASING, Johannes: «Verfassung im internationalen Mehrebenensystem». en Matthias Herdegen / Johannes Masing / Ralf. Poscher / Klaus Ferdinand Gärditz [eds.], *Handbuch des Verfassungsrechts. Darstellung in transnationaler Perspektive*, München, C.H. Beck, 2021.

MELLINGHOFF, Rudolf: «Die Leitgedanken des Rechts in der Diskussion», en *Symposium aus Anlass des 70. Geburtstags von Paul Kirchhof*, Heidelberg, 2013.

MELLINGHOFF, Rudolf: «Privataufwendungen», en Hanno Kube / Rudolf Mellinghoff / Gerd Morgenthaler / Ulrich Palm / Thomas Puhl / Christian Seiler [eds.], *Leitgedankendes Rechts, Paul Kirchhof zum 70. Geburtstag*, Band I: *Staat und Verfassung*, Band II. *Staat und Bürger,* Heidelberg, C.F. Müller, 2013.

MIRANDA, Jorge: «A dignidade da pessoa humana e a unidade valorativa do sistema dos direitos fundamentais», en Jorge Miranda / Marco Antonio Marques da Silva [eds.], *Tratado Luso-Brasileiro da Dignidade Humana*, 2ª ed., São Paulo, Editora Quartier Latin, y Coimbra, Almedina, 2009.

MÖLLERS, Christoph: «Braucht das öffentliche Recht eine neuen Methoden- und Richtungsstreit?», en *Verwaltungsarchiv*, Band 90, Nr. 2, 1999.

MÖLLERS, Christoph: «Theorie, Praxis und Interdisziplinarität in der Verwaltungsrechtswissenschaft», en *Verwaltungsarchiv*, Vol. 93, Nr.1, 2002.

MÖLLERS, Christoph: «Methoden», en Wolfgang Hoffmann-Riem / Eberhard Schmidt-Aβmann / Andreas Voβkuhle [eds.], *Grundlagen des Verwaltungsrechts*, 1ª ed., Band I, München, C.H. Beck, 2006.

MÖLLERS, Christoph: «Vorüberlegungen zu einer Wissenschaftstheorie des Öffentlichen Rechts» [Consideraciones preliminares sobre una teoría científica del Derecho público], en Matthias Jestaedt /

Oliver Lepsius [eds.], *Rechtswissenschaftstheorie*, Tübingen, Mohr Siebeck, 2008.

MÖLLERS, Christoph: *Staat als Argument*, 2ª ed., Tübingen, Mohr Siebeck, 2020.

MÖLLERS, Christoph: *Freiheitsgrade Elemente einer liberalen politischen Mechanik*, Berlin, Suhrkamp, 2020.

MÖLLERS, Christoph: *La Justicia constitucional en Alemania*, Valencia, Tirant lo Blanch, 2024.

MONEREO PÉREZ, José Luis: *La defensa del Estado social de Derecho: La teoría política de Hermann Heller,* Madrid, El Viejo Topo, 2009.

MONEREO PÉREZ, José Luis: «Sociología crítica del derecho y teoría jurídica en Hans Kelsen», en *Revista de Estudios Jurídico Laborales y de Seguridad Social* [*REJLSS*], Número: 6, 2023. https: // doi. org/10.24310/rejlss.vi6.15353.

MONT`ALVERNE BARRETO DE LIMA, Martônio: *Staat und Justiz in Brasilien: Zur historischen Entwicklung der Justizfunktion in Brasilien - Kolonialgerichtsbarkeit in Bahia, Richterschaft im Kaiserreich und Verfassungsgerichtsbarkeit in der Republik*, Frankfurt am Main, Peter Lang, 1999.

MORLOK, Martin: «Reflexionsdefizite in der deutschen Staatsrechtslehre», en Helmuth Schulze-Fielitz [ed.], *Staatsrechtslehre als Wissenschaft, Die Verwaltung*, Beihefte [BH. WERW], Band 7, 2007.

MORLOK, Martin: «Neue Erkenntnisse und Entwicklungen aus sprach- und rechtswissenschaftlicher Sicht», en Bernhard Ehrenzeller / Peter Gomez / Markus Kotzur / Daniel Thürer / Klaus A. Vallender [eds.], *Präjudiz und Sprache*, Zürich-St. Gallen, DIQUE-Nomos, 2008.

MÜCKEL, Stefan – SCHÖNBERGER, Sophie: «Wandel des Verhältnisses von Staat und Gesellschaft – Folgen für Grundrechtstheorie und Grundrechtsdogmatik», en *Veröffentlichungen der Vereinigung der Deutschen Staatsrechtslehrer*, Band 79, Berlin, De Gruyter, 2020.

MÜLLER, Friedrich: *Normstruktur und Normativität. Zum Verhältnis von Recht und Wirklichkeit in der juristischen Hermeneutik, entwickelt an Fragen der Verfassungsinterpretation*, Berlin, Duncker & Humblot, 1966. DOI https://doi.org/10.3790/978-3-428-41060-6.

MÜLLER, Friedrich: *Die Positivität de Grundrechte. -Fragen einer praktischen Grundrechtsdogmatik*, 2ª ed., Berlin, Duncker & Humblot, 1990.

MÜLLER, Friedrich: *Strukturierende Rechtslehre*, 2ª ed., Berlin, Duncker & Humblot, 1994.

MÜLLER, Friedrich: *Wer ist das Volk?: die Grundfrage der Demokratie, Elemente der Verfassungstheorie* VI, 2ª ed., Berlin, Duncker & Humblot, 1997.

MÜLLER, Friedrich: *Métodos de trabajo de Derecho Constitucional*, Madrid, Marcial Pons, 2006.

MÜLLER, Friedrich: *Die Einheit der Verfassung. -Kritik des juristischen Holismus*, 2ª ed., Berlin, Duncker & Humblot, 2007.

MÜLLER, Friedrich: «Vorwort», en Friedrich Müller [ed.], *Politik, [Neue] Medien und die Sprache des Rechts*, Berlin, Duncker & Humblot, 2007.

MÜLLER, Friedrich: *Sytagma. -Verfasstes Recht, Verfasste Gesellschaft, Verfasste Sprache Im Horizont von Zeit*, Berlin, Duncker & Humblot, 2012.

MÜLLER, Friedrich / BURR, Isolde [eds.]: *Rechtssprache Europas. Reflexion der Praxis von Sprache und Mehrsprachigkeit im supranationalen Recht*, Berlin, Duncker & Humblot, 2004.

MÜLLER, Friedrich – CHRISTENSEN, Ralph: *Juristische Methodik.* Band II. *Europarecht*, 3ª ed., Berlin, Duncker & Humblot, 2012.

MÜLLER, Friedrich – CHRISTENSEN, Ralph: *Juristische Methodik.* Band I. *Grundlegung für die Arbeitsmethoden der Rechtspraxis*, 11ª ed., Berlin, Duncker & Humblot, 2013.

MÜLLER, Friedrich / CHRISTENSEN, Ralph / SOKOLOWSKI, Michael: *Rechtstext und Textarbeit*, Berlin, Duncker & Humblot, 1997.

NETTESHEIM, Martin: «Die Garantie der Menschenwürde zwischen metaphysischer Überhöhung und bloßem Abwägungstopos», en *Archiv des öffentlichen Rechts*, Band 130, Heft 1, 2005.

NEUMANN, Ulfrid: «Das Rechtsprinzip der Menschenwürde als Schutz elementarer menschlicher Bedürfnisse. Versuch einer Eingrenzung», en *ARSP. Archiv für Rechts und Sozialphilosophie / Archives for Philosophy of Law an Social Philosophy*, Vol. 103, No. 3, 2017.

NEUMANN, Ulfrid / HASSEMER, Winfried / SALIGER, Franco: *Einführung in Rechtsphilosophie und Rechtstheorie der Gegenwart*, 9ª ed., Heidelberg, C.F. Müller, 2016.

NINO, Carlos Santiago: *Introducción al análisis del Derecho*, Buenos Aires, Astrea de Alfredo-Ricardo De Palma, 2ª ed., 1996.

NIPPERDEY, Hans-Carl: «Die Wurde der Menschen», en Karl August Bettermann / Franz Leopold Neumann / Hans-Carl Nipperdey / Ulrich Scheuner [eds.], *Die Grundrechte. Handbuch der Theorie und Praxis der Grundrechte*, Band II, Berlin, Duncker & Humblot, 1954.

NOGUEIRA ALCALÁ, Humberto: *La jurisdicción constitucional y los tribunales constitucionales de Sudamérica en la alborada del siglo XXI*, México, Porrúa, 2004.

OEHLING DE LOS REYES, Alberto: *La dignidad de la persona. Evolución histórico-filosófica, concepto, recepción constitucional y relación con los valores y derechos fundamentales*, Madrid, Dykinson, 2010.

OHLER, Christoph –VON BERNSTORFF, Jochen: «Die Rolle nicht-staatlicher Akteure bei der Entwicklung und Implementierung des Völker- und Europarechts», en *Veröffentlichungen der Vereinigung der Deutschen Staatsrechtslehrer*, Band 79, Berlin, De Gruyter, 2020.

OLANO GARCÍA, Hernán-Alejandro: *Interpretación y dogmática constitucional*, Bogotá, Ediciones Doctrina y Ley, 2005.

OÑATE Y ZUBÍA, Teresa: «Al final de la modernidad», en *Los Cuadernos del norte. Revista cultural de la Caja de Ahorros de Asturias*, Año 8, Núm. 43, 1987.

OÑATE Y ZUBÍA, Teresa – LEIRO, Daniel – NUÑEZ, Amanda – CUBO, Óscar: *El compromiso del espíritu actual: con Gianni Vattimo en Turín*, Cuenca, Alderabán, 2010.

ORLANDO, Vittorio Emmanuele: *I criteri tecnici per la ricostruzione giuridica del Diritto pubblico: contributo alla storia del Diritto pubblico italiano nell'ultimo quarantennio* 1885-1925, Modena, Presso L' Università degli Studi, 1925.

PACE, Alessandro: «La heterogénea estructura de los derechos constitucionales», en *Cuadernos de Derecho Público*, núm. 3, 1998.

PALMER, Valentine: «From Lerotholi to Lando: Some Examples of Comparative Law Methodology», en *Global Jurist Frontiers*, Vol. 4, Issue 2, 2004.

PAREJO ALFONSO, Luciano José: «Estado y procesos de cambio. Del Estado prestacional al garante de la prestación», en *Asamblea. Revista parlamentaria de la Asamblea de Madrid*, núm. 33, 2015.

PARSONS, Talcott: *The structure of social action*, 2ª ed., New York, Free Press, 1968.

PECZANIK, Aleksander: «A theory of Legal Doctrine», en *Ratio Iuris*, Vol. 14, Issue 1, 2001.

PECZANIK, Aleksander – HAAGE, Jaap C.: «Legal Knowledge about What?», en *Ratio Iuris*, Vol.13, Issue 3, 2000.

PEÑA GONZÁLEZ, Carlos: «El Valor Científico del Derecho», en *Revista Derecho y Humanidades*, Santiago de Chile, núm. 6, 1998; disponible en: https: // revistas.uchile. cl/ index.php/ RDH/ article/ view/ 25781/27109.

PÉREZ BERMEJO, Juan Manuel: *Coherencia y Sistema jurídico*, Madrid-Barcelona, Marcial Pons, 2006.

PÉREZ DE OLIVA, Fernán: *Diálogo de la Dignidad del Hombre. Razonamientos. Ejercicios* (aparecida en 1546, y de nuevo en 1585); ahora edición de María Luisa Cerrón Puga, Madrid, Cátedra, 1996.

PICO DELLA MIRANDOLA, Giovanni: [*Oratio de hominis dignitate*, escrita en 1486], *Discurso sobre la dignidad del hombre*, Ciudad de México, UNAM, Dirección General de Publicaciones y Fomento Editorial, 2018.

PIEROTH, Bodo: «La Cour constitutionnelle fédérale allemande comme modèle pour l'Europe», en *Cités. Philosophie Politique Histoire*, Núm. 13/1, 2003.

PIEROTH, Bodo: «Rezension von Karl-Heinz Ladeur: Kritik der Abwägung in der Grundrechtsdogmatik, Tübingen, 2004», en *Deutsches Verwaltungsblatt*, 120. Jahrgang, Heft 9, 2005.

PIEROTH, Bodo: «Das Demokratieprinzip des Grundgesetzes», en *Juristische Schulung*, Nr. 6, 2010.

PISTORIO, Giovanna: *Interpretazioni e Giudici. Il caso dell'interpretazione conforme al diritto dell'Unione europea*, Napoli, Editoriale Scientifica, 2012.

PÖGGELER, Otto: *Heidegger und die hermeneutische Philosophie*, München, Karl Alber, 1983.

POSCHER, Ralf: «Die Würde des Menschen ist unantastbar», en 59. *JuristenZeitung*, Heft 19, 2004.

POSCHER, Ralf: «Menschenwürde und Kernbereichsschutz. Von den Gefahren einer Verräumlichung des Grundrechtsdenkens», 64. *Juristenzeitung*, Heft 6, 2009.

POSCHER, Ralf: «Rechtsdogmatik als hermeutische Disziplin. Zum interpretativen Charakter der Rechtsfortbildung», en Jakob Nolte / Henner Wolter / Ralf Poscher [eds.], *Die Verfassung als Aufgabe von Wissenschaft, Praxis und Öffentlichkeit. Freundesgabe für Bernhard Schlink zum 70. Geburtstag*, Heidelberg, C.F. Müller, 2014.

POSCHER, Ralf: «Hermeneutics, Jurisprudence and Law», en Jeff Malpas / Hans-Helmuth Gander [eds.], *The Routledge Companion to Hermeneutics*, London, Routledge, 2015.

POSCHER, Ralf: «Hermeneutics and Law», en Michael N. Forster / Kristin Gjesdal [eds.], *The Cambridge Companion to Hermeneutics*, Cambridge, Cambridge University Press, 2019.

POUND, Roscone: *Control Through Law*, New Haven, Yale University Press, 1942.

POUND, Roscone: *Jurisprudence* Vol. I, Minnesota, West Publishing Company, 1959.

POUND, Roscone: *Las grandes tendencias del pensamiento jurídico*, José Luis Monereo Pérez [ed.], Granada, Comares, 2004.

RATZINGER, Joseph: «La relación entre magisterio de la Iglesia y exégesis», en Joseph Ratzinger / Paul Beauchamp / Bruna Costacurta / Ignace de la Potterie / Klemens Stock / Albert Vanhoye, *Escritura e interpretación*, Madrid, Palabra, 2003.

RATZINGER, Joseph: «La interpretación bíblica en conflicto. Sobre el problema de los fundamentos y la orientación de la exégesis hoy», en Joseph Ratzinger / Paul Beauchamp / Bruna Costacurta / Ignace de la Potterie / Klemens Stock / Albert Vanhoye, *Escritura e interpretación*, Madrid, Palabra, 2003.

RAZ, Joseph: *The Concept of a Legal System. An Introduction to the Theory of Legal System*, 2ª ed., Oxford, Clarendon, Oxford University Press, 1980.

REIMER, Philipp: *Verfahrenstheorie*, Tübingen, Mohr Siebeck, 2015.

RENNERT, Klaus: «Recensión von Ferdinand Wollenschläger, Verteilungsverfahren. Die staatliche Verteilung knapper Güter: Verfassungs- und unionsrechtlicher Rahmen, Verfahren im Fachrecht, bereichsspezifische verwaltungsrechtliche Typen und Systembildungm Tübingen, Mohr Siebeck, 2010», en *Der Staat. Zeitschrift für Staatslehre und Verfassungsgeschichte, deutsches und europäisches öffentliches Recht*, Band 50, Heft 4, 2011.

RENNERT, Klaus: «Recensión von Helmuth Schulze-Fielitz, Staatsrechtslehre als Mikrokosmos», en *Die Öffentliche Verwaltung. Zeitschrift für öffentliches Recht und Verwaltungswissenschaft*, 76. Jahrgang, Heft 21, November 2023.

REVENGA SÁNCHEZ, Miguel: «Notas sobre Justicia Constitucional e interpretación de la Constitución de 1978: o en defensa de la interpretación como diálogo», en *Teoría y Realidad Constitucional*, núm. 16, 2005.

REVENGA SÁNCHEZ, Miguel: «El razonamiento judicial y la mirada del juez (a propósito de la sentencia del Tribunal Supremo de Estados Unidos, de fecha 12 de junio de 2008, en el caso Boumediene et al. contra Bush)», en Joan Lluìs Pérez Francesh [ed.], *Libertad, seguridad y transformaciones del Estado*, Barcelona, Institut de Ciencies Politiques Socials, 2009.

REYNA, Justo J.: «Globalización, pluralidad sistémica y Derecho Administrativo: Apuntes para un Derecho Administrativo Multidimensional», en A&C *Revista de Derecho Administrativo* & Constitucional, año 11, núm. 44, abr./jun. 2011.

RICOEUR, Paul: *Del texto a la acción. Ensayos de Hermenéutica II*, Buenos Aires, Fondo de Cultura Económica, 2001.

ROHLFS, Angelo O.: *Hennann von Mangoldt: (1895 - 1953) ; das Leben des Staatsrechtlers vom Kaiserreich bis zur Bonner Republik*, Berlin, Duncker & Humblot, 1997.

ROTH-ISIGKEIT, David: *Verfassungsordnung und Verwaltungsorganisation*, Tübingen, Mohr Siebeck, 2023.

RUFFERT, Matthias: «Dogmatik und Praxis des subjektiv-öffentlichen Rechts unter dem Einfluß des Gemeinschaftsrechts», en *Deutsches Verwaltungsblatt*, Vol. 113, Heft 1, 1998.

RUFFERT, Matthias: «Rezension von Matthias Jestaedt, Grundrechtsentfaltung im Gesetz», en *Archiv Des Öffentlichen Rechts*, Band 127, Heft 3, 2002. http: // www.jstor.org /stable /44316767.

RUFFERT, Matthias: «Die Methodik der Verwaltungsrechtswissenschaft in anderen Ländern der Europäischen Union», en Wolfgang Hoffmann-Riem / Eberhard Schmidt-Aßmann [eds.], *Methoden der Verwaltungsrechtswissenschaft*, Baden-Baden, Nomos, 2004.

RUFFERT, Matthias: «Demokratie und Governance in Europa», en Hartmut Bauer / Peter M. Huber / Karl-Peter Sommermann [eds.], *Demokratie in Europa*, Tübingen, Mohr Siebeck, 2005.

RUFFERT, Matthias: «The Transformation of Administrative Law as a Transnational Methodological Project», en Matthias Ruffert [ed.], *The Transformation of Administrative Law in Europe–La mutation du droit administrative en Europe*, München, Sellier: European Law Publishers, 2007.

RUFFERT, Matthias: «Rezension von Claus Dieter Classen, Nationales Verfassungsrecht in der Europäischen Union. Eine integrierte Darstellung von 27. Verfassungsordnungen. Baden-Baden, Nomos, 2013», en *Archiv Des Öffentlichen Rechts*, Band 140, Heft 3, 2015.

RUOTOLO, Marco: «Interpretazione conforme a Costituzione e tecniche decisorie della Corte costituzionale», en AA.VV. *Scritti in onore di Alessandro Pace*. Vol. III. Napoli, Edizioni Scientifiche italiane, 2012.

RÜTHERS, Bernd: «Verfassung und Methoden», en *Juristische Blätter*, Band 136, Heft 4, 2014.

SARLET, Ingo-Wolfgang: *Dignidade da Pessoa Humana e Direitos Fundamentais: Na Constituição de 1988*, Porto Alegre, 10ª ed., Editora Livraria do Advogado, 2021.

SARMENTO, Daniel: *Dignidade da Pessoa Humana: Conteúdo, trajetórias e metodología*, 3ª ed., Belo Horizonte, Fórum Editora, 2020.

SCALISI Vicenzo: *L'ermenéutica della dignità*, Milano, A. Giuffrè, 2019.

SCHIAVELLO, Aldo: «Algunos argumentos a favor de una ciencia jurídica interpretativa», en *DOXA*, *Cuadernos de Filosofía del Derecho*, Núm. 37, 2014. https: // doi.org/ 10.14198/DOXA2014.37.

SCHILLER, Friedrich: *Sobre la gracia y la dignidad. Sobre poesía ingenua y poesía sentimental*, Barcelona, Icaria, 1985.

SCHLAG, Martin: *La dignità dell`uompo come principio sociale. Il contributo della fede cristiana allo Stato secolare,* Roma, EDUSC, 2013.

SCHMIDT-AβMANN, Eberhardt: «Methoden der Verwaltungsrechtswissenschaft – Perspektiven der Systembildung», en Eberhard Schmidt-Aβmann / Wolfgang Hoffmann-Riem [eds.], *Methoden der Verwaltungsrechtswissenschaft*, Baden-Baden, Nomos, 2004.

SCHMIDT-AßMANN, Eberhardt: «Der Rechtsstaat», en Josef Isensee / Paul Kirchhof [eds.], *Handbuch des Staatsrechts der Bundesrepublik Deutschland*, Band II. *Verfassungsstaat*, 3ª ed., Heidelberg, C.F. Müller, 2014.

SCHMIDT-AßMANN, Eberhardt: *Verwaltungsrechtliche Dogmatik in der Entwicklung. Eine Zwischenbilanz zu Bestand, Reform und künftigen Aufgaben*, 2ª ed., Tübingen, Mohr Siebeck, 2023.

SCHMIDT-AßMANN, Eberhardt: «Einleitung. Besonderes Verwaltungsrecht und Allgemeines Verwaltungsrecht: Zusammenwirken und Lerneffekte», en Friedrich Schoch / Martin Eifert [eds.], *Besonderes Verwaltungsrecht,* 2ª ed., München, C.H. Beck, 2023.

SCHMIDT-PREUß, Matthias: «Multipolarität und öffentliches Recht», en Otto Depenheuer / Markus Heintzen / Matthias Jestaedt / Peter Axer [eds.], *Staat im Wort Festschrift für Josef Isensee*, Heidelberg, C.F. Müller, 2007.

SCHNEIDER, Hans-Peter: *Democracia y Constitución*, Madrid, Centro de Estudios Políticos y Constitucionales, 1991.

SCHNEIDER, Hans-Peter: «Verfassung und Verfassungsrecht im Zeichen der Globalisierung – zwischen nationaler Entgrenzung und transnationaler Entfaltung», en *Jahrbuch des öffentlichen Rechts der Gegenwart* [*JöR*], Neue Folge, Band 65, 2017.

SCHOCH, Friedrich: «Gemeinsamkeiten und Unterschiede von Verwaltungsrechtslehre und Staatsrechtslehre», en Helmuth Schulze-Fielitz [ed.], *Staatsrechtslehre als Wissenschaft, Die Verwaltung*, Beihefte [*BH.WERW*], Band 7, 2007.

SCHOCH, Friedrich – KIEßLING, Andrea: «Kapitel 1. Polizei- und Ordnungsrecht», en Friedrich Schoch / Matin Eifert [eds.], *Besonderes Verwaltungsrecht*, 2ª ed., München, C.H. Beck, 2023.

SCHORKOPF, Frank: «Wertesicherung in der Europäischen Union. Prävention, Quarantäne und Aufsicht als Bausteine eines Rechts der Verfassungskrise?», en *Europarecht* [*EuR*], Jahrgang 51, Heft 2, 2016.

SCHULZ, Joachim: «Die Strafrechtsdogmatik nach dem Ende der vor- und außerjuristischen Gerechtigkeit», en Christoph Engel / Wolfgang Schön [eds.], *Das Proprium der Rechtswissenschaft*, Tübingen, Mohr Siebeck, 2007.

SCHULZE-FIELITZ, Helmuth: «Staatsrechtslehre als Wissenschaft: Dimensionen einer nur scheinbar akademischen Fragestellung. Eine einführende Problemskizze», en Helmuth Schulze-Fielitz [ed.], *Die Verwaltung* [BH.WERW], Band 7-Beihefte, Berlin, Duncker & Humblot, 2007, pp. 11-48.

SCHULZE-FIELITZ, Helmuth: «Buchbesprechung; de la obra editada por Andreas Funke / Jörn Lüdemann, *Öffentliches Recht und Wissenschaftstheorie*, 2009», en *Die Verwaltung*: *Zeitschrift für Verwaltungsrecht und Verwaltungswissenschaften*, Band 44, Heft 1, 2011.

SCHULZE-FIELITZ, Helmuth: *Staatsrechtslehre als Mikrokosmos. Bausteine zu einer Soziologie und Theorie der Wissenschaft des Öffentlichen Rechts* [ed.]., Tübingen, Mohr Siebeck, 2022.

SENSEN, Oliver: «Human Dignity in Historical Perspective: The Contemporary and Traditional Paradigms», en *European Journal of Political Theory*, No. 10.1, 2011.

SIMÓN YARZA, Fernando: «El proceso democrático ante el Tribunal Constitucional Federal Alemán y otros casos de interés», en *Revista general de Derecho Constitucional*, núm. 19, 2014. Disponible en SSRN: https://ssrn.com/ abstract=2589111, o http://dx.doi.org/ 10.2139/ ssrn.2589111

SMEND, Rudolf: «Integrationlehre», en AA.VV., *Staatsrechttliche Abhandlungen und andere Aufsätze*, 2ª ed., Berlin, Duncker & Humblot, 1968.

SOMEK, Alexander – KRÜPER, Julian: «Kategoriale Unterscheidung von Öffentlichem Recht und Privatrecht?», en *Veröffentlichungen der Vereinigung der Deutschen Staatsrechtslehrer*, Band 79, Berlin, De Gruyter, 2020.

SOMMER, Christian: «Buchbesprechung von Günter Figal, *Gegenständlichkeit. Das Hermeneutische und die Philosophie*, Tübingen, Mohr Siebeck, 2006, 447 pp», en *Les Etudes Philosophiques*, Vol. 95, Nr. 4, 2010.

SOPER, Philip: *Una teoría del Derecho*, Madrid, Centro de Estudios Constitucionales, 1993.

SORRENTINI, Giusi: *L' interpretazione conforme a Costituzione*, Milano, A. Giufrè, 2006.

SPAEMANN, Robert: *Personen. Versuche über den Unterschied zwischen «etwas» und «jemand»*, 3ª ed., Stuttgart, Klett-Cotta, 2006.

STARCK, Christian: «Hermann von Mangoldt (1895–1953): Mitglied des Parlamentarischen Rates und Kommentator des Grundgesetzes», en *Archiv des öffentlichen Rechts*, Band 121, Heft 3, 1996.

STARCK, Christian: «Introducción a la dignidad humana en el derecho alemán», en *Anuario Iberoamericano de Justicia Constitucional*, núm. 9, 2005.

STARCK, Christian: «La dignidad del hombre como garantía constitucional, en especial, en el derecho alemán», en Francisco Fernández Segado [ed.], *Dignidad de la persona, derechos fundamentales, justicia constitucional y otros estudios de derecho público*, Madrid, Dykinson, 2008.

STARK, Alexander: *Interdisziplinarität der Rechtsdogmatik*, Tübingen, Mohr Siebeck, 2020.

STERN, Klaus: «Génesis y evolución del constitucionalismo americano-europeo. Algunos comentarios sobre aspectos fundamentales», en Francisco Fernández Segado [ed.], *Dignidad de la persona, derechos fundamentales, justicia constitucional y otros estudios de derecho público*, Madrid, Dykinson, 2008.

STREINZ, Rudolf: «Zur Europäisierung des Grundgesetzes», en Peter M. Huber [ed.], *Das Grungesetz zwishen Stabilität und Veränderung*, Tübingen, Mohr Siebeck, 2007.

TENORIO SÁNCHEZ, Pedro J.: «Cuarenta años de jurisprudencia constitucional en España: derecho a un recurso efectivo en relación con la declaración del estado de alarma como limitadora de los derechos fundamentales», en *Anuario Iberoamericano de Justicia Constitucional*, 2021, 25 [1].

TERHECHTE, Jörg Philipp: *Konstitutionalisierung und Normativität der europäischen Grundrechte*, Tübingen, Mohr Siebeck, 2011.

THIBAUT, Anton-Friedrich-Justus: *Über die Nothwendigkeit eines allgemeinen bürgerlichen Gesetzbuchs für Deutschland*, Heidelberg, Mohr y Zimmer, 1814.

TORRES DEL MORAL, Antonio: «Valores y principios constitucionales», en *Revista de Derecho Político*, N° 36, 1992.

TRONCOSO REIGADA, Antonio: «Dogmática administrativa y Derecho constitucional. El caso del servicio público», en *Revista Española de Derecho Constitucional*, Núm. 57, 1999.

TRUCCO Lara: *Carta dei diritti fondamentali e costituzionalizzazione dell'Unione europea. Un'analisi delle strategie argomentative e delle tecniche decisorie a Lussemburgo,* Torino, Giappichelli, 2013.

TRUTE, Hans-Heinrich: «Staatsrechtslehre als Sozialwisswnschaft?», en Helmuth Schulze-Fielitz [ed.], *Staatsrechtslehre als Wissenschaft, Die Verwaltung*, Beihefte [BH.WERW], Band 7, 2007.

UNGER, Sebastian: *Das Verfassungsprinzip der Demokratie. -Normstruktur und Norminhalt des grundgesetzlichen Demokratieprinzips*, Tübingen, Mohr Siebeck, 2008.

URIZARBARRENA PÉREZ, Xabier: «Crónica de jurisprudencia del Tribunal Europeo de Derechos Humanos», en *Revista de Derecho Comunitario Europeo*, Núm. 69, mayo-agosto, 2021. doi: https:// doi.org/ 10.18042/ cepc/ rdce.69.08.

VALENCIA GRAJALES, José Fernando – MARÍN GALEANO, Mayda Soraya: «Investigación Teórica, Dogmática, Hemenéutica doctrinal y empírica de las Ciencias Jurídicas», en *Ratio Juris*, Vol. 13, núm. 27, 2018.

VAN HOEKE, Mark: «Legal Doctrine: Which Method[s] for What Kind of Discipline?», en Mark Van Hoecke [ed.], *Methodologies of Legal Research*, London, Bloomsbury, 2011.

VATTIMO, Gianni: *Oltre l'interpretazione*, Roma-Bari, Laterza, 1994.

VEDROSS, Albert: *Sobre el Derecho y la Justicia*, Buenos Aires, Editorial Universitaria, 1953.

VERDROSS, Albert: «La dignité de la personne humaine comme base des droits de l´homme», en *Österreichische Zeitschrift für öffentliches Recht und Völkerrecht*, Vol. 31, 1980.

VERGARA BLANCO, Alejandro: «La *summa divisio iuri*s público-privado de las disciplinas jurídicas», en *Revista de Derecho Universidad Católica del Norte*, año 17, núm. 1, 2010.

VESTING, Thomas: «Kein Anfang und kein Ende. Die Systemtheorie des Rechts als Herausforderung für Rechtswissenschaft und Rechtsdogmatik», en *Juristische Ausbildung*, Vol. 21, Heft 5, 2001. Disponible en http :// www.jura.uniaugsburg.de/ fakultaet/vesting / veroeffentlichungen html.

VESTING, Thomas: «Die Staatsrechtslehre und die Veränderung ihres Gegenstandes: Konsequenzen von Europäisierung und Internationalisierung», en *Veröffentlichungen der Vereinigung der Deutschen Staatsrechtslehrer*, Band 63, Berlin, De Gruyter, 2004.

VESTING, Thomas: «Nachbarwissenschaftlich informierte und reflektierte Verwaltungsrechtswissenschaft – „Verkehrsregeln" und „Verkehrsströme"», en Eberhard Schmidt Aßmann / Wolfgang Hoffmann-Riem [eds.], *Methoden der Verwaltungsrechtswissenschaft*, Nomos, Baden-Baden, 2004.

VESTING, Thomas: *Rechtstheorie. Ein Studienbuch*, 2ª ed., München, C.H. Beck, 2015.

VESTING, Thomas: *Staatstheorie*, München, C.H. Beck, 2018.

VESTING, Thomas: «Recensione von Jens Kersten: *Notwendigkeit der Zuspitzung. Anmerkungen zur Verfassungstheorie*, Berlin, Duncker & Humblot, 2020», en *Archiv des öffentlichen Rechts*, Band 147, Heft 4, 2022.

VIEHWEG, Theodor: «Zur Geisteswissenschaftlichkeit der Rechtsdisziplin», en *Studium Generale*, núm. 11, 1958.

VIEHWEG, Theodor: «Zwei Rechtsdogmatiken», en Ulrich Klug *Philosophie und Recht. Festschrift zum 70. Geburtstag von Carl August Emge*, Wiesbaden, Franz Steiner, 1960.

VIEHWEG, Theodor: *Tópica y filosofía del derecho*, Barcelona, Gedisa, 1990.

VIEHWEG, Theodor: *Rechtsphilosophie und Rhetorische Rechtstheorie Gesammelte kleine Schriften mit einer Einleitung*, Heino Garrn [ed.], Nomos, Baden-Baden, 1995, https://d-nb.info/945125429/04.

VIGNUDELLI, Aljs: *Interpretazione e costituzione. Miti, mode e luoghi comuni del pensiero giuridico*, Torino, Giappichelli, 2011.

VILLA, Vittorio: «Il problema della scienza giuridica», en Giorgio Pino / Aldo Schiavello / Vittorio Villa, [eds.], *Filosofia del diritto. Introduzione critica al pensiero giuridico e al diritto positivo*, Torino, Giappichelli, 2013.

VILLACORTA MANCEBO, Luis-Quintín: *Reserva de Ley y Constitución*, Madrid, Dykinson, 1994.

VILLACORTA MANCEBO, Luis-Quintín: *La solidez de la alternativa Metódica estructurante para una Ciencia constitucional aplicada*, Madrid, Dykinson, 2014.

VILLACORTA MANCEBO, Luis-Quintín – VILLACORTA CAÑO-VEGA, Antonio: *Nuevas dimensiones de protección asumidas por los Derechos Fundamentales*, Madrid, Dykinson, 2013.

VILLAVERDE MENÉNDEZ, Ignacio: «Verdad y constitución. Una incipiente dogmática de las ficciones constitucionales», en *Revista Española de Derecho Constitucional*, núm. 106, 2016. doi: http: // dx.doi.org/ 10.18042/ cepc / redc.106.04.

VILLEY, Michel: *Le droit et les droits de l`homme*, Paris, Presses Universitaires de France, 1983.

VIOLA, Francesco – ZACCARIA, Giuseppe: *Diritto e interpretazione. Lineamenti di teoria ermeneutica del diritto*, Roma-Bari, Laterza, 1999.

VOEGELIN, Eric: *Die neue Wissenschaft der Politik*, München, Anton Pustet, 1959.

VOGEL, Friedemann: «Recensione von Müller, Friedrich, Syntagma. Verfasstes Recht, verfasste Gesellschaft, verfasste Sprache im Horizont von Zeit», en *Das Argument 305. Zeitschrift für Philosphie und Sozialwissenschaften,* 55. Jahrgang, Heft 6, 2013.

VOGEL, Friedemann – PÖTTERS, Stephan – CHRISTENSEN, Ralph: *Richterrecht der Arbeit- empirisch untersucht. Möglichkeiten und Grenzen computergestützter. Textanalyse am Beispiel des Arbeitnehmerbegriffs*, E-Bool, Berlin, Duncker & Humblot, 2015.

VÖGELE, Wolfgang: «Christliche Elemente in der Begründung von Menschenrechten und Menschenwürde im Kontext der Entstehung der Vereinten Nationen», en Hans-Richard Reuter [ed.], *Ethik der*

Menschenrechte. Zum Streit um die Universalität einer Idee I, Tübingen, Mohr Siebeck, 1999.

VÖGELE, Wolfgang: «Glaube und Würde. Die Aktualität der Menschenrechte für die christliche Theologie und den interreligiösen Dialog, en Friedrich Johannsen [ed.], *Die Menschenrechte im interreligiösen Dialog. Konflikt- oder Integrationspotential, Religion im kulturellen Kontext* 2, Stuttgart, Kohlhammer, 2013.

VON ARNAULD, Andreas: «Die Wissenschaft vom Öffentlichen Recht nach einer Öffnung für sozialwissenschaftliche Theorie», en Andreas Funke / Jörn Lüdemann [eds.], *Öffentliches Recht und Wissenschaftstheorie*, Tübingen, Mohr Siebeck, 2009.

VON MÜNCH, Ingo: «La dignidad del hombre en el Derecho constitucional», en *Revista Española de Derecho Constitucional*, Núm. 5, 1982.

VON SAVIGNY, Friedrich Karl [1802]: *Juristische Methodenlehre* [«Anleitungen zu einem eigenen Studium der Jurisprudenz», 1802/3], Gerhard Wesenberg [ed.], Stuttgart, K.F. Koehler, 1951.

VON SAVIGNY, Friedrich Karl [1814]: *Vom Beruf unserer Zeit für Gesetzgebung und Rechtswissenschaft*, Heidelberg, Mohr y Zimmer, 1814, citamos por la edición de la editorial Gale, sita en Farmington Hills-Michigan, USA, 2013.

VON SAVIGNY, Friedrich Karl: *Sistema del Derecho Romano actual*, editado por Jacinto Mesía, Charles Guenoux y Manuel Poley, con prólogo de Manuel Durán y Bas, Madrid, F. Góngora y Compañía, 1878-1879, reimpresión reciente en Granada, Comares, 2005.

VON SCHEWICK, Burkhard: *Die katholische Kirche und die Entstehung der Verfassungen in Westdeutschland 1945-1950*, Vols. 30-31, Mainz, Matthias-Grünewald, 1980.

VORLÄNDER, Hans: «Integration durch Verfassung? Die symbolische Bedeutung der Verfassung im politischen Integrationsprozess», en Hans Vorländer [ed.], *Integration durch Verfassung*, Westdeutscher Verlag, Wiesbaden 2002.

VOSGERAU, Ulrich: «Rechtswissenschaft als Theorie der Theorie oder als praktische Kulturwissenschaft?», en Andreas Funke / Jörn Lüdemann [eds.], *Öffentliches Recht und Wissenschaftstheorie*, Tübingen, Mohr Siebeck, 2009.

VOßKUHLE, Andreas: «Theorie und Praxis der verfassungskonformen Auslegung von Gesetzen durch Fachgerichte – Kritische Bestandaufnahme und Versuch einer Neubestimmung», en *Archiv des öffentlichen Rechts*, Band 125, Heft 2, 2000.

VOßKUHLE, Andreas: «Die politischen Dimensionen der Staatsrechtslehre», en Helmuth Schulze-Fielitz [ed.], *Staatsrechtslehre als Wissenschaft, Die Verwaltung*, Beihefte [BH. WERW], Band 7, 2007.

VOßKUHLE, Andreas: «Sobre el método del Derecho administrativo», Javier Barnes Vázquez [ed.], en *Innovación y Reforma en el Derecho Administrativo*, 2ª ed., Sevilla, Global Law Press-INAP, 2012.

VOßKUHLE, Andreas: «Was leistet Rechtsdogmatik? Zusammenführung und Ausblick in 12 Thesen», en Gregor Kirchhof / Stefan Magen / Karsten Schneider [eds.], *Was weiß Dogmatik? Was leistet und wie steuert die Dogmatik des Öffentlichen Rechts*?, Tübingen, Mohr Siebeck, 2012.

VOßKUHLE, Andreas – LANGE, Moritz: «Die Rolle der nationalen Gerichte im Europarecht», en Stefan Leible / Jörg Philipp Terhechte, [eds.], *Europäisches Rechtsschutz- und Verfahrensrecht*, 2ª ed., Baden-Baden, Nomos, 2021.

WAHL, Rainer: *Herausforderungen und Antworten: Das Öffentliche Recht der letzten fünf Jahrzente*, Berlin, Walter de Gruyter, 2006.

WAHL, Rainer: «Rechtsdogmatik und Rechtspolitik im Öffentlichen Recht», en Rolf. Stürner [ed.], *Die Bedeutung der Rechtsdogmatik für die Rechtsentwicklung. Ein japanisch-deutsches Symposium*, Tübingen, Mohr Siebeck, 2010.

WALDHOFF, Christian: «Kritik und Lob der Dogmatik: Rechtsdogmatik im Spannungsfeld von Gesetzesbindung und Funktionsorientierung», en Gregor Kirchhof / Stefan Magen / Karsten Schneider [eds.], *Was weiß Dogmatik? Was leistet und wie steuert die Dogmatik des Öffentlichen Rechts*?, Tübingen, Mohr Siebeck, 2012.

WALDHOFF, Christian: «Das Gesetz zwischen Recht und Politik», en *ZfP Zeitschrift für Politik*, Band 66, Heft 1, 2019. DOI doi.org/10.5771/0044-3360-2019-1-98

WALDRON, Jeremy: *Dignity, Rank, and Human Rights, The Tanner Lectures*, Oxford, Oxford University Press, 2012.

WALLRABENSTEIN, Astrid: «Sozialstaat», en Matthias Herdegen / Johannes Masing / Ralf Poscher / Klaus Ferdinand Gärditz [eds.], *Handbuch des Verfassungsrechts. Darstellung in transnationaler Perspektive*, München, C.H. Beck, 2021.

WALTER, Christian: «Constitutionalizing International Governance – Possibilities for and Limits to the Development of an International Constitutional Law», en *German Yearbook of International Law*, Vol. 44, 2001. https: // hdl.handle.net/ 21.11116/000-0005-097A-9.

WALTER, Christian: «Die Europäische Menschenrechtskonvention als Konstitutionalisierungsprozeß», en *Zeitschrift für ausländisches öffentliches Recht und Völkerrecht*, Vol. 59, 1999. http://www.zaoerv.de © 1999, Max-Planck-Institut für ausländisches öffentliches Recht und Völkerrecht.

WEBER, Max: «Die „Objektivität" sozialwissenschaftlicher und sozialpolitischer Erkenntnis», en *Archiv für Sozialwissenschaft und Sozialpolitik*, 19, 1904.

WEIß, Martin G.: *Gianni Vattimo. Einführung. Mit einem Interview mit Gianni Vattimo*, Wien, Passagen, 2003.

WELTE, Bernhardt: *Heilsverständnis. Philosophische Untersuchungen einiger Voraussetzungen zum Verständnis des Christentums*, Freiburg-Basel-Wien, Herder, 1966.

WESTERMANN, Claus: «Das Alte Testament und die Menschenrechte», en Jörg Baur [ed.], *Zum Thema Menschenrechte. Theologische Versuche und Entwürfe*, Stuttgart, Calwer, 1977.

WIEMERS, Matthias: «Rezension von Maunz / Dürig, Grundgesetz Kommentar», en *Deutsches Verwaltungsblatt*, Vol. 130, Nr. 14, 2015. https: //doi.org/10.1515/dvbl-2015-1415.

WITTWER, Hector: «Ein Vorschlag zur Deutung von Art. 1 des Grundgesetzes aus rechtsphilosophischer Sicht», en: Jan C. Joerden / Eric Hilgendorf / Natalia Petrillo / Felix Thiele [eds.], *Menschenwürde und modern Medizintechnik*, Baden-Baden, Nomos, 2011.

WOLLENSCHLÄGER, Ferdinand: *Verteilungsverfahren. Die staatliche Verteilung knapper Güter: Verfassungs- und unionsrechtlicher Rahmen, Verfahren im Fachrecht, bereichsspezifische verwaltungsrechtliche Typen- und Systembildung*, Tübingen, Mohr Siebeck, 2010.

WÜRTENBERG, Thomas: «Grundgesetz und Verfassungstradition», en *Essays in Honour of Georgios I. Kassimatis*, Nikolaos Alibizatos [ed.], Athen-Berlin-Brüssel, BWV Berliner Wissenshafts Bruylant, 2004.

WÜRTENBERG, Thomas: «Rahmenbedingungen von normativer Kraft und optimaler Realisierung der Verfassung», en: Claudio Franzius / Stefanie Lejeune / Karla von Lewinski / Klaus Meßerchmidt / Gerhard Michael / Matthias Rossi / Theodor Schilling / Peter Wysk, *Beharren Bewegen. Festschrift für Michael Kloepfer zum 70 Geburstag*, Berlin, Duncker & Humblot, 2013.

ZACHER, Hans F.: «Das soziale Staatsziel», en Josef Isensee / Paul Kirchhof [eds.], *Handbuch des Staatsrechts der Bundesrepublik Deutschland*, Band II. *Verfassungsstaat*, 3ª ed., Heidelberg, C.F. Müller, 2004.

ZAGREBELSKY, Gustavo: *Il diritto mite. Legge, diritti, giustizia*, Torino, Einaudi, 1992.

ZAGREBELSKY, Gustavo: *La legge e la sua giustizia. Tre capitoli di giustizia costituzionale,* Bologna, Il Mulino, 2008.

ZAGREBELSKY, Gustavo: *Principios y votos. El Tribunal Constitucional y la política,* Madrid, Trotta, 2008.

ZAGREBELSKY, Gustavo: *La virtud de la duda,* Madrid, Trotta, 2012.

ZIPPELIUS, Reinhold: «Verfassungskonforme Auslegung von Gesetzen», en Christian Starck / Martin Draht / Ernst Friesenhahn [eds.], *Bundesverfassungsgericht und Grundgesetz, Festgabe aus Anlaß des 25 jährigen Bestehens des Bundesverfassungsgerichts*, Band II. *Verfassungsauslegung*, Tübingen, Mohr Siebeck, 1976.

Matthias Jestaedt

LA DOCTRINA ALEMANA DEL DERECHO DEL ESTADO EN LOS EUROPEIZADOS DISCURSOS DE LA CIENCIA DEL DERECHO. CARACTERÍSTICAS, COMPETENCIAS CENTRALES, Y OBSTÁCULOS PARA LA RECEPCIÓN

Traducción de Antonio Villacorta Caño-Vega

SUMARIO

I. UNA PERSPECTIVA INTERDOCTRINAL

1. Cuando se habla de los retos actuales que enfrenta la Ciencia del Derecho Público en Alemania, ciertamente, uno menciona sobre todo no solo aquellos desafíos cuyos orígenes se encuentran dentro de las fronteras de Alemania. Las palabras clave más citadas son europeización y globalización, que constituyen las razones y el motor de un cuestionamiento general del Estado y evolución de la disciplina, a pesar de haber logrado tener en cuenta ciertas necesidades de adaptación y reorientación, tanto cotidianas como dirigidas de manera específica. La creciente supranacionalización del poder público, la persistente falta de una Ciencia «autóctona» del Derecho de la Unión Europea, es decir, que estudie el Derecho de la Unión desde una perspectiva común y global, y no desde una perspectiva sectorial y nacional –por lo tanto, de hecho, según veintisiete perspectivas más o menos ajenas entre sí– el hecho de que en el marco del proceso de formación de la Unión, naturalmente, un papel significativo recae en las Ciencias jurídicas de la Estados miembros, pero también el ascenso del poder del sistema de protección de Derechos por parte de los jueces europeos en Estrasburgo: hay aquí un conjunto de factores que, entre otros, empujan a las Ciencias jurídicas nacionales del Derecho Público a un [re]posicionamiento estratégico. Por lo tanto, no sorprende que en los últimos años se hayan realizado más y más intentos para determinar el lugar de las Ciencias jurídicas alemanas, enfatizando diferentes detalles. Nos preguntamos, por citar solo tres ejemplos clave[1], tratando de definir el papel de la Ciencia jurídica alemana dentro del es-

[1] Christoph MÖLLERS – Andreas VOßKUHLE [2003], «Die deutsche Staatsrechtswissenschaft im Zusammenhang der internationalisierten Wissenschaften. Beobachtungen, Vermutungen, Thesen», en: *Die Verwaltung*, Band 36, pp. 321 y ss.

pacio jurídico europeo[2], y desarrollando reflexiones –con la idea rectora del «abogado[jurista] europeo»– que inciden en la formación de juristas y en la cultura jurídica en Alemania[3].

2. Las presentes reflexiones forman parte de estos esfuerzos, aun cuando patrocinan sin embargo una perspectiva general más modesta y específica. De acuerdo con la perspectiva *interdoctrinal* adoptada aquí, la atención se centra principalmente en la Ciencia del Derecho Público desarrollada en Alemania en relación y en comparación con sus homólogas en otros países [en particular, los Estados miembros de la Unión Europea]. Por otro lado, el punto de vista *interdisciplinario*, que se ocupa principalmente de la cuestión de la recepción y compatibilidad de la Doctrina jurídica con disciplinas distintas de las jurídicas, solo será tratado marginalmente. Del mismo modo, no se explorará por medio de estas páginas la cuestión intradisciplinar que consiste en cuestionar el lugar y la evolución de la Ciencia del Derecho Público en relación con la Ciencia del Derecho Privado y el Derecho Penal[4]. Una tercera observación restrictiva: cuando, en los desarrollos que siguen, tratemos de la Ciencia del Derecho Público [o incluso de la Teoría del Derecho Público], el término se referirá principalmente a la investigación, y no se hará referencia a enseñar exclusivamente dónde lo segundo es de importancia estructurante para lo primero. En cuarto lugar, el hecho de que, al hacerlo, tal enfoque es simplista e implica una orientación que se concentra en los «trazos generales» y no va más allá del análisis detallado de tal o cual argumento particular, de tal o cual modelo concreto o incluso instituto de investigación en particular, es algo conectado en parte al número

---

[2] Armin VON BOGDANDY [2011], «Deutsche Rechtswissenschaft im europäischen Rechtsraum», en *JuristenZeitung*, 66. Jahrgang, Heft 1, pp. 1-6.

[3] Andreas VOßKUHLE [2010a)], «Das Leitbild des „europäischen Juristen" – Gedanken zur Juristenausbildung und zur Rechtskultur in Deutschland», en *R W. Rechtswissenschaft. Zeitschrift für rechtswissenschaftliche Forschung*, Jahrgang 1, Heft 3, pp. 326-346.

[4] Para la doctrina civil y la doctrina penal, véase, Rolf STÜNER [2012], «Das Ziviltrcht der Moderne und die Bedeutung der Rechtsdigmatik», en: *JuristenZeitung*, 67. Jahrgang, Heft 1, pp. 10 y ss; así como Joachim VOGEL [2012], «Srafrecht und Strafrechrechtswissenschaft im internationalesn und europäischen Rechtsraun», en: *JuristenZeitung*, 67. Jahrgang, Heft 1, pp. 25 y ss.

limitado de páginas disponibles para esta contribución y, por añadidura, a la preocupación por la claridad.

3. Finalmente, a contrario del enfoque seguido por la mayoría de las otras contribuciones vertidas sobre este tema, la presente aportación no pretende ser tanto una cuestión de formular remedios destinados a llenar los vacíos, de proponer recomendaciones para acciones futuras, ni siquiera de tematizar los proyectos de revisión o adaptación de la Ciencia del Derecho Público en Alemania. No es que se esté tratando de afirmar que debamos oponernos a las afirmaciones y propuestas presentadas. Aquí, la idea rectora es que ante cualquier ambición concreta de cambio y adaptación tendientes a remediar impasses o atajos, enfoques metodológicos obsoletos u orientaciones de la disciplina impropias de la época contemporánea, e incluso superar el «nacionalismo metodológico»[5], es necesario elaborar –una y otra vez– un inventario más preciso de lo que caracteriza específicamente la contribución de la Ciencia del Derecho Público alemán frente a los desafíos internacionales y, fundamentalmente, los europeos. Dos preguntas serán centrales en este análisis. ¿Cuáles son las principales características y cuál es la identidad [«*Markenkern*»] de la Ciencia del Derecho Público en Alemania? ¿En qué medida, entonces, estas características y esta identidad facilitan o, por el contrario, dificultan los intercambios y acercamientos con las Ciencias del Derecho Público en otros países? Las respuestas a estas dos preguntas proporcionarán, a veces directamente, a veces indirectamente, pistas para responder a las preguntas resultantes –que no serán tratadas aquí– destinadas a determinar, de un lado, las orientaciones fundamentales y las habilidades centrales de Derecho Público que la Ciencia alemana deberá poseer para poder dejar su impronta en la naciente Ciencia Común europea del Derecho Público, así como, por otra parte, el papel a importancia del segundo dentro de la primera.

---

[5] Al respecto, cf. Armin VON BOGDANDY [2011], «Deutsche Rechtswissenschaft im europäischen Rechtsraum» [citado en nota 2], p. 4; la referencia a Michael ZÜRN, en: Christine Landfried [ed.], *Politik in einer entgrenzten Welt*, p. 181; adicionalmente, y para un ejemplo extraído del Derecho Administrativo comparado, cf. Christoph SCHÖNBERGER [2011a)], en: Armin von Bogdandy / Sabino Cassese / Peter Michael Huber [eds.], *Handbuch Ius Publicum Europaeum* [*IPE*], Band IV, § 71, núms. 50 y ss.

II. DEPENDENCIA DEL CAMINO DOGMÁTICO: LA CIENCIA DEL DERECHO COMO DOGMÁTICA

1. Pensar como un dogmático

4. Cualquiera que considere la estructura básica y la textura de la Ciencia del Derecho Público alemán dentro de las otras Ciencias –europeas– del Derecho Público, inevitablemente se verá confrontado con la impronta central fundamental de esta Ciencia –en este contexto también es posible hablar de dependencia del camino– aunque esto no es una especificidad de la literatura jurídica en Alemania sino más ampliamente una característica de la Ciencia y la Cultura jurídicas alemanas en su conjunto. En Alemania, la *Dogmática* reina con una «presencia abrumadora»[6]. La *Dogmática jurídica* como forma de pensar y como estructura de una disciplina científica es ciertamente de origen civilista, pero el enfoque *dogmático* ha dejado su huella en el conjunto de la Doctrina jurídica y lo ha hecho durante más de un siglo[7]. La división tripartita del mundo jurídico en Alemania, ya sea con respecto a los debates científicos, la enseñanza en la universidad o incluso la subdivisión dentro de las unidades de enseñanza e investigación en institutos y cátedras, basada en los

---

[6] Winfried BROHM [2001], «Kurzlebigkeit und Langzeitwirkung der Rechtsdogmatik», en: Max-Emanuel Geis / Dieter Lorenz [eds.], *Staat, Kirche, Verwaltung: Festschrift für Hartmut Maurer zum 70. Geburtstag*, München, C. H. Beck, pp. 1079-1090.

[7] Sobre este punto y para el resto de nuestra discusión, Matthias JESTAEDT [2011], «Wissenschaftliches Recht – Rechtsdogmatik als gemeinsames Kommunikationsformat von Rechtswissenschaft und Rechtspraxis», en: Clemens Jabloner / Gabriele Kucsko-Stadlmayer / Gerhard Muzak / Bettina Perthold-Stoitzner / Karl Stöger [eds.], *Vom praktischen Wert der Methode. Festschrift für Heinz Mayer zum 65. Geburtstag*, Wien, Manz, pp. 169 y ss.

tres «pilares» de Derecho Público, Derecho Privado y Derecho Penal, existe gracias a la *Dogmática*, que pretende así reproducir la tripartición del Derecho vigente en Alemania. Sin especialización en una materia *Dogmática* [y sin haber escrito al menos la tesis doctoral y la tesis para la obtención de la habilitación universitaria en un campo relacionado con la *Dogmática*], es difícil vislumbrar el éxito como docente-investigador en Alemania [y en países de habla alemana].

5. Algunos autores llegan a asimilar –conscientemente o no– Ciencia jurídica y *Dogmática jurídica*[8]. Probablemente, ningún otro aspecto como el de la confianza en el camino seguido por la *Dogmática jurídica* ilustra mejor los esplendores y miserias de la Ciencia jurídica alemana en términos de su recepción más allá de las fronteras nacionales.

2. La Dogmática como forma de comunicación común entre la Ciencia jurídica y la Práctica jurídica

6. El indiscutido papel predominante de la *Dogmática* dentro de las disciplinas jurídicas se explica en primer lugar por la circunstancia de que, sea en la orientación hacia la práctica –o mejor aún–, sea en la *inclusión* práctica– que es consustancial a ella, la *Dogmática jurídica* constituye tanto el producto como el catalizador de un sistema que combina teoría y práctica, un sistema propio de la Doctrina jurídica de lengua alemana y que produce sus efectos benéficos tanto en la investigación como en la enseñanza. La *Dogmática jurídica* siempre ha sido capaz de combinar la Práctica y la Ciencia del Derecho de una manera casi simbiótica. Proporciona la base a partir de la cual la Práctica y la Ciencia teórica del Derecho se comunican intensamente y se enriquecen mutuamente. Así, la forma de publicación jurídica consustancial a la *Dogmática jurídica* es la del código o legislación comentada dando indicaciones para la aplicación de las normas, forma de publicación que, en el contexto internacional, puede verse como una peculiaridad alemana [o de habla

[8] Influyente Karl LARENZ [1960], *Methodenlehre der Rechtswissenschaft*, 1ª ed., Berlin-Götingen, Heidelberg, Springer, p. 189. Sobre este tema, Ralf SEINECKE [2010], «¿Richtige Reinheit oder Reine Richtigkeit? Rechtslehren nach Hans Kelsen und Karl Larenz», en: *JuristenZeitung*, 65. Jahrgang, Heft 6, pp. 279 y ss, pp. 283 y ss, y, en particular, pp. 285 y ss.

alemana] en el discurso de la Ciencia jurídica o, con más cautela quizás, como una contribución específicamente alemana [o de lengua alemana] a un discurso de la Ciencia jurídica cada vez más internacionalizada. La mayoría de las revistas jurídicas también dan testimonio de la relación simbiótica entre la Ciencia teórica y la Práctica transmitida y canalizada a través de la *Dogmática jurídica*[9]. Siempre que no tengan valor de archivo o se dediquen exclusivamente a investigaciones ajenas a la *Dogmática*, las publicaciones de estas revistas suelen incluir un artículo que contiene la aportación científica propiamente dicha, y una parte dedicada a la jurisprudencia de los tribunales, en la que se exponen los aspectos más importantes, y las decisiones recientes citadas textualmente. En los artículos científicos de tipo *dogmático*, así como en las sentencias de las jurisdicciones supremas, conviven indistintamente referencias [y citas] a otras decisiones jurisdiccionales y a aportes de la Doctrina científica, muchas veces como elementos destinados a sustentar y fortalecer de este modo un mismo razonamiento. Lo que comúnmente se denomina la «doctrina dominante» o mayoritaria –que se tiene en cuenta–, además de los aportes doctrinales relevantes.

7. Lo que visto desde fuera puede parecer una transgresión de fronteras no es percibido como tal por los actores involucrados, quienes, a ambos lados de esta frontera, hablan un mismo lenguaje, el de la *Dogmática jurídica*, que fueron formados de este modo en cuanto parte de sus estudios y que han empleado desde entonces, incluso si este valerse de, puede servir para fines que ciertamente no son del todo idénticos[10]. Esto

---

[9] La *Grundgesetz* por si sola ha dado lugar hasta la fecha a 25 Comentarios anotados, incluidos dos *Großkommentare* [el «*Bonner Kommentar*», y el «*Maunz/Dürig Kommentar*»], y continúa con otros cinco amplios Comentarios más publicados en varios volúmenes: el «*von Mangoldt/Klein/ Starck*», el «*von Münch*», el «*Alternativkommentar*», el «*Dreier Kommentar*», o el «*Berliner Kommentar*».

[10] Sobre el hecho de que la Ciencia del Derecho y la Práctica del Derecho utilicen la plataforma de comunicación común para diferentes objetivos, Mathias JESTAEDT [nota 7], pp. 178 y ss.

* Ambos exámenes comprenden grandes áreas de la Ciencia jurídica y exigen sobre todo metodología y capacidad sistemática, así como una importante cantidad de conocimientos; además, los dos exámenes son tradicionalmente muy exigentes, constituyendo de esta manera el principal factor de selección del mercado laboral para el ejercicio de una profesión legal. El egresado de Derecho es un «jurista completo», es decir, dispone de sólidos conocimientos respecto de las principales áreas del Derecho así

es particularmente evidente para cualquier persona interesada en el objetivo que debe alcanzar todo estudiante que recibe una educación jurídica, sancionado por dos exámenes [estatales] en Derecho: tal objetivo que se formula en términos muy claros en el § 5 de la ley alemana relativa al estatuto de los magistrados, no es otra cosa que cumplir «las condiciones de acceso a la magistratura de la sede». El titular así adquirido en los dos exámenes de Estado en Ciencia jurídica, es el que está habilitado «para acceder a la sede de la magistratura», y designado mediante el término de «jurista plenamente cualificado» [«*Volljurist*»].*

3. Una producción sistemática del Derecho: el modo operacional de la Dogmática jurídica

8. En substancia, la *Dogmática jurídica* consiste en trabajar el depurado [«*aufbereiten*»] –en un enfoque sistemático basado en las formas y herramientas de la Ciencia– del Derecho positivo con miras a su aplicación. A este fin, la *Dogmática jurídica* se ha equipado de forma operacional en virtud del cual la Ciencia del Derecho y el propio Derecho vigente se han dotado de un modo operativo, y, a su vez, por mor de ello, la Ciencia del Derecho y el Derecho mismo en substantivo, se encuentran vinculados de una manera a la vez particular y fecunda. Así, la orientación científico-teórica de la práctica jurídica y la orientación práctica de la Ciencia jurídica van de la mano.

9. La manera de proceder se compone de tres operaciones distintas, al menos a nivel del plan de análisis: de inicio una descontextualización por abstracción hermenéutica, luego el establecimiento de un sistema coherente, para después operar por fin una concretización realizada a través de la aplicación concreta siguiendo una deducción lógica:

10. (1) La primera consiste en tratar el caso jurídico estudiado de una manera que permita su uso con fines *dogmáticos*, esto es, para formular los principios y los conceptos *dogmáticos*. En consecuencia, esta fase

como de la capacidad para introducirse con rapidez en las demás, véase Ute MAGER, «Ist die Akkreditierung von Studiengängen an Hochschulen des Landes Baden-Württemberg verfassungsgemäß?», en: *Verwaltungsblätter für Baden-Württemberg: VBlBW; Zeitschrift für öffentliches Recht und öffentliche Verwaltung*, Stuttgart, Boorberg, 30. Jahrgang, 1/ 2009, pp. 9-15.

consiste en descontextualizar el fenómeno jurídico elegido, vale decir, de una parte, sustrayendo del caso y de los hechos concretos a los que concierne las referencias que contiene, y, de otro, extrayéndolo en principio del entorno normativo concreto de Derecho positivo al que está adscrito. Si el fenómeno jurídico en cuestión queda así «limpiado» de su consistencia, solo persiste el extracto o la esencia del significado de la norma. La descontextualización sirve, al igual que el siguiente paso, a la estandarización, racionalización y estabilización de las expectativas normativas. Así las cosas, las categorías *dogmáticas* identificadas asumen una función de memorización y de orientación a la hora de establecer una construcción jurídica.

11. (2) Para que las categorías cumplan con esta función, deben sin embargo estar sujetas al proceso de la posible sistematización en sentido estricto, a lograr por medio de un enfoque que otorgue consistencia a su contenido. Las reglas de Derecho, en gran parte desprovistas de sus elementos contingentes, se ordenan por medio de relaciones entre ellas la mayoría de las veces jerárquicas, si es posible sin contradicciones y en su totalidad. Juntas forman el sistema *dogmático* que, a su vez, les da rango y fuerza. En este sistema –entendido, *nota bene*, en un sentido material– se concreta, la mayoría de las veces implícitamente, la idea de una ordenación jurídica. El conjunto de reglas de la *Dogmática* absorbe el Derecho positivo en un nivel superior de abstracción[11]. El Derecho en su conjunto, así como sus normas codificadas [por ejemplo, el Código civil, el Código penal o la Ley Fundamental] se perciben, de un lado, como una estructura homogénea «poseedora de un significado propio», y, por la otra vertiente, como una «red de estándares a implementar»[12]. La noción de sistema –en el sentido material– que, al cristalizar, sirve como

---

[11] Para un ejemplo en el Derecho Social, Ulrich BECKER [2010], «Rechtsdogmatik und Rechtsvergleich im Sozialrecht», en: Ulrich Becker [ed.], *Rechtsdogmatik und Rechtsvergleich im Sozialrecht*, I, *JuristenZeitung*, 66. Jahrgang, Heft 1, pp. 1-6, Baden-Baden, Nomos [= *Studien aus dem Max-Planck-Institut für ausländisches und internationales Sozialrecht*, 49], pp. 11-62, especialmente pp. 15 y ss.

[12] Sobre este tema, refiriéndose a la *Grundgesetz*, Peter LERCHE [2001], «Stil und Methode der verfassungsrechtlichen Entscheidungspraxis», en: Peter Badura / Horst Dreier [eds.], *Festschrift 50 Jahre Bundesverfassungsgericht*, Band. I: I. *Verfassungsgerichtsbarkeit*, Tübingen, Mohr Siebeck, pp. 333-361, especialmente pp.340-342, y 342-348.

punto de referencia frente a las otras posibilidades, es la más ambiciosa. En primer lugar, va mucho más allá de la simple «sistematicidad», que, en la epistemología moderna, se considera una marca de cientificidad y constituye un indicador de la cantidad y calidad de un conjunto relacional cuya validez [todavía] no ha sido revertida[13]. Sin embargo, la noción de sistema entendida en un sentido referido únicamente al aspecto de procedimiento y competencias y que entiende por el término unidad [del sistema] la ausencia de contradicciones, dentro del contexto destinado a determinar la competencia para la creación de normas de Derecho y en el que las normas jurídicas pueden ser adoptadas o derogadas, queda por debajo de la noción de sistema en sentido jurídico-material, que pretende establecer un orden normativo libre de contradicciones en cuanto a su contenido y a su valor.

12. (3) El sistema así creado despliega la totalidad de su efecto –a través de todos y cada uno de los enunciados del mismo– en su proceso de aplicación al sentido concreto y contingente de la norma [y del caso concreto a decidir]. En el marco de un proceso de [re]concretización de las conclusiones *dogmáticas* extraídas, la norma decisiva[de decisión] del Derecho positivo para dirimir un litigio concreto, es objeto de una interpretación cuyo margen está delimitado por el sistema. El contenido y el lugar del Estado de Derecho a aplicar en la práctica, pueden determinarse mediante un razonamiento deductivo y sistemático. La Ciencia se transforma entonces de nuevo en Derecho. El circuito de racionalización así cerrado garantiza la cientificación de la creación de normas jurídicas, y, al mismo tiempo, el carácter indispensable, autoestabilizador, de la *Dogmática jurídica*.

[13] Para un análisis cercano, Paul HOYNINGEN-HUENE [2008], «Systematicity: The Nature of Science», en: *Philosophia – Philosophical Quarterly of Israel*, Vol, 36, núm. 2, pp. 167-180.

III. EL ENTRELAZAMIENTO DE LA CIENCIA DEL DERECHO CONSTITUCIONAL Y LA CIENCIA DEL DERECHO ADMINISTRATIVO DENTRO DE LA CIENCIA DEL DERECHO PÚBLICO [«*STAATSRECHTSLEHRE*»]

13. Cuando se trata de la Ciencia del Derecho Público en la República Federal de Alemania, lo que se entiende, tanto por la disciplina científica como por los propios científicos, hace alusión a las leyes que rigen el funcionamiento del Estado. La referencia al Estado en el término alemán para el Derecho Público: el «*Staatsrecht*», hoy en día ya no se percibe en su mayoría como una autodescripción programática y militante. Se utiliza como la designación tradicional de la disciplina que reúne la Ciencia del Derecho Constitucional y la Ciencia del Derecho Administrativo, y comprensiva cada vez más de la Ciencia del Derecho europeo [en la medida en que esta última incluye elementos del Derecho Público, es decir, Derecho Constitucional y Derecho Administrativo legislado[14]]. La manifestación más visible de la comunidad disciplinaria y personal es la Asociación de Profesores Alemanes de Derecho Público, fundada en 1922, que reúne a casi todos los académicos alemanes, austriacos y suizos [principalmente de lengua alemana] que poseen al menos una habilitación en una de las dos mentadas disciplinas[15].

---

[14] Sobre el tema Walter PAULY [2008], en: Armin von Bogdandy / Pedro Cruz Villalón / Peter M. Huber [eds.], *IPE* II, § 27, núms. 13 y 18. Tradicionalmente, la doctrina del Derecho Internacional público se considera como un elemento –dependiente– de la Doctrina del Derecho Público solo en la medida en que –desde el punto de vista de la disciplina científica– se superpone con la Ciencia Administrativa y la Ciencia Constitucional y/o -desde el punto de vista de las personas- el científico en cuestión tiene también, además de su calidad de profesor de Derecho Constitucional o Derecho Administrativo, una calidad de profesor de Derecho Internacional público que le habilita particularmente para pronunciarse sobre la cuestión concreta a tratar.

[15] A la fecha de 22. 11. 2011, el registro de miembros pertenecientes la Asociación de Profesores Alemanes de Derecho del Estado, incluye los nombres de 717 docentes

14 Desde el punto de vista de la distinción entre Derecho Público y Derecho Privado, la Doctrina constitucional [al igual que la del Derecho Europeo], de examinarse más de cerca, solo se puede clasificar con serias reservas en el Derecho Público, porque junto a la Doctrina administrativa, la Ciencia del Derecho Constitucional, el Derecho y la Ciencia del Derecho Administrativo se han considerado durante mucho tiempo como dos disciplinas estrechamente entrelazadas, uniéndose mediante un «pilar» común para formar una comunidad de discurso científico, en gran parte integrada dentro del campo de la investigación y la enseñanza. Ya sea la elección del tema de la tesis o la autorización de un «especialista en Derecho público», ya sea la anuencia oficial para enseñar o el título de una cátedra universitaria, o incluso si el tema es el de los lugares y formato de los intercambios científicos, en todos los casos, la Doctrina del Derecho Constitucional y la Doctrina del Derecho Administrativo son fundamentalmente consideradas y tratadas como dos ramas interrelacionadas del Derecho Público. La expectativa que debe satisfacer un «publicista» es que obtenga una doble calificación profesional, tanto en Derecho Constitucional como en Derecho Administrativo.

Así las cosas, no sorprende que en Alemania la constitucionalización del orden jurídico, que se discutirá más adelante [cfr. *infra*, IV.3], haya encontrado su punto de partida en el campo del Derecho Administrativo [y de la Ciencia Administrativa], y ha concluido por llegar a sus fines fructificando de la manera más avanzada en ese ámbito. En fin, las dos disciplinas –la Doctrina del Derecho Constitucional, de un lado, y la Doctrina del Derecho Administrativo, del otro– tienen un claro «parecido de familia» desde el punto de vista del enfoque disciplinario o metodológico, que no debe llevar, sin embargo, a subestimar o descuidar las diferencias que sí existen entre ambas, tanto en lo que respecta a la orientación material como en lo tocante al enfoque más concreto seguidos por cada una de estas dos ramas jurídicas[16].

---

de Derecho Público de Alemania, Austria y Suiza, así como un puñado de ellos de otros Estados [incluidos, por ejemplo, Francia o Grecia], en http://vdstrl. zar-muenster.de/ mitglieder.html [consultado el 5. 12. 2011].

[16] Para un análisis más profundo, Friedrich SCHOCH [2007], en: Helmuth Schulze-Fielitz [ed.], *Staatsrechtslehre als Wissenschaft* [*Die Verwaltung*-Beiheft 7], pp. 177 y ss.

IV. LA SIMBIOSIS ENTRE LA CIENCIA DEL DERECHO CONSTITUCIONAL Y LA JURISPRUDENCIA CONSTITUCIONAL

1. La Dogmática frente a la Jurisdicción constitucional

15. La Ciencia jurídica alemana en general es conocida por seguir –algunos, los menos, dirían: de modo infame– el ejemplo del Derecho Constitucional, y la Ciencia del Derecho Constitucional en particular es conocida por los conceptos de *Dogmática constitucional* que desarrolla, y se trata de conceptos tan amplios y destinados a abarcar hasta la totalidad de los ámbitos, como finamente cincelados y matizados. Sin embargo, este estatus particular, tanto a nivel nacional como internacional, de la Doctrina constitucional en Alemania, no resulta exclusivamente, ni siquiera principalmente, del genio de esta Ciencia o de sus propios méritos. Más bien, deviene esencialmente de la combinación de tres factores que la Doctrina Constitucional ciertamente no creó, pero cuyo desarrollo y sinergia apoyó vigorosamente.

16. Estos aludidos factores coincidentes, fueron: (1) la entrada en vigor de una nueva Constitución [la conocida como *Grudgesetz* promulgada en el año 1949] destinada a imponer definitiva y normativamente el Estado de Derecho, los Derechos Fundamentales y la Justicia independiente; (2) el establecimiento de una jurisdicción constitucional [el Tribunal Constitucional Federal] sin precedentes en su concepción y sus competencias, y que pronto realizó, desarrolló e implementó vigorosamente, las posibilidades que residían en su naturaleza de jurisdicción, ejerciendo un control concreto de las normas y un examen de las quejas constitucionales dirigidas contra decisiones judiciales; y, finalmente (3) la *Dogmática* como herramienta

científica que el Tribunal Constitucional ha sabido utilizar de una manera hasta entonces inédita, ya sea para adherirse a ella o para distanciarse, a fin de ampliar y fortalecer la vigencia de la Constitución. Bajo el imperio de la Ley Fundamental, un Tribunal Constitucional Federal, que no duda en posicionarse y tomar decisiones y está listo para imponer estas decisiones, encuentra entonces en la *Dogmática* –predominante durante mucho tiempo en la Ciencia teórica así como en la Práctica jurídica en Alemania [vid. *supra*, II.]– un instrumento que debía permitirle dar a la ley que es la base de sus decisiones –la Constitución– un vigor cualitativo y cuantitativo hasta ahora desconocido[17]. Con tal razonamiento tomado como punto de partida, la *Dogmática* –una forma de pensar que ya se había impuesto en el nivel de principios antes de la entrada en vigor de la Ley Fundamental– accedió al establecimiento de una relación fructífera con la forma de pensar –en la era nueva y aún no probada– centrada en la Constitución. Este desarrollo ha contribuido en gran medida a que, en la motivación de sus decisiones, el Tribunal Constitucional Federal haya adoptado –y todo indica que el fenómeno se acrecentará– un estilo y un razonamiento claramente *dogmático* y científico. El Tribunal Constitucional Federal alemán recurre a la *Dogmática* en menor medida que los tribunales supremos «ordinarios» de los órdenes de las jurisdicciones judiciales y administrativas que se ocupan de preservar la unidad de la jurisprudencia y del desarrollo del Derecho en ciertos puntos. Por el contrario, utiliza la *Dogmática jurídica* de una manera que recuerda a la de la Doctrina jurídica, más apegada a la preservación y/o reorientación del sistema en su conjunto que al caso concreto. La estructura de la motivación de las decisiones del Tribunal Constitucional Federal alemán, cuyo elemento central es la parte dedicada a las normas de referencia del control de constitucionalidad como así lo atestigua: regularmente, el trazo de la pluma, la forma y el contenido difieren solo un poco, si es que lo hacen[18]. Es muy posible que este aspecto científico de las sentencias y

---

[17] Sobre el tema del Tribunal Constitucional Federal como «poder que fija puntos de referencia», detalladamente el análisis de Oliver LEPSIUS [2011], «Die maßstabsetzende Gewalt», en: Matthias Jestaedt / Oliver Lepsius / Christoph Möllers / Christoph Schönberger, *Das entgrenzte Gericht– Eine kritische Bilanz nach sechzig Jahren Bundesverfassungsgericht*, Berlin, Suhrkamp, pp. 159-280.

[18] Fundamentalmente, Oliver LEPSIUS [2008], «Zur Bindungswirkung von Bundesverfassungsgerichtsentscheidungen», en: Rupert Scholz / Dieter Lorenz / Christian Pestalozza / Michael Kloepfer / Hans D. Jarass / Christoph Degenhart / Oliver

decisiones del Tribunal Constitucional de *Karlsruhe* se haya visto favorecido por el hecho de que, entre los miembros que han influido en la jurisprudencia de sus dos Salas, siempre ha habido en el camino –actualmente incluso en forma pronunciada– como acompañantes e integrantes de esas Salas a profesores de Derecho Público.

17. La Ciencia del Derecho Público que, contrariamente a lo que sucedía bajo la República de Weimar, atestiguó desde el principio su lealtad –hoy unánime y sin reservas– a la Constitución, actúa globalmente como el aliado natural de la jurisprudencia del Tribunal Constitucional de *Karlsruhe*. Este hallazgo no debe sorprender, dado que, junto con el Tribunal Constitucional Federal, la Ciencia del Derecho Público ha sido la principal beneficiaria del cambio de actitud que se ha producido gradualmente desde la posguerra y consiste en hacer el Derecho desde el punto de partida del razonamiento jurídico. El hecho de que la Ciencia jurídica utilice también la Constitución como base de su razonamiento, premia a la Ciencia del Derecho Público con un aumento significativo de su importancia, de su alcance y reputación, comparando con la de otras disciplinas jurídicas, incluso la convierte en la disciplina jurídica reina. La Doctrina Constitucional, a diferencia, en la década de 1950, de otros órganos constitucionales y tribunales no constitucionales, nunca se ha opuesto fundamental o abiertamente a la exigencia del Tribunal Constitucional Federal de jugar un papel protagónico[19]. Por el contrario, la Doctrina jurídica se ha mostrado aquí desde el principio como una compañera, ciertamente crítica pero siempre leal, y –dentro de los límites que son los de una disciplina científica– una fuerte colaboradora del Tribunal Constitucional Federal. Si una crítica puede dirigirse a la mayoría de la comunidad de constitucionalistas, no es la de una desconfianza injustificada hacia el Tribunal Constitucional, ni una crítica demasiado exacerbada de su actividad, sino por el contrario una actitud a veces demasiado complaciente y que toma la forma de lo que podría llamarse

Lepsius [eds.], *Realitätsprägung durch Verfassungsrecht*, Berlin, Duncker & Humblot, pp. 103-118.

[19] Sobre este tema Christoph SCHÖNBERGER [2011b)], «Anmerkungen zu Karlsruhe», en: Matthias Jestaedt / Oliver Lepsius / Christoph Möllers / Christoph Schönberger, *Das entgrenzte Gericht– Eine kritische Bilanz nach sechzig Jahren Bundesverfassungsgericht* [nota. 17], pp. 9-76, especialmente pp. 11 y ss.

un «positivismo jurisdiccional» centrado en las decisiones Tribunal Constitucional Federal alemán[20].

2. La normativización de la Constitución

18. Desde el inicio de su actividad jurisdiccional en septiembre de 1951, el Tribunal Constitucional Federal alemán no dejó dudas acerca de su intención de leer, comprender e interpretar la Ley Fundamental, utilizarla y hacerla efectiva, hasta un punto nunca antes alcanzado por ninguna otra Constitución alemana. Se trata, en particular, de los diversos procedimientos de control de constitucionalidad [control abstracto y concreto de las normas en el contexto de un recurso principal; recurso de inconstitucionalidad directo en el contexto de un control principal o incidental de las normas], procedimientos que en otros lugares han proporcionado también una respuesta a la otrora espinosa cuestión de la primacía sobre el legislador, lo que animó al Tribunal Constitucional de *Karlsruhe* a abordar, estructural y metódicamente, las disposiciones de la Ley Fundamental, sin perjuicio de su especial estatus y rango supremo entre las normas jurídicas, esto es, en cuanto auténticas normas de igual modo a todas las demás. Y de interpretarlas y aplicarlas lo mismo que sucede con estas, si bien la Constitución tiene sus propias exigencias como fuente específica del Derecho, es decir, en el marco y con los correspondientes instrumentos de la Metódica jurídica y la *Dogmática jurídica*. El hecho de que el Derecho Constitucional sea en buena medida «Derecho Político»[21], no llevó al Tribunal Constitucional Federal alemán

---

[20] Más profundamente el análisis de Bernhard SCHLINK [1989], «Die Entthronung der Staatsrechtswissenschaft durch die Verfassungsgerichtsbarkeit», en: *Der Staat*, Band 28, Heft 2, pp. 161-172; del mismo autor «Abschied von der Dogmatik. Verfassungsrechtsprechung und Verfassungsrechtswissenschaft im Wandel» [2007], en; *JuristenZeitung*, 62. Jahrgang, Heft 4, pp. 157-162, especialmente p. 161; Matthias JESTAEDT [2002], «Verfassungsgerichtspositivismus. Die Ohnmacht des Verfassungsgesetzgebers im verfassungsgerichtlichen Jurisdiktionsstaat», en: Otto Depenheuer / Markus Heintzen / Peter Axer / Matthias Jestaedt [eds.], *Nomos und Ethos. - Hommage an Josef Isensee zum 65. Geburtstag von seinen Schülern*, Berlin, Duncker & Humblot, pp. 183-228.

[21] Al respecto, la contribución particularmente relevante de Josef ISENSEE [1992], «Verfassungsrecht als „politisches Recht“», en: Josef Isensee / Paul Kirchhof

a desarrollar, sobre el modelo de la «*doctrina de la cuestión política*», una jurisprudencia confirmadora de la existencia de actos de gobierno que limiten la competencia de revisión del Tribunal Constitucional. La Doctrina constitucional coincide con esta posición del Tribunal Constitucional Federal.

19. Los Derechos Fundamentales adquirieron muy rápidamente una importancia particular, mientras que hasta entonces solo habían desempeñado el papel de estándares de referencia para una revisión seria de la constitucionalidad, incluida la ley, en el mejor de los casos, en la jurisprudencia del Tribunal Supremo de los Estados Unidos. Con la colaboración vigorosa de la Doctrina constitucional que, según los casos, actúa aguas arriba o aguas abajo de las decisiones del Tribunal Constitucional y las acompaña con sus comentarios, el Tribunal Constitucional Federal, desde finales de la década de 1950, ha establecido los principios de los Derechos Fundamentales en un marco multidimensional, en un sistema dinámico y flexible que cubre en principio todas las ramas del Derecho. Los efectos de sinergia liberados por el encuentro entre la jurisdicción constitucional y la *Dogmática constitucional*, se manifiestan de manera más clara y duradera en ese campo de los Derechos Fundamentales. Las garantías fundamentales que ofrecen los Derechos de esta naturaleza –cuya estructura y contenido son de origen clásico y extraídos de contextos y tradiciones anteriores a la Ley Fundamental y, por tanto, no creados por la Constitución alemana sino recogidos por ella– son reunidos por la jurisprudencia y la Doctrina constitucionales para formar un todo multidimensional integral, orientado al conflicto y con visión de futuro.

20. Este sistema está dominado por dos ideas fundamentales relacionadas entre sí, y respecto de las que existe al mismo tiempo un ponderado equilibrio: por un lado, la ambición de dar la mayor efectividad posible a los Derechos Fundamentales, de otra parte, la realización de los diversos Derechos constitucionales según el principio de proporcionalidad. Mientras que la primera de estas ideas rectoras conlleva una tendencia a comprender, interpretar y aplicar los Derechos Fundamentales de manera extensiva y en cierta medida liberada de las contingencias del caso

---

[eds.], *Handbuch des Staatsrechts der Bundesrepublik Deutschland*, Band VII, 1ª ed., Heidelberg, C. F. Müller, pp. 103-164, especialmente § 162.

concreto, la segunda sirve como medio para calibrar la tutela efectiva de los Derechos Fundamentales, tanto dentro del orden jurídico en su conjunto, como, sobre todo, en casos concretos. Los elementos de *Dogmática jurídica* que sirven para la realización de estos dos axiomas básicos, trazan en principio el marco en el que debe llevarse a cabo la reflexión que incide sobre la interpretación de la Constitución y describen, al mismo tiempo, los modelos de argumentación presentes y la panoplia de argumentos disponibles. Cualquiera que sea el Derecho Fundamental del que se trate, el Tribunal Constitucional examina el recurso invocando su violación generalmente según un esquema de tres pasos: determinación del área protegida por el Derecho Fundamental en cuestión, precisión de la injerencia del Estado en ese Derecho, y, por fin, justificación posible luego de esta interferencia[injerencia]. El hecho de que el propio texto de la Constitución guarde silencio sobre este esquema tripartito: «ámbito protegido/injerencia/límites de los Derechos Fundamentales», ni siquiera se menciona hoy en día, ni da lugar a ninguna reflexión particular. Un elemento adicional para la construcción de este sistema radica en el razonamiento según el cual los Derechos Fundamentales constituyen, de un lado, garantías de ámbitos particulares, pero también brindan, de otra parte, garantías abstractas y generales, concretizables cuando no resultan de aplicación Derechos Fundamentales especiales. Esta observación es válida tanto para las Libertades Fundamentales como para las garantías del principio de igualdad. El ingenio específico de este modo de razonamiento es que asegura una garantía en principio sin lagunas de los Derechos Fundamentales. El pensamiento sistemático fomenta el establecimiento de un sistema impecable, y no puede concebir la idea de que la protección de los Derechos Fundamentales solo podría garantizarse de manera *ad hoc* o sectorial [«*grundrechtstypische Gefährdungslage*»][22] a cómo se encuentra el ciudadano frente al Estado, y si es susceptible de desencadenar la protección del primero frente al segundo, siendo más importante la redacción de la definición del Derecho Fundamental afectado tal como está recogida en el texto de la Constitución. La consecuencia de esta jurisprudencia estriba en que no es difícil descubrir, a través de la interpretación de la Constitución,

[22] BVerfGE 61, 82 [108].

nuevas garantías que ofrecen los Derechos Fundamentales existentes, sí se presenta una nueva situación en la que se ponen en peligro tales Derechos. La extraordinaria multiplicación de Derechos Fundamentales bajo la vigencia de la Ley Fundamental, encuentra uno de sus principales catalizadores en el descubrimiento del carácter multidimensional de las garantías que ofrecen los Derechos Fundamentales. La extensión de los Derechos Fundamentales –o más bien la interpretación extensiva del dominio protegido por los Derechos Fundamentales– está, sin embargo, acompañada por una tendencia paralela en muchos aspectos –también podría decirse una tendencia complementaria– del lado de los límites de los Derechos Fundamentales. En la medida en que la protección conferida por estos Derechos se entiende en un sentido generalizado y liberada de los límites de su ámbito de aplicación, surge la necesidad –sistémica– de interpretar extensivamente también las posibilidades de restricción de los Derechos Fundamentales y actualizarlos. La jurisprudencia de los jueces de *Karlsruhe* cumple este requisito cuando nivela –si no expresamente, al menos en lo sustancial– el régimen diferenciado de restricciones previsto en el texto de la Ley Fundamental y cuando lo somete a arbitraje entre los diversos intereses involucrados.

El «*principio de proporcionalidad*», idea central para cualquier justificación de la injerencia en el ámbito de un Derecho Fundamental y desarrollado inicialmente por el *Bundesverfassungsgericht* relativo a la injerencia en las Libertades públicas, ahora irradia también a la estructura y *Dogmática jurídica* relativa al principio de igualdad. Este sistema abierto y dinámico de la jurisprudencia del Tribunal Constitucional en materia de Derechos Fundamentales, por un lado, permite de modo particular mediante una homogeneización de las garantías que ofrecen los Derechos Fundamentales, designar y tratar prácticamente cada cuestión jurídica como una cuestión que afecta a Derechos Fundamentales. De otra parte, el recurso –por razones sistémicas igualmente generalizadas– al principio de proporcionalidad, abre la posibilidad de pilotar de manera diferenciada tanto la tutela efectiva de los Derechos Fundamentales en un caso concreto como el alcance de la tutela judicial prevista por el Tribunal Constitucional. Lo que hace posible esta forma particular de desarrollo de la Constitución sin revisión formal de su texto y esta flexibilidad que permite regular un caso particular sin comprometerse de antemano a tratar casos futuros con la misma indulgencia, es la *Dogmática* –igualmente generalizada– relativa al principio de proporcionalidad y se abre, como decimos, a la posibilidad de controlar de manera diferenciada tanto la tutela efectiva de los Derechos Fundamentales en un caso concreto como el alcance de la tutela judicial que brinda el Tribunal Constitucional Federal.

3. La constitucionalización del orden jurídico y del pensamiento jurídico

21. La Ley Fundamental aparece cada vez más y en superior medida como código fuente del ordenamiento jurídico. El descubrimiento de la idea de que la Constitución «puede aplicarse a todo»[23], principio normativo al que el Tribunal Constitucional Federal hizo referencia en la sentencia «*Lüth* de 1958» con el nombre de «efecto de irradiación» de los Derechos Fundamentales, lo que conlleva, por un lado, el hecho de que toda disposición de Derecho común ya no puede interpretarse y aplicarse de manera contraria a la Ley Fundamental y a los requisitos, principios y valores que esta contiene, y, de otra parte, a que cualquier disposición de Derecho común ha de leerse y entenderse a la luz del espíritu de la Constitución[24]. Cuanto más generalizado y denso sea el contenido de un precepto constitucional –contenido cuyo sentido exacto ha sido revelado por la *Dogmática jurídica*–, más se extenderán los requisitos que han de satisfacer las normas de valor infraconstitucional. De este modo, y en la medida que entran en juego Derechos Fundamentales –y tal es el caso habitual dado el fuerte sistema de Derechos Fundamentales tal como ha sido formulado [cf. *supra*] con la ayuda de una *Dogmática jurídica* centrada en lo material–, ya no es posible para el juez encargado de dictar la norma de decisión el hacerlo sin tener en cuenta el contenido de la Constitución.

22. La evolución, conocida bajo el término de constitucionalización del orden jurídico, consistente en que el juez se oriente cada vez más hacia los principios de la Constitución cuando interpreta el Derecho común

---

[23] Alexander HOLLERBACH [1969], «Ideologie und Verfassung», en: Werner Maihofer [ed.], *Ideologie und Recht*, Frankfurt am Main, Klostermann, p. 37, y especialmente pp. 51 y ss.

[24] BVerfGE 7, 198 [205, 207].

u ordinario[25], descansa, además de en la concepción sistemáticamente ampliada de los Derechos Fundamentales y guiada por la idea de optimizar el alcance de estos Derechos, en dos pilares adicionales, a saber: el procedimiento de la demanda constitucional dirigida contra una decisión judicial, y la interpretación compatible con una norma de la Constitución. Los recursos de inconstitucionalidad directos, cuando se dirigen contra una decisión judicial, dotan ya –por su elevadísimo número: cerca de 190.000 recursos de este tipo en casi 60 años– al Tribunal Constitucional Federal de un instrumento que permite asegurar el control efectivo de la forma en la que los tribunales ordinarios cumplen durante el desarrollo práctico su obligación de tener en cuenta y asimilar los Derechos Fundamentales. Este instrumento también permite a los guardianes de los Derechos Fundamentales en *Karlsruhe*, especificar el alcance de tales Derechos Supremos[constitucionales] hasta el más mínimo detalle de todo caso individual concreto. En este sentido, el principio de proporcionalidad es de suma importancia, y a menudo se describe así por su objeto y por su uso. Este último precitado principio, evita que el recurso de amparo constitucional como medio de impugnación de una decisión judicial se vuelva un día superfluo, con el argumento esgrimido de que los tribunales ordinarios tendrían que predecir correctamente por cada caso concreto resuelto el alcance de los Derechos Fundamentales en juego.

23. En cuanto a lo que se denomina «interpretación conforme», esto es, la reinterpretación del Derecho inconstitucional [supuestamente, o que la roza con claridad] pero «inducida» por la substancia material de la Constitución, no está necesariamente vinculada a una intervención excesiva por parte del Tribunal Constitucional Federal, sino que se relaciona con el hecho de que el juez está obligado por la Constitución[26].

---

25 Sobre el tema de las diferentes formas que puede adoptar la constitucionalización, Matthias JESTAEDT [2011a)], «Verfassungsgerichtsbarkeit und Konstitutionalisierung des Verwaltungsrechts Eine deutsche Perspektive», en: Johannes Masing / Olivier Jouanjan [eds.], *Verfassungsgerichtsbarkeit– Grundlagen, innerstaatliche Stellung, überstaatliche Einbindung*, Tübingen, Mohr Siebeck, pp. 37 y ss.

26 Para una explicación y crítica de la técnica de la interpretación conforme a la Constitución, Ulrike LEMBKE [2008], *Einheit aus Erkenntnis?– Die Unzulässigkeit der verfassungskonformen Gesetzesauslegung als Methode der Normkompatibilisierung durch Interpretation*, Berlin, Duncker & Humblot; además, las representaciones críticas en Friedrich MÜLLER – Ralph CHRISTENSEN [2009]: *Juristische Methodik* I,

Si bien la objeción de que esta técnica no constituiría simplemente una forma particular de interpretación de la Constitución destinada a asegurar la primacía de esta, sino una forma «gélida», más allá de la decisión judicial, de censurar parcialmente una norma [sin amputación de partes del texto de la norma] no puede ser realmente rechazada. La mayoría de la doctrina publicista está de acuerdo con la posición del Tribunal Constitucional Federal, y defiende la idea de que la técnica de «interpretación conforme» es la consistente manifestación de un «principio que sirve para mantener vigente una norma cuestionada» –mientras sea posible–, un principio que suele ser conocido por «cualquier orden construido en forma de jerarquía»[27]. Esta técnica tiene también el efecto de reforzar la compatibilidad del Derecho infraconstitucional con la Constitución, así como la creciente orientación de este Derecho hacia la substantividad de la Constitución.

24 El ejemplo de la teoría de los principios formulada por *Robert Alexy*, hace referencia a la constitucionalización del «*pensamiento*» jurídico. Si bien, a nivel mundial, las ventajas y desventajas de este modelo son objeto de debates en la Teoría jurídica liderados por teóricos del Derecho –debates cada vez más internacionalizados– la idea planteada por el precitado autor, y que originalmente había formulado como fundamento de su «*Teoría de los Derechos Fundamentales*»[28], es asumida o rechazada en Alemania especialmente por los publicistas en su calidad de miembros de la Doctrina Constitucional. La diferencia en el marco de los debates –la Teoría del Derecho de un lado, la *Dogmática Constitucional* [y/o la Teoría de la Constitución] por el otro–, lógicamente, no

---

Grundlegung für die Arbeitsmethoden der Rechtspraxis, 10ª ed., Berlin, Duncker & Humblot, entre otros momentos, pp. 158 y ss.

[27] Cita que es de Wolfgang LÖWER [2005], «Zuständigkeiten und Verfahren des Bundesverfassungsgerichts», en: Josef Isensee / Paul Kirchhof [eds.], *Handbuch des Staatsrechts der Bundesrepublik Deutschland*, Band III *Demokratie - Bundesorgane*, 3ª ed., Heidelberg, C.F. Müller, pp. 1285 y ss, § 70, núm. 126.

[28] Robert ALEXY [1985], *Theorie der Grundrechte*, Frankfurt am Main, Suhrkamp, pp. 77 y ss. En realidad, Robert ALEXY había adelantado su planteamiento al redactar el artículo, «Zum Begriff des Rechtsprinzips», en: Werner Krawietz / Kazimierz Opalek / Alessander Peczenik [eds.], *Argumentation und Hermeneutik in der Jurisprudenz, Rechtstheorie*, Beihefte [BH-RT], Band 1, 1979, pp. 59-87.

deja de tener una influencia considerable en la forma y el contenido de estas serias y profundas controversias.

25. La constitucionalización, sin embargo, genera otro efecto que, en cierto modo, va en sentido contrario. En la medida en que se abren nuevos campos para la aplicación de la Constitución, bajo la tutela del Tribunal Constitucional Federal, se amplían también las competencias de la Ciencia del Derecho Constitucional, y se la «obliga» a ocuparse de los casos de Derecho común.

4. La «dogmatización» del pensamiento constitucional

26. «La inmensa fuerza creadora de la jurisprudencia del Tribunal Constitucional Federal»[29], tiene el efecto positivo de involucrar a la Ciencia Constitucional en el fortalecimiento del Derecho Constitucional y de la *Dogmática Constitucional*. Pero también tiene un precio, que podría designarse con el término «*dogmatización*» del pensamiento científico sobre la Constitución. La Ciencia del Derecho Público tiene mucho que hacer para realizar la tarea de seguir, desarrollar y enmarcar la *Dogmática Constitucional* trazada por el Tribunal Constitucional Federal alemán. Si los miembros integrantes de la Doctrina de Derecho Público quieren poder influir en esta *Dogmática Constitucional*-jurisprudencial, deben exponer sus dudas y sus sugerencias, sus ideas y sus argumentos utilizando el lenguaje proporcionado por la *Dogmática jurídica*. En Alemania, incluso la Teoría Constitucional, que por su naturaleza estaría más alejada de la práctica, mantiene un contacto más o menos estrecho con la *Dogmática Constitucional*. Al contrario de lo que sucede en países como Francia o Estados Unidos, que no cuentan con una disciplina jurídica equiparable a la *Dogmática* alemana, la Teoría Constitucional desarrollada en Alemania sí mantiene vínculos más estrechos con la *Dogmática*. Esta situación ciertamente le da la posibilidad de ejercer una mayor influencia en la práctica del Derecho, pero debe pagar el precio pertinente, en el sentido de que, por lo general, semejante proximidad se traduce en una reducción significativa –inducida por la *Dogmática*– del

---

[29] Redacción utilizada por Walter PAULY, [nota 14], § 27, núm, 16.

campo de discusión[30]. La Teoría Constitucional desarrollada en Alemania mantiene así vínculos más estrechos con la *Dogmática jurídica* de lo que es habitual en otros órdenes jurídicos, como se ha dicho. Los modelos o enfoques teóricos que se desvían de la jurisprudencia y la *Dogmática* formulada en *Karlsruhe*, o incluso que se oponen fundamentalmente a ellos, tienen pocas posibilidades de atraer la atención y ganar apoyo en los debates a entablar por la doctrina del Derecho Público.

27. La capacidad de innovación de la Teoría constitucional y la influencia de la Práctica constitucional [de la Constitución] son en buena medida como una especie de vasos comunicantes: cuanto más aumenta una, más disminuye la otra, y «*viceversa*». Mientras que la Doctrina del Derecho Público bajo la República de Weimar, a través de su actitud ambigua hacia la Constitución del Imperio [*Reich*] Alemán, de 11 de agosto de 1919, y sus disputas sobre la dirección a seguir, tuvo poca influencia en la Práctica jurídica, la Ciencia del Derecho Público que se desarrolló bajo la Ley Fundamental de Bonn a raíz de la jurisprudencia del Tribunal Constitucional Federal alemán no puede quejarse de falta de pertinencia para la Práctica del Derecho, incluso en el contexto del diálogo entre la Doctrina científica y el Tribunal Constitucional Federal.

5. La actitud de la Ley Fundamental hacia Europa: ¿un punto de quiebra?

28. Todo parece indicar que la relación cuasi simbiótica entre el Tribunal Constitucional Federal y la Doctrina del Derecho Público se enfrenta a un serio desafío a la hora de determinar la posición dentro de la Unión Europea del Estado de Derecho establecido por la Ley Fundamental. En este sentido, se ha hecho evidente, de manera particular en los últimos tiempos, que las viejas relaciones y lazos de lealtad no están necesariamente adaptados a las condiciones del futuro. Por consiguiente, el debate tanto en el seno del Tribunal Constitucional Federal[31], como entre

---

[30] Para más detalles, Matthias JESTAEDT [2010], «Verfassungstheorie als Disziplin», en: Otto Depenheuer / Christoph Grabenwarter [eds.], *Verfassungstheorie*, Tübingen, Mohr Siebeck, pp. 4 y ss, § 1 Rn. 10 y ss, 13 y ss., 53 y ss., 68 y ss.

[31] Cfr. en particular, por lo que concierne a la Sala Segunda del Tribunal Constitucional Federal: BVerfGE 123, 267 y ss. [«*Lissabon*»] = *JuristenZeitung*, 2009, p. 890;

la Doctrina constitucional, es particularmente vívido. El desafío de este debate no es «solo» encontrar una respuesta constitucional a «Europa», sino también determinar (1) el lugar del Tribunal Constitucional Federal dentro de una «federación europea de Estados[32] [33]»; (2) la orientación fundamental y la identidad de la Doctrina alemana de Derecho Público; en fin, por último, (3) la relación entre estas dos dimensiones, lo que explica la gravedad y las preocupaciones del discurso, en ambos lados. Sería ciertamente prematuro ver acercarse el fin de esta comunidad única basada en la fecundación recíproca y habiendo conocido tanto éxito en Alemania, pero hemos de aceptar que uno se pregunta, dentro de la Ciencia del Derecho Constitucional, sobre los efectos que la decadencia de la dominación de la jurisprudencia del Tribunal Constitucional Federal puede producir sobre la doctrina del Derecho Público, en los planos temático, metodológico y disciplinario[34].

---

al respecto de esta sentencia cf. Klaus Ferdinand GÄRFIZ / Christian HILLGRUBER [2009], «Volkssouveränität und Demokratie ernst genommen – Zum Lissabon Urteil des BVerfG», en *JuristenZeitung*, 64. Jahrgang, Heft 18, pp. 872-881, y Claus Dieter CLASSEN [2009], «Legitime Stärkung des Bundestages oder verfassungsrechtliches Prokrustesbett? Zum Urteil des BVerG zum Vertrag von Lissabon», en *JuristenZeitung*, 64. Jahrgang, Heft 18, pp. 881-889; BVerfGE 126, 286 y ss [«*Honeywell*»] = *Juristen-Zeitung*, 65. Jahrgang [2010], p. 1177 [con un comentario de Claus Dieter CLASSEN]; sentencia de. 7. 9. 2011 –2 BvR 987/10, 1485/10, 1099/10– «Medidas de rescate en euros» disponible en línea en http://www. bverfa.de / entscheidungen/rs20110907_2bvr098710.html [consultado el 6 de diciembre de 2011], cf. *JuristenZeitung* [2011], 66. Jahrgang, p. 1004 [con un comentario de Daniel THY]; sentencia de 2 BvC 4/10, 6/10, 8/10, –«Umbral del 5% para las elecciones europeas»–, disponible en línea en http://www.bverfg.de/entscheidungen/cs20111109_2bvc000410.html [consultado el 6 de diciembre de 2011; 11 de diciembre de 2011]; para la Sala Primera cf la decisión 19. 7. 2011 –1 BvR 1916/09 [«titularidad de Derechos Fundamentales en beneficio de personas jurídicas de los Estados miembros de la Unión Europea»] = *JuristenZeitung* [2011], 66. Jahrgang, pp. 1112 y ss [con un comentario de Christian HILLGRUBER].

32 Término utilizado por Andreas VOßKUHLE [2010b)], pp.1 y ss.

33 A este respecto, cf. Christoph SCHÖNBERGER [2011b)], pp. 59 y ss; Christoph MÖLLERS [2011], pp. 402 y ss.

34 «*Pars pro toto*», Walter PAULY [2008], nota 14, § 27, núm. 17.

V. LA CIENCIA DEL DERECHO ADMINISTRATIVO: ENTRE LA «DEPENDENCIA DE LA CONSTITUCIÓN» Y LA «ORIENTACIÓN HACIA EL EXTERIOR»

29. Si bien el marco para la reflexión de la Doctrina constitucional alemana está esencialmente trazado por la Jurisdicción de los jueces constitucionales de *Karlsruhe*, se puede decir, simplificando, que en la Doctrina administrativa –vinculada a la Doctrina constitucional en el marco de la comunidad científica de Derecho Público– la ley donde se origina y llevan a cabo los debates [vid. *supra*, III.]– oscila entre «dependencia de la Constitución»[35] y «orientación externa»[36].

1. La constitucionalización del Derecho Administrativo y la Ciencia Administrativa

30. Fue en relación con el Derecho Administrativo, y con él sobre la Ciencia Administrativa, donde el énfasis puesto en la Constitución produjo primero sus efectos, luego más completos y de superior duración. Incluso antes de que el Tribunal Constitucional Federal alemán hiciera

[35] Otto BACHOF [1963], «Über einige Entwicklungstendenzen im gegenwärtigen Deutschen Verwaltungsrecht», ahora en Otto Bachof [ed.], *Wege zum Rechtsstaat*, Königstein im Taunus, Athenäum, 1979, pp. 245-262, especialmente p. 257, y utiliza ya en 1963 el término «dependencia sistemática del Derecho Administrativo del Derecho Constitucional».

[36] Rainer WAHL [2003], «Zwei Phasen des Öffentlichen Rechts nach 1949», en: Rainer Wahl, *Verfassungsstaat, Europäisierung, Internationalisierung*, Frankfurt-am-Main, Suhrkamp, p. 411 (422)], identifica en la «apertura a una orientación hacia el exterior del orden jurídico», como un elemento determinante de la «segunda fase» del desarrollo del Derecho Público en Alemania bajo la influencia de la Ley Fundamental.

su aporte, el Tribunal Administrativo Federal y la doctrina del Derecho Público demostraron y llamaron la atención acerca del hecho de que el Derecho Administrativo no era más que «Derecho Constitucional materializado[37]» [38].

31. Esencialmente, es la combinación de los Derechos individuales –de los cuales los Derechos Fundamentales constituyen el paradigma– y la protección legal –que siempre ha sido la principal encarnación en Alemania de la idea del Estado de Derecho– la que forma el dúo fundamental constitucionalizando el Derecho Administrativo y la Ciencia del Derecho Administrativo. De este doble movimiento de pensamiento, guiado de un lado por el Derecho subjetivo, y, de otro, por la protección jurídica [del individuo], nació el Derecho Administrativo y la Ciencia Administrativa de posguerra en Alemania. Es bajo su influencia como «cae» el principio de la «relación particular de autoridad» que antes había dominado el Derecho Público y le confería el carácter de un Derecho fundado en una relación de subordinación, un Derecho especial en beneficio del Estado, pues en virtud del Derecho a la tutela judicial efectiva garantizado por el artículo 19, apartado 4, de la Ley Fundamental, el carácter de la forma de acción del Estado, anteriormente decisiva para el inicio de la tutela judicial, queda relegado a un segundo plano; el principio de legalidad se amplía y continúa ampliándose significativamente, bajo el efecto de la teoría de las garantías esenciales [«*Wesentlichkeitstheorie*»] incluso en el campo de los servicios públicos [«*Leistungsverwaltung*»]; y se cuestionan las modalidades de los procedimientos administrativos y de organización desde el ángulo de los efectos para el reforzamiento de los Derechos Fundamentales que pueden engendrar. Ahora se presta especial atención a las relaciones jurídicas pluripartitas, como situaciones subjetivadas

[37] El entonces Presidente del Tribunal Administrativo Federal dejó una fuerte huella en este debate, cfr: Fritz WERNER [1959], «Verwaltungsrecht als konkretisiertes Verfassungsrecht», en *Deutsche Verwaltungsblatt*, Jahrgang. 74, 1959, pp. 527-533.

[38] Para un análisis más profundo del papel de la justicia administrativa [en particular del Tribunal Administrativo Federal], Christoph SCHÖNBERGER [2006], «Verwaltungsrecht als konkretisiertes Verfassungsrecht», en Michael Stolleis [ed.], *Das Bonner Grundgesetz. Altes Recht und neue Verfassung in den ersten Jahrzehnten der Bundesrepublik Deutschland (1949-1969): Altes Recht und neue---vom 13-17 September 2004 in Bonn*, Berlin, Berliner Wissenschafts-Verlag, pp. 53 y ss.

relativas a la protección de terceros; las disposiciones administrativas, concebidas como normas internas flexibles y maleables, decaen por el «principio de la autolimitación de la Administración», en el campo del principio de igualdad [artículo 3, inciso 1, de la Ley Fundamental de Bonn], y, por lo tanto, quedan bajo la influencia de este último; el poder discrecional de la Administración y sus márgenes de apreciación están, bajo el aspecto de la tutela jurídica [intensidad del control ejercido] y los Derechos Fundamentales, sujetos a un régimen más exigente en cuanto a su justificación; ennoblecido por mor de su aplicación a cargo del Derecho Constitucional. Y, en particular, en el ámbito protector de los Derechos Fundamentales, el principio de proporcionalidad, inicialmente desarrollado en el campo del Derecho Administrativo de policía y «exportado» a partir de ahí al Derecho Constitucional, despliega una eficacia omnipresente. El principio es aplicable durante cualquier interpretación de la ley [«¡interpretación de conformidad con la Constitución!»] y cualquier aplicación de la ley por parte de la Administración –que está obligada por los Derechos Fundamentales[39]–, y, en consecuencia, se opera un reposicionamiento de la Ciencia del Derecho Administrativo. En este contexto, un papel central recae en el Derecho Administrativo general –formado primero por la Ciencia del Derecho Administrativo, luego por la jurisprudencia de los tribunales administrativos y oscilando extrañamente entre el Derecho positivo y la Ciencia del Derecho–, porque este Derecho cumple como función decisiva desenvolver el papel de «intermediario entre el Derecho Constitucional y el Derecho Administrativo especial»[40]. Esta observación es tanto más notable cuanto que el Derecho Administrativo general se considera la encarnación por excelencia del pensamiento *dogmático «sistémico»* en el Derecho Público [y en la Ciencia del Derecho Público][41]. Una vez

---

[39] Término utilizado por Rainer WAHL [2006], *Herausforderungen und Antworten: Das Öffentliche Recht der letzten fünf Jahrzehnte*, Berlin, De Gruyter, p. 41.

[40] Rainer WAHL [2006], nota 39, p. 38.

[41] Cfr. la aportación paradigmática de Eberhard SCHMIDT-AßMANN [2004], *Das allgemeine Verwaltungsrecht als Ordnungsidee: Grundlagen und Aufgaben der verwaltungsrechtlichen Systembildung*, 2ª ed., Springer, Berlin, 2004, cuyo subtítulo se refiere, significativamente, a fundamentos y misiones de la creación de «sistemas» en el Derecho Administrativo. En este contexto, sobre la cuestión de la viabilidad de una conceptualización así, cfr. Hans-Heinrich Trute / Thomas Groß / Hans Christian Röhl /

más, la *Dogmática jurídica* basada en la noción de sistema, demuestra su eficacia, de modo particular, a través del esfuerzo por compatibilizar el Derecho Constitucional y el Derecho infraconstitucional.

2. Reorientaciones y tendencia de apertura

32. La constitucionalización no es el único modelo de Derecho Administrativo y la Doctrina del Derecho Administrativo en el Estado alemán democrático de posguerra. En las últimas décadas, dos desarrollos –en muchos aspectos entrelazados– han empujado al Derecho Administrativo y más aún a la Doctrina administrativa, a reorientarse, y, en consecuencia, a relativizarse de cierta manera, o al menos a enriquecer el énfasis previo puesto en el Derecho Constitucional. Ambos desarrollos tienen su origen fuera de la Constitución. La primera, a saber, la europeización [y, en menor medida, la internacionalización], resulta esencialmente de los efectos producidos por el Derecho de la Unión Europea [antiguo Derecho Comunitario], que en principio prevalece sobre cualquier norma nacional de los Estados miembros y prevé, con el principio de «eficacia», una llave maestra para abrir los efectos del Derecho de la Unión a cualquier disposición legal nacional. El Tribunal Constitucional Federal y, con él, la Ciencia del Derecho Constitucional, son en gran medida atentos observadores externos en este desarrollo, dado que las disposiciones del Derecho de la Unión no constituyen normas de referencia para el control de constitucionalidad llevado a cabo por los jueces de *Karlsruhe*. Por lo tanto, la europeización del Derecho Administrativo alemán se lleva a cabo en buena parte al margen del Derecho Constitucional y de la intervención del Tribunal Constitucional Federal. Como resultado, la europeización del Derecho Administrativo se superpone parcialmente [pero cada vez más] sobre la constitucionalización de este Derecho. El Tribunal Constitucional Federal y, con él, la Ciencia del Derecho Constitucional, como decimos, son en buena medida asistentes externos perennes en este proceso de sesenvolvimiento.

Christoph Möllers [eds.], 2008, *Allgemeines Verwaltungsrecht – zur Tragfähigkeit eines Konzepts*, Tübingen, Mohr Siebeck.

33. La segunda evolución, que no es fácil resumir mediante un concepto homogéneo, tiene su origen en el intento de formular una Ciencia del Derecho Administrativo moderno, que respondiera tanto a las nuevas realidades de la vida administrativa como al conocimiento moderno por disciplinas no jurídicas y [más] susceptibles de interesar a otras disciplinas. Reforzada notablemente por la «discusión sobre la reforma» durante la década de 1990[42], esta evolución se manifestó en el amplio y programático proyecto para formular una «Nueva Ciencia del Derecho Administrativo»[43]. El nuevo modelo es el de pilotaje. Dirige y produce una multitud de movimientos de investigación y aperturas hasta ahora no reconocidas, inicialmente dirigidas al mundo real de la Administración pública, pero luego también a una orientación de disciplina y métodos. Desde el principio, su ambición general refleja el espíritu de una determinada *Dogmática jurídica* basada en un sistema de pensamiento; a pesar de su esfuerzo por ser abierto, no abandonó el proyecto, más bien orientado hacia el establecimiento de un sistema cerrado de *Dogmática* administrativa, sino que por el contrario dio una nueva dimensión a la idea de un sistema inherente en general a la *Dogmática jurídica* y apuntó que el conocimiento puede ser dominado con los medios de la Ciencia.

---

[42] Los diez volúmenes publicados bajo la dirección de Wolfgang Hoffmann-Riem y Eberhard Schmidt-Aßmann llevan por título «*Schriften zur Reform des Verwaltungsrecht* [1993-2004]»; y pueden considerarse como contribuciones que dejaron su huella en los debates: *Reform des allgemeinen Verwaltungsrechts* [Band 1], 1993; *Innovation und Flexibilität des Verwaltungshandelns* [Band 2], 1994; *Öffentliches Recht und Privatrecht als wechselseitige Auffangordnungen* [Band 3], 1996; *Verwaltungsorganisationsrecht als Steuerungsressource* [Band. 4], 1997; *Effizienz als Herausforderung an das Verwaltungsrecht* [Band. 5], 1998; *Strukturen des Europäischen Verwaltungsrechts* [Band. 6], 1999; *Verwaltungsrecht in der Informationsgesellschaft* [Band. 7], 2000; *Verwaltungskontrolle* [Band. 8], 2001; *Verwaltungsverfahren und Verwaltungsverfahrensgesetz* [Band 9], 2002; *Methoden der Verwaltungsrechtswissenschaft* [Band 10], 2004.

[43] Un monumento importante de la literatura jurídica relativa a la «*Nueva Ciencia del Derecho administrativo*», es el trabajo publicado bajo la dirección de Wolfgang Hoffman-Riem / Eberhard Schmidt-Aßmann / Andreas Voßkuhle [eds.], *Grundlagen des Verwaltungsrechts*, 3 Bände 2006–2008 [2ª ed., 2012-2013], München; C.H. Beck, el proyecto se describe de forma concisa por Andreas VOßKUHLE [2010b)], «Der europäische Verfassungsgerichtsverbund», en *Neue Zeitschrift für Verwaltungsrecht*, 29. Jahrgang, Heft 1, pp. 1-7, § 1.

34. Desde el punto de vista disciplinar y metodológico, la «Nueva Ciencia del Derecho Administrativo» se nos presenta con un rostro híbrido. No es erróneo señalar que –con su ambición holística consistente en la querencia de tener en cuenta todos los efectos directores para someterlos a la Ciencia del Derecho– la «Nueva Ciencia del Derecho Administrativo» contribuiría a confundir las asignaciones normativas de «habilidades y *responsabilidades*». Cuanto más fuerte es el entrelazamiento en sentido estricto entre las perspectivas jurídica y no jurídica, menos identificable es el contenido jurídico de los enunciados así producidos; pero, por otro lado, estos últimos son entonces más propensos a ser objeto de debates llevados a cabo en otros lugares [ya sea que este «otro lugar» se refiera a una disciplina científica o a un lugar distinto] y no siendo allí tan estrictos en cuanto a los aspectos relacionados con la disciplina y métodos[44]. Incluso es lícito ir más lejos y afirmar que por la diversidad de perspectivas –elemento constitutivo de toda Ciencia del Derecho Administrativo que pretende informarse de manera interdisciplinar– y del uso de conceptos empleados por varias disciplinas, estas nociones, en el mejor de los casos, solo han sido cubiertas parcialmente con un contenido legal[45]: el nuevo enfoque en términos de pilotaje va entonces más allá del papel y el marco de la *Dogmática* clásica. Mientras que este segundo pretende proporcionar, en el debate intrajurídico, una explicación para la aplicación del Derecho –una explicación que sea confiable, estandarizada y mantenida en un tamaño [reducido] que permita a los actores legales procesarla– la ambición de la «Nueva Ciencia del Derecho Administrativo» es precisamente liderar en la perspectiva de una Ciencia Administrativa moderna y un ambicioso discurso rector en términos de trans e interdisciplinariedad. Para la Ciencia del Derecho Administrativo, el precio a pagar por esta capacidad de generar vínculos trans o interdisciplinarios es, al parecer, que pierde relevancia para la Práctica del Derecho. El hecho de que al

---

[44] En este sentido Walter PAULY [2011], «Wissenschaft vom Verwaltungsrecht: Deutschland», en Armin von Bogdandy / Sabino Cassese / Peter M. Huber [eds.], *Handbuch Ius Publicum Europaeum*, Band IV. *Verwaltungsrecht in Europa*: *Wissenschaft*, Heidelberg, C.F. Müller, § 58, núm. 19 y ss, [nota: 20].

[45] Para una crítica desde el punto de vista de la «metodología jurídica», Walter KREBS [2004], «Die Juristische Methode im Verwaltungsrecht», en Ebehard Schmidt-Aßmann / Wolfgang Hoffmann-Riem [eds.], *Methoden der Verwaltungsrechtswissenschaft* [nota 42], pp. 209 y ss.

menos algunos de los miembros integrantes de la Ciencia del Derecho Administrativo consideren aceptable relativizar de esta manera el carácter *dogmático* y la capacidad de las ideas y modelos de esta Ciencia para ser recogidos por la jurisprudencia es, sin duda, también por el hecho de que el vínculo entre Ciencia Administrativa y jurisprudencia Administrativa es tradicionalmente menos estrecho y menos generalizado que el que une Doctrina Constitucional y jurisprudencia Constitucional. La afinidad del Tribunal Administrativo Federal por la Ciencia del Derecho, mucho menor que la del Tribunal Constitucional Federal, se manifiesta de modo evidente en la estructura y el estilo de redacción –típicamente correspondiente a los de un tribunal de casación– de los motivos de sus decisiones y sus juicios[46]. Esta menor afinidad aparece de manera particularmente clara cuando existe un desfase entre el estado de la *Dogmática* Científica y el de la *Dogmática* del Tribunal Constitucional, como ocurrió durante mucho tiempo en la cuestión del reconocimiento y respeto de los efectos del Derecho Comunitario [ahora Derecho de la Unión] por el Derecho [Administrativo] alemán.

35. Desde el punto de vista de suavizar o debilitar el carácter dogmático [sistematicidad], el círculo se completa con respecto al primer desarrollo mencionado, a saber, la europeización del Derecho Administrativo: la jurisprudencia del Tribunal de Justicia y del Tribunal General de la Unión Europea. La Unión se nutre de diversas tradiciones jurisdiccionales, entre las que encontramos sistemas jurídicos basados en la regla del precedente, pero también tradiciones a las que la cultura del razonamiento amplio, como sucede en Alemania, les es ajena. Esta situación conduce a una *dogmatización* –habitual en Alemania frente a otros tribunales nacionales– y que parece, en lo que respecta a la jurisprudencia de los tribunales de la Unión, en gran medida inapropiada, por no decir fuera de lugar.

---

[46] Por ejemplo Walter PAULY [nota 44], § 58, núm. 34.

VI. LA CIENCIA DEL DERECHO PÚBLICO EN EL MARCO DE LA CIENCIA EUROPEA COMÚN DEL DERECHO PÚBLICO: UNA BREVE RESEÑA

1. La contribución alemana a la formación de la Ciencia europea común del Derecho Público

36. Hasta ahora, la doctrina del Derecho Público alemán se ha mostrado generalmente abierta a las múltiples dimensiones de la europeización y ha contribuido activamente a ello. Incluso puede presumir de haber proporcionado importantes impulsos y contribuciones excepcionales para el establecimiento de una doctrina común europea de Derecho Público: a este respecto, debe mencionarse la fundación, por iniciativa de la Asociación de Profesores Alemanes de Derecho Público, de una Asociación europea de profesores de Derecho Público, la «*Societas Iuris Publici Europaei* [*SIPE*]», en 2003[47], o incluso la obra clásica «*Ius Publicum Europaeum* [*IPE*]» publicada en su mayor parte bajo los auspicios alemanes, y que incluye contribuciones en alemán de juristas de alrededor de una docena de Estados miembros de la Unión Europea, así como de Suiza[48]. En lo que se refiere, por un lado, al impacto del Derecho europeo

[47] Sobre este tema Christian STARCK [2003], en *JuristenZeitung*, 58. Jahrgang, Heft 18, p. 895, [2006], BVerfG, 15.2.2006 - 1 BvR 357/05: Verfassungswidrigkeit des Luftsicherheitsgesetzes aus kompetenz- und grundrechtlichen Erwägungen», en *JuristenZeitung*, 61. Jahrgang, Heft 8, pp. 408-418.

[48] A la fecha de cerrar este artículo se han publicado cuatro volúmenes del *IPE*, con un total aproximado de 3.000 páginas: Armin von Bogdandy / Pedro Cruz Villalón / Peter M. Huber [eds.], 2007, *IPE*, Band I [*Grundlagen und Grundzüge staatlichen Verfassungsrechts*]; Armin von Bogdandy / Pedro Cruz Villalón / Peter M. Huber [eds.], *IPE*, Band II [*Offene Staatlichkeit– Wissenschaft vom Verfassungsrecht*] [2008]; Armin von Bogdandy / Sabino Cassese / Peter M. Huber [eds.], *IPE*, Band III [*Verwaltungsrecht*

en los Ordenamientos jurídicos nacionales y las Ciencias jurídicas nacionales, y, de otro lado, en la construcción de una Ciencia común europea, constituye una tarea en cuyo desarrollo la Ciencia alemana del Derecho Público no ha de ruborizarse.

37. Esta contribución alemana en el marco del surgimiento y la formación del discurso europeo común sobre el Derecho, es tanto más importante y urgente cuanto que la forma de practicar en Alemania la Ciencia del Derecho en general, y más particularmente del Derecho Público, en muchos aspectos, si se consideran los ordenamientos jurídicos, las Ciencias jurídicas y las Culturas jurídicas de los Estados miembros de la Unión Europea, constituye una forma de «excepción alemana», o al menos una excepción limitada a los países de habla y lengua alemanas. Si el «enfoque alemán» no se explica a tiempo, de manera sostenible, clara y de múltiples modos, si no se hacen esfuerzos para promover los méritos de este enfoque, entonces la corriente principal del debate europeo se precipitará por otros caminos. Obviamente[49], también hemos de enfatizar que el objetivo no es simplemente reemplazar los debates nacionales sobre la Ciencia del Derecho con un único discurso europeo común sobre el Derecho, sino por el contrario hacer que estos dos niveles de discurso coexistan en una relación dialéctica, como el credo eclesiológico del «Concilio Ecuménico Vaticano II»[50]: «*in quibus et ex quibus*».

---

in Europa: Grundlagen], [2010]; Armin von Bogdandy / Sabino Cassese / Peter M. Huber [eds.], *IPE*, Band IV [*Verwaltungsrecht in Europa: Wissenschaft*], [2011]. El término de «Derecho constitucional común europeo» fue ya empleado por Peter HÄBERLE [1992], «Gemeineuropäisches Verfassungsrecht», en Peter Häberle, *Rechtsvergleichung im Kraftfeld des Verfassungsstaates. Methoden und Inhalte, Kleinstaaten und Entwicklungsländer*, Berlin, Duncker & Humblot, pp. 71-104 y ss.

[49] En lo que respecta al Derecho Administrativo comparado, los juristas navegan entonces entre la *Carybdis* [el «nacionalismo metodológico»] y la *Escyla* [«la euforia de la convergencia»], véase a este respecto los trabajos fundamentales de Christoph SCHÖNBERGER [2011a)], [nota 5] § 71, núms. 50 -52.

[50] Confróntese el artículo 23 de la Constitución Dogmática sobre la Iglesia, «*Lumen Gentium*», que desde 1983 forma parte del Derecho positivo Canónico en el Can. 368 CIC.

2. Dependencias en el camino de la Doctrina de Derecho público, obstáculos para su internacionalización

38. Este proyecto tiene que hacer frente a varias dificultades, incluso independientemente de la cuestión real, cual es saber qué aspectos concretamente deben ser preservados o transpuestos. Entre estas dificultades se encuentran las que podrían describirse como caminos dependientes que dificultan la europeización, o incluso la internacionalización: características de los debates jurídicos alemanes que en una y/o en otra dirección [es decir, de adentro hacia afuera y/o de afuera adentro] se presentan como otros tantos obstáculos para su posterior adopción a nivel europeo o internacional.

39. En gran medida, estos obstáculos no afectan únicamente a la Doctrina del Derecho Público, sino que conciernen a la Ciencia del Derecho en Alemania en su conjunto. Se puede citar aquí en primer lugar el evento de que los debates a nivel nacional están intrínsecamente ligados a la lengua alemana, obstáculo difícil de superar si se tiene en cuenta que el Derecho, como producto de una determinada cultura, depende específicamente del lenguaje y la práctica jurídica, a los que se refiere la Ciencia del Derecho [por ejemplo, las leyes adoptadas, o la jurisprudencia del Tribunal Constitucional Federal] comunicada en alemán. Otro obstáculo, de carácter doctrinal y general, radica en el apego de la doctrina científica a una perspectiva, requisitos y formato de tipo específicamente «*dogmático*»; por lo tanto, la recuperación de enfoques jurídicos que se extienden mucho más allá del horizonte de la *Dogmática jurídica* solo es posible dentro de límites estrechos. Otra consecuencia, actuando como un obstáculo, es que la formación de juristas en Alemania, sancionada por exámenes estatales, vincula la investigación con la docencia, limitando así la relevancia de los intercambios internacionales tanto para investigadores como para estudiantes. Si consideramos no solo los sistemas de «*common law*» sino también el Derecho de la Unión Europea, donde se desconoce la división tripartita en Derecho Privado, Derecho Público y Derecho Penal, la Doctrina de los «tres imperios», que sigue siendo rigurosamente seguida en Alemania, constituye a veces un obstáculo inquietante para los debates científicos. Dado que en el Derecho Comparado el sentido de la comparación va de menor a mayor, la

comparación en Alemania se lleva a cabo mayoritariamente con órdenes judiciales y procedimientos que tienen un «peso» comparable o superior al de Alemania [EE.UU., Francia, Gran Bretaña, Italia, España –Austria y Suiza, debido al idioma, son excepciones notables], mientras que los ordenamientos jurídicos y los debates más «pequeños» cuantitativamente, apenas son el centro de atención. Un obstáculo particular para la recepción de publicaciones científicas extranjeras radica en Alemania en la concentración en la jurisprudencia del Tribunal Constitucional Federal.

Esto previo dicho, lleva a que el Convenio CEDH y la jurisprudencia del Tribunal Europeo de Derechos Humanos sean, por así decirlo, bastante eclipsados en virtud de los Derechos Fundamentales de la Ley Fundamental de Bonn en su correspondiente comprensión, interpretación y aplicación a cargo por del Tribunal Constitucional Federal alemán. Como resultado, el conocimiento en Alemania de este nivel europeo cada vez más importante de Derechos Fundamentales sigue siendo significativamente más bajo que el que prevalece en otros países que se han adherido a la CEDH[51]–, y esto, mientras el Tribunal Europeo de Derechos Humanos se apoya más de una vez en tradiciones de interpretación y aplicación de los Derechos Fundamentales forjadas en *Karlsruhe*. El país con la *Dogmática* más desarrollada y avanzada en materia de Derechos Fundamentales depende, en lo que respecta a la *Dogmática* relativa a los Derechos Humanos [tal como los entiende el CEDH], más bien de los países en proceso de desarrollo.

3. ¿Sacar lecciones de la Doctrina del Derecho Público?

40. Si uno se pregunta en última instancia acerca de la utilidad de la contribución de la doctrina científica del Derecho Público alemán a una Ciencia jurídica europea común, vienen a la mente cuatro elementos en particular, y vale la pena mencionarlos de forma al menos breve. Se trata en primer lugar de la superposición, fructífera para las dos disciplinas involucradas, de la Ciencia del Derecho Constitucional y la Ciencia del

---

[51] Es revelador a este respecto que el libro de texto clásico relativo al CEDH comercializado en Alemania no ha sido escrito por un autor alemán, cf. Christoph GRABENWARTER [2009], *Europäische Menschenrechtskonvention*, 4ª ed., München, C.H. Beck.

Derecho Administrativo; en segundo lugar, la rica experiencia de interacción con una jurisdicción constitucional activa, poderosa y de gran afinidad con la Ciencia jurídica; en tercer lugar, de todo el conocimiento acumulado relativo al fenómeno de la constitucionalización, que afecta a todos los niveles del Derecho y presenta unas notables similitudes con el fenómeno de la europeización del Derecho de los Estados miembros de la Unión Europea; finalmente *–«por último, pero no menos importante»–*, el conocimiento de la eficacia [y los límites] de esta disciplina volcada hacia la práctica jurídica, y orientada hacia el estudio del Derecho vigente, que es la *Dogmática*.

BIBLIOGRAFÍA

ALEXY, Robert [1985]: *Theorie der Grundrechte*, Frankfurt am Main, Suhrkamp.

BACHOF, Otto [1963]: «Über einige Entwicklungstendenzen im gegenwärtigen Deutschen Verwaltungsrecht», en Otto Bachof [1979], *Wege zum Rechtsstaat*, Königstein im Taunus, Athenäum, pp. 245-262.

BECKER, Ulrich [2010]: «Rechtsdogmatik und Rechtsvergleich im Sozialrecht», en Ulrich Becker [ed.], *Rechtsdogmatik und Rechtsvergleich im Sozialrecht*, I, Baden-Baden, Nomos [= Studien aus dem Max-Planck-Institut für ausländisches und internationales Sozialrecht, 49], pp. 11-62.

BOGDANDY, Armin. von [2011]: «Deutsche Rechtswissenschaft im europäischen Rechtsraum», en *JuristenZeitung*, 66. Jahrgang, Heft 1, pp. 1-6.

BROHM, Winfried [2001]: «Kurzlebigkeit und Langzeitwirkung der Rechtsdogmatik», en Max-Emanuel Geis / Dieter Lorenz [eds.], *Staat, Kirche, Verwaltung: Festschrift für Hartmut Maurer zum 70. Geburtstag*, München, C.H. Beck, pp. 1079-1090.

CLASSEN, Claus Dieter [2009]: «Legitime Stärkung des Bundestages oder verfassungsrechtliches Prokrustesbett? Zum Urteil des BVerfG zum Vertrag von Lissabon», en *JuristenZeitung*, 64. Jahrgang, Heft 18, pp. 881-889.

CLASSEN, Claus Dieter [2010]: «Anmerkung», en *JuristenZeitung*, 65. Jahrgang, Heft 23, pp. 1186-1188.

GÄRDITZ, Klaus Ferdinard / HILLGRUBER, Christian [2009]: «Volkssouveränität und Demokratie ernst genommen – Zum

Lissabon-Urteil des BVerfG», en *JuristenZeitung*, 64. Jahrgang, Heft 18, pp. 872-881.

GRABENWARTER, Christoph [2009]: *Europäische Menschenrechtskonvention*, 4ª ed., München, C.H. Beck.

HÄBERLE, Peter [1992]: «Gemeineuropäisches Verfassungsrecht», en Peter Häberle, *Rechtsvergleichung im Kraftfeld des Verfassungsstaates*, Berlin, Duncker & Humblot, pp. 71-104.

HILLGRUBER, Christian [2011]: «Anmerkung», en *JuristenZeitung*, 66. Jahrgang, Heft 22, pp. 1118-1121.

HOFFMANN-RIEM, Wolfgang / SCHMIDT-AßMANN, Eberhard [1993-2004]: *Schriften zur Reform des Verwaltungsrechts*, Baden-Baden, Nomos.

Band 1 [1993]: *Reform des allgemeinen Verwaltungsrechts.*

Band 2 [1994]: *Innovation und Flexibilität des Verwaltungshandelns.*

Band 3 [1996]: *Öffentliches Recht und Privatrecht als wechselseitige Auffangordnungen.*

Band 4 [1997]: *Verwaltungsorganisationsrecht als Steuerungsressource.*

Band 5 [1998]: *Effizienz als Herausforderung an das Verwaltungsrecht.*

Band 6 [1999]: *Strukturen des Europäischen Verwaltungsrechts.*

Band 7 [2000]: *Verwaltungsrecht in der Informationsgesellschaft.*

Band 8 [2001]: *Verwaltungskontrolle.*

Band 9 [2002]: *Verwaltungsverfahren und Verwaltungsverfahrensgesetz».*

Band 10 [2004]: *Methoden der Verwaltungsrechtswissenschaft.*

HOFFMANN-RIEM, Wolfgang / SCHMIDT-AßMANN, Eberhard / VOßKUHLE, Anfreas [2006–2008]: *Grundlagen des Verwaltungsrechts*, 3 Bände, 2ª ed., [2012], München, C.H Beck.

HOLLERBACH, Alexander [1969]: «Ideologie und Verfassung», en Werner Maihofer [ed.], *Ideologie und Recht*, Frankfurt am Main, Klostermann, pp. 37-61.

HOYNINGEN-HUENE, Paul [2008]: «Systematicity: The Nature of Science», en *Philosophia – Philosophical Quarterly of Israel*, Vol. 36, Nr. 2, pp. 167-180.

ISENSEE, Josef [1992]: «Verfassungsrecht als „politisches Recht“». en Josef Isensee / Paul Kirchhof [eds.], *Handbuch des Staatsrechts der Bundesrepublik Deutschland*, Band VII, 1ª ed., Heidelberg, C.F. Müller, pp. 103-164.

JESTAEDT, Matthias [2002]: «Verfassungsgerichtspositivismus. Die Ohnmacht des Verfassungsgesetzgebers im verfassungsgerichtlichen Jurisdiktionsstaat», en Otto Depenheuer / Markus Heintzen / Peter Axer / Matthias Jestaedt [eds.], *Nomos und Ethos. Hommage an Josef Isensee zum 65. Geburtstag von seinen Schülern*, Berlin, Duncker & Humblot, pp. 183-228.

JESTAEDT, Matthias [2010]: «Verfassungstheorie als Disziplin», en Otto Depenheuer / Christoph Grabenwarter [eds.], *Verfassungstheorie*, Tübingen, Mohr Siebeck, pp.4-56.

JESTAEDT, Matthias [2011a)]: «Eine deutsche Perspektive», en Johannes Masing / Olivier Jouanjan [eds.], *Verfassungsgerichtsbarkeit: Grundlagen, innerstaatliche Stellung, überstaatliche Einbindung*, Tübingen, Mohr Siebeck, pp. 37-66.

JESTAEDT, Matthias [2011b)]: «Wissenschaftliches Recht – Rechtsdogmatik als gemeinsames Kommunikationsformat von Rechtswissenschaft und Rechtspraxis», en Clemes Jabloner / Gabriel Kucsko-Stadlmayer / Muzak, Gerhard / Bettina Perthold-Stoitzner / Karl Stöger [eds.], *Vom praktischen Wert der Methode. Festschrift für Heinz Mayer zum 65. Geburtstag*, Wien, Manz, pp. 169-188.

KREBS, Walter [2004]: «Die Juristische Methode im Verwaltungsrecht», en Wolfgang Hoffmann-Riem / Eberhard Schmidt-Aßmann [eds.], *Schriften zur Reform des Verwaltungsrechts*, Band 10, *Methoden der Verwaltungsrechtswissenschaft*, Baden-Baden, Nomos, pp. 209-222.

LARENZ, Karl [1960]: *Methodenehre der Rechtswissenschaft*, Berlin, Springer.

LEMBKE, Ulrike [2009]: *Einheit aus Erkenntnis?*, Berlin, Duncker & Humblot.

LEPSIUS, Oliver [2008]: «Zur Bindungswirkung von Bundesverfassungsgerichtsentscheidungen», en Rupert Scholz / Dieter Lorenz, / Christian Pestalozza, / Michael Kloepfer / Jarass, Hans-D. / Christoph Degenhart / Oliver Lepsius. [eds.], *Realitätsprägung durch Verfassungsrecht– Kolloquium aus Anlass des 80. Geburtstages von Peter Lerche*, Berlin, Duncker & Humblot, pp. 103-118.

LEPSIUS, Oliver [2011]: «Die maßstabsetzende Gewalt», en Matthias Jestaedt / Oliver Lepsius / Christoph Möllers / Christoph Schönberger [eds.], *Das entgrenzte Gericht*, Berlin, Suhrkamp, pp. 159-279.

LERCHE, Peter [2001]: «Stil und Methode der verfassungsrechtlichen Entscheidungspraxis», en Peter Badura / Horst Dreier [eds.], *Festschrift 50 Jahre Bundesverfassungsgericht*, Band 1, *Verfassungsgerichtsbarkeit, Verfassungsprozeß*, Tübingen, Mohr Siebeck, pp. 333-361.

LÖWER, Wolfgang [2005]: «Zuständigkeit und Verfahren des Bundesverfassungsgerichts», en Josef Isensee / Paul Kirchhof [eds.], *Handbuch des Staatsrechts*, Band III, 3ª ed., Heidelberg, C.F. Müller, pp. 1285-1526.

MÖLLERS, Christoph [2011]: «Legalität, Legitimität und Legitimation des Bundesverfassungsgerichts», en Matthias Jestaedt / Oliver Lepsius / Christoph Möllers / Christoph Schönberger [eds.], *Das entgrenzte Gericht*, Berlin, Suhrkamp, pp. 281-408.

MÖLLERS, Christoph / VOßKUHLE, Andreas [2003]: «Die deutsche Staatsrechtswissenschaft im Zusammenhang der internationalisierten Wissenschaften. Beobachtungen, Vermutungen, Thesen», en *Die Verwaltung*, 36 Band, Nr. 3, pp. 321-332.

MÜLLER, Friedrich. / CHRISTENSEN, Ralph [2009]: *Juristische Methodik,* Band I. *Grundlegung für die Arbeitsmethoden der Rechtspraxis*, 10ª ed., Berlin, Duncker & Humblot.

PAULY, Walter [2008]: «Wissenschaft vom Verfassungsrecht: Deutschland», en Armin von Bogdandy / Pedro Cruz Villalón / Peter Michael Huber [eds.], *Ius Publicum Europaeum*, Band II. *Offene Staatlichkeit – Wissenschaft vom Verfassungsrecht*, Heidelberg, C.F. Müller, § 27, pp. 463-490.

PAULY, Walter [2011]: «Wissenschaft vom Verwaltungsrecht: Deutschland», en Armin von Bogdandy / Sabino Cassese / Peter Michael Huber [eds.], *Ius Publicum Europaeum*, Band IV. *Verwaltungsrecht in Europa: Wissenschaft*, Heidelberg, C.F. Müller, § 58, pp. 41-80.

SCHLINK, Bernhard [1989]: «Die Entthronung der Staatsrechtswissenschaft durch die Verfassungsgerichtsbarkeit», en *Der Staat*, Vol. 28, No. 2, pp. 161-172.

SCHLINK, Bernd [2007]: «Abschied von der Dogmatik. Verfassungsrechtsprechung und Verfassungsrechtswissenschaft im Wandel», en *JuristenZeitung*, 62. Jahrgang, Heft 4, pp. 157-162.

SCHMIDT-AßMANN, Eberhard [2006]: *Das allgemeine Verwaltungsrecht als Ordnungsidee*, 2ª ed., Berlin-Heidelberg-New York, Springer.

SCHOCH, Friedrich [2007]: «Gemeinsamkeiten und Unterschiede on Verwaltungsrechtslehre und Staatsrechtslehre», Helmuth Schulze-Fielitz [ed.], en «IV Staatsrechtslehre als Wissenschaft», en *Die Verwaltung. Beihefte*, Band 7, pp. 177-210.

SCHÖNBERGER, Christoph [2006]: «Verwaltungsrecht als konkretisiertes Verfassungsrecht», Michael Stolleis [ed.], en *Das Bonner Grundgesetz. Altes Recht und neue Verfassung in den ersten Jahrzehnten der Bundesrepublik Deutschland (1949-1969)*, Berlin, Berliner Wissenschaftsverlag, pp. 53-84.

SCHÖNBERGER, Christoph [2011a)]: «Verwaltungsrechtsvergleichung: Eigenheiten, Methoden und Geschichte», Armin von Bogdandy / Sabino Cassese / Peter Michael Huber [eds.], en *Ius Publicum Europaeum*, Band IV. *Verwaltungsrecht in Europa: Wissenschaft*, Heidelberg, C.F. Müller, § 71, pp. 495-540.

SCHÖNBERGER, Christoph [2011b)]: «Anmerkungen zu Karlsruhe», Matthias Jestaedt / Oliver Lepsius / Christoph Möllers / Christoph Schönberger [eds.], en *Das entgrenzte Gericht. Eine kritische Bilanz nach sechzig Jahren Bundesverfassungsgericht*, Berlin, Suhrkamp, pp. 9-76.

SEINECKE, Ralf [2010]: «¿Richtige Reinheit oder Reine Richtigkeit? Rechtslehren nach Hans Kelsen und Karl Larenz», en *JuristenZeitung*, 65. Jahrgang, Heft 6, pp. 279-287.

STARCK, Christian [2003]: «Societas Iuris Publici Europaei», en *JuristenZeitung*, 58. Jahrgang, Heft 17, p. 895.

STÜNER, Rolf [2012]: «Das Zivilrecht der Moderne und die Bedeutung der Rechtsdogmatik», en *JuristenZeitung*, 67. Jahrgang, Heft 1, pp. 10-24.

THYM, Daniel [2011]: «Anmerkung», en *Juristenzeitung*, 66. Jahrgang, Heft 20, pp. 1011-1015.

TRUTE, Hans-Heinrich / Groß, Thomas / Röhl, Hans Christian. / Möllers, Christoph [eds.] [2008] *Allgemeines Verwaltungsrecht – zur Tragfähigkeit eines Konzepts*, Tübingen, Mohr Siebeck.

VOGEL, Joachim [2012]: «Strafrecht und Strafrechtswissenschaft im internationalen und europäischen Rechtsraum», en *JuristenZeitung*, 67. Jahrgang, Heft 1, pp. 25-31.

VOßKUHLE, Andreas [2006]: «Neue Verwaltungsrechtswissenschaft», Wolfgang Hoffmann-Riem / Eberhard Schmidt-Aßmann / Andreas Voßkuhle [eds.]. en *Grundlagen des Verwaltungsrechts*. Band 1. *Verwaltung und Verwaltungsrecht als Gegenstand wissenschaftlicher Forschung*, München, C.H Beck, pp. 1-61.

VOßKUHLE, Andreas [2010a)]: «Das Leitbild des „europäischen Juristen" – Gedanken zur Juristenausbildung und zur Rechtskultur in Deutschland», en *Rechtswissenschaft*, Jahrgang 1, Heft 3, pp. 326-346.

VOßKUHLE, Andreas [2010b)]: «Der europäische Verfassungsgerichtsverbund», en *Neue Zeitschrift für Verwaltungsrecht*, 29. Jahrgang, Heft 1, pp. 1-8.

WAHL, Rainer [2003]: «Zwei Phasen des Öffentlichen Rechts nach 1949», Rainer Wahl, en *Verfassungsstaat, Europäisierung, Internationalisierung*, Frankfurt-am-Main, Suhrkamp, pp. 411-435.

WAHL, Rainer [2006]: *Herausforderungen und Antworten: Das Öffentliche Recht der letzten fünf Jahrzehnte*, Berlin, De Gruyter [= *Schriftenreihe der Juristischen Gesellschaft zu Berlin*, p. 178].

WERNER, Fritz [1959]: «Verwaltungsrecht als konkretisiertes Verfassungsrecht», en *Deutsches Verwaltungsblatt*, Vol. 74, pp. 527-533.

ZÜRN, Michael [2001]: «Politik in der postnationalen Konstellation. Über das Elend des methodologischen Nationalismus», Christine Landfried [ed.], en *Politik in einer entgrenzten Welt. 21. Wissenschaftlicher Kongress der Deutschen Vereinigung für Politische Wissenschaft*, Köln, Verlag Wissenschaft und Politik, pp. 181-203.

GRACIAS POR CONFIAR EN NUESTRAS PUBLICACIONES

Al comprar este libro le damos la posibilidad
de consultar gratuitamente la versión ebook.

Cómo acceder al ebook:

- **Entre en nuestra página web,** sección Acceso ebook (www.dykinson.com/acceso_ebook)
- **Rellene el formulario** que encontrará insertando el código de acceso que le facilitamos a continuación así como los datos con los que quiere consultar el libro en el futuro (correo electrónico y contraseña de acceso).
- Si ya es **cliente registrado**, deberá introducir su **correo electrónico y contraseña habitual**.
- Una vez registrado, **acceda a la sección Mis e-books de su cuenta de cliente**, donde encontrará la versión electrónica de esta obra ya desbloqueada para su uso.
- Para consultar el libro en el futuro, ya sólo es necesario que se identifique en nuestra web con su correo electrónico y su contraseña, y que se dirija a la sección Mis ebooks de su cuenta de cliente.

CÓDIGO DE ACCESO

DYK155540

Rasque para ver el código

Nota importante: Sólo está permitido el uso individual y privado de este código de acceso. Está prohibida la puesta a disposición de esta obra a una comunidad de usuarios.